丰田精益管理系列

丰田精益管理：采购与供应商管理（图解版）

冯永华　主编

人民邮电出版社

北　京

图书在版编目（ＣＩＰ）数据

采购与供应商管理：图解版 / 冯永华主编. —北京：
人民邮电出版社，2014.11
（丰田精益管理系列）
ISBN 978-7-115-37268-0

I. ①采… Ⅱ. ①冯… Ⅲ. ①采购管理－通俗读物
②供应链管理－通俗读物 Ⅳ. ①F25-49

中国版本图书馆 CIP 数据核字（2014）第 231909 号

内 容 提 要

本书采用丰田精益管理的思想，以遵循5R原则实现采购精益管理为目标，全面系统地阐述了采购需求计划管理、供应商开发管理、采购成本控制管理、采购库存管理、采购合同管理、供应商交货期管理、采购质量管理、供应商违约管理、供应商评估与改善管理、招投标流程管理、政府采购管理、网络采购管理、采购谈判管理的内容。同时，书中还附有企业实际采购与供应商管理的相关程序和操作流程，方便读者参考使用。

本书适合企业管理人员、采购人员、供应商管理人员、管理咨询人士以及高等院校相关专业师生阅读和使用。

◆ 主　　编　冯永华
　　责任编辑　王莹舟
　　执行编辑　徐晓菲
　　责任印制　杨林杰

◆ 人民邮电出版社出版发行　　北京市丰台区成寿寺路11号
　　邮编　100164　电子邮件　315@ptpress.com.cn
　　网址　http://www.ptpress.com.cn
　　北京虎彩文化传播有限公司印刷

◆ 开本：787×1092　1/16
　　印张：18.5　　　　2014年11月第1版
　　字数：286千字　　2025年11月北京第35次印刷

定　价：49.00元

读者服务热线：(010) 81055656　印装质量热线：(010) 81055316
反盗版热线：(010) 81055315

伴随国内外市场竞争越来越激烈，许多中小企业的产品利润空间越来越小。原材料价格成倍上涨、劳动力成本快速上升、企业融资困难、产品积压严重，这些因素都严重影响了中小企业的发展，使不少中小企业在经营中举步维艰。但从另一个角度来看，这些因素将会促使企业进行产业升级、科学管理、提升生产力、节约成本、减少浪费、提高效率。那么，如何才能使企业在目前这种竞争激烈的环境中更好地生存、发展与壮大呢？我们认为丰田精益管理就是一种非常有效的解决办法。

丰田精益管理是由丰田汽车集团缔造的一种生产方式（Toyota Production System，TPS），它可以说是世界制造史上的一大奇迹。以丰田生产方式和经营管理方法为标志的日本制造业，对"生产方式""组织能力""管理方法"进行了创新，改变了21世纪全球制造业的存在形式和秩序。就我国企业的实际情况来讲，实现高品质、低成本生产的最大困扰，从根本上说并不是设备、资金、材料、技术、人才等经营资源本身，而是缺少能够使这些经营资源最有效地发挥作用的"生产方式""组织能力""管理方法"。

丰田精益管理实质上是一种独特的企业管理理论和方法，它以识别管理中的浪费并持续地减少浪费为核心思想，通过一系列方法和工具来定义管理中的问题。企业能通过精益管理来测量浪费，分析浪费产生的时间、区域、过程和原因，进而获得系统减少浪费的方法，并能通过使改进措施标准化来实现管理效率的提高。丰田精益管理注重用最少的投入获取最大的效益，即"在需要的时候，按需要的质与量，生产所需的产品"。丰田精益管理最显著的特点是强调客户对时间和价值的要求，以科学合理的制造体系来组织为客户带来增值的生产活动，缩短生产周期，从而显著提高企业适应市场瞬息万变的能力。

然而，有许多中小企业却不敢实施丰田精益管理，担心丰田精益管理要求投入大量的资源而企业承受不起；担心自行推广、实施丰田精益管理有难度以致企业无从下手；担心请外部专家进行辅导成本高，却达不到理想的目的；担心企业自身人员素质达不到丰田精益管理活动推广的要求；担心丰田精益管理推进速度慢，影响企业日常运转等。其实，丰田精益管理对企业在硬件方面的投入要求并不多，最主要的是时间的投入以及坚持正确的方式、方法。

我们的咨询老师在辅导企业推行丰田精益管理活动的过程中，发现有些中小企业虽然也轰轰烈烈地推广过该类活动，然而效果并不理想。究其原因，原来许多企业只是照搬优秀企业的一些样板，而没有真正地理解丰田精益管理活动的意义及推广的步骤、技巧、实施要领等。

基于此，我们对自己在实际辅导企业推行丰田精益管理活动过程中积累的经验进行归纳、总结，组织众多工作在企业一线的实战专家策划、编写了这套"丰田精益管理系列"图书，以帮助中小企业走出困境，更好地适应复杂多变的市场要求。该系列图书包括10本，具体为：

★《丰田精益管理：现场管理与改善（图解版）》
★《丰田精益管理：物料与仓储管理（图解版）》
★《丰田精益管理：采购与供应商管理（图解版）》
★《丰田精益管理：员工关系管理（图解版）》
★《丰田精益管理：成本控制与管理（图解版）》
★《丰田精益管理：TPM推进体系建设（图解版）》
★《丰田精益管理：生产事故防范（图解版）》
★《丰田精益管理：人力资源风险控制与管理（图解版）》
★《丰田精益管理：职业健康安全（图解版）》
★《丰田精益管理：企业文化建设（图解版）》

"丰田精益管理系列"图书的特点是内容深入浅出、文字浅显易懂，作者将深奥的理论用平实的语言讲出来，让初次接触丰田精益管理的企业管理人员也能看得懂、看得明白。同时，本系列图书利用图解的方式，能使读者阅读更轻松、理解更透彻、应用更方便。另外，本系列图书特别突出了企业在管理实践过程中的实际操作要领，读者可以结合自身情况分析和学习，并直接应用于工作中，具有很高的参考价值。

本书由冯永华主编，安建伟、宁小军、陈超、车转、陈宇娇、成晓霞、程思敏、郭鹏丽、蒋昆波、李建伟、李相田、马晓娟、王丹、王雅兰、王振彪、武晓婷、徐亚楠、赵娜、赵仁涛、谭双可、李景安、吴少佳、赵静洁、唐晓航、陈海川、马会玲、卢硕果、庞翠玉、闻世渺、唐琼参与了本书的资料收集和编写工作，滕宝红对全书相关内容进行了认真细致的审核。

本书在编写过程中，得到了广东省中小企业发展促进会、深圳市时代华商企业管理咨询有限公司、山西管理职业学院等咨询机构、职业学院及相关企业的支持与配合。在此，作者向他们表示衷心的感谢。

C 目 录
CONTENTS

第1章　采购需求计划管理

对于制造企业来说，它的采购计划与服务业企业的采购计划是不同的。服务业企业采用的是货物存量控制法，即货物达到一定极限时便及时采购，而制造企业采用的是物料需求采购法，即将物料采购纳入生产工序的每一道环节。但无论是哪种类型的企业，要实施精益管理就必须要制订采购需求计划。

第2章　供应商开发管理

供应商的开发是采购体系的核心。其表现也关系到整个采购部门的业绩。大多数企业不可能将自己企业成品的一切零件，以一贯作业的方式全部在自己工厂内生产。他们须将其中的某些零件或需使用到的设备等交由供应商制造，并设法对其进行管理。

第3章　采购成本控制管理

采购成本控制是指对与采购原材料部件相关费用的控制，包括采购订单费、采购人员管理费及物流费等。控制采购成本对企业的经营业绩至关重要。采购成本下降不仅体现在企业现金流出的减少，而且还体现在产品成本的下降、产品利润的增加，以及企业竞争力的增强。因此，企业在实施精益管理过程中须控制好采购成本。

第4章　采购库存管理

　　做好采购库存精益管理是企业经营生产系统高效、低耗、灵活运作的重要保证。采购库存管理水平已成为现代企业提高竞争力的重要内容。

第5章 采购合同管理

采购合同是供需双方就供方向需方提供其所需的商品或服务，需方向供方支付价款或酬金事宜，为明确双方权利和义务而签订的具有法律效力的协议。采购合同管理对采购方和供应商来说非常重要。

第6章 供应商交货期管理

实现按时交付是采购目标之一。供应商收到订单后，大多数企业就会组织货物进行交付，并按约定的支付方式收取应收账款或预收账款。企业采购精益管理就是要讲究效率，用最短的时间采购到所需的产品，这样才能保证企业在最短的时间内生产出市场所需要的产品或提供优质的服务。

第7章 采购质量管理

采购回来的物资的质量直接关系到企业生产、经营过程所产生结果的好坏，因此，控制采购质量是保证企业运营效果的关键因素。企业在实施精益管理时，如果能稳定提高采购质量，那么会降低采购成本和生产成本。因此，提高采购质量是降低企业成本、增加企业收益的一种有效方法。

第8章　供应商违约管理

　　只有少数供应商在签订采购合同后会发生违约行为。企业为了加强和规范采购合同的精益管理，提高合同履约率，一方面自身应当严守信用，履行合同，另一方面也要掌握相关法律法规，以更好地维护护自身利益。

第9章　供应商评估与改善管理

　　企业要维持正常生产，就必须要有一批可靠的供应商为其提供物资。因此，供应商对企业的物资供应起着非常重要的作用，采购员就是直接与供应商打交道而从供应商采购获得各种物资的。因此，采购员的重要工作就是要做好供应商管理。供应商评估与改善是指企业将持续不断地对现有供应商实施监督与控制，看其能否达到采购精益管理的预期目标。

第10章　招投标流程管理

　　随着电子招标、无标底招标及集团集中招标等新采购模式的出现，极大地提高了企业采购的质量和效率。企业采购部须根据物资需求计划，确定是否需要招标采购及招标方式。凡在招标采购范围之内的，采购部应向企业管理层提出招标采购申请。

第11章　政府采购管理

近年来，我国政府采购有力支持了国内相关产业和行业的发展。但由于目前对政府采购的法律规定主要限于购买环节，监管重点主要在政府采购中心，因此，导致其他环节配套制度还不够完善。政府采购作为架构政府与市场、公共部门与个人之间的桥梁，应当不断完善采购运行机制和监管体制，进一步提高采购效率，切实提升政府采购公信力。

第12章　网络采购管理

我国的地方经济正处于从工业化向信息化地转变，企业实施"以信息化带动工业化"的发展战略，关键在于企业信息化。网络采购作为一种先进的采购方式，其优势主要体现在价格透明、效率高、竞争性强、节约成本等方面。结合我国互联网经济迅猛发展的趋势来看，网络采购是企业采购在实施精益管理过程中值得大力推广的主要方式。

第13章 采购谈判管理

随着原材料价格的不断上涨，企业在实施精益管理过程中，需要从采购的各个环节降低成本。如果采购人员能提升自己的谈判能力，能够根据谈判对象与谈判结果的重要程度来决定谈判时所要采取的谈判策略，那么就可以确保采购工作高质量、高效率、低成本地完成。使企业具有最佳的供货状态，同时与供应商保持良好的战略合作伙伴关系。

导读 遵循5R原则实现采购精益管理目标

一、精益管理的起源

随着人们生活水平的不断提高，国内的消费者更愿意为高品质的商品支付溢价。但国内相关企业可能还没有为此做好准备。随着企业间竞争的不断加剧和整体经济增长逐步放缓，企业面临的经营环境也日益严峻。例如，企业内部生产成本的上升（包括劳动力成本、原材料成本、物流成本等）及企业外部环境的变化。在这个新的背景下，我国企业必须实施精益管理。

随着人类生产技术的不断进步及市场竞争环境的改变，商品生产经历了手工作坊小批量生产、机械化大规模生产、同步化批量生产、精益生产和个性化定制生产的发展过程，具体内容如图1所示。

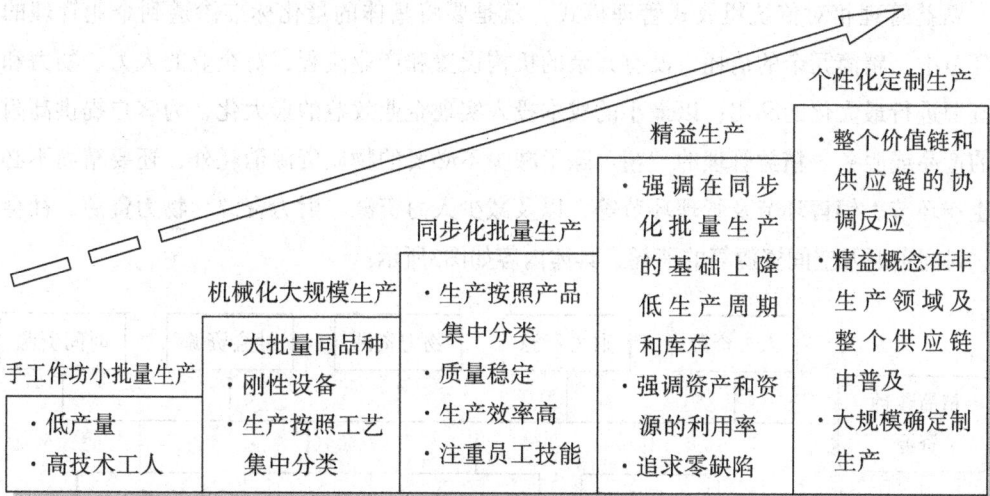

图1 精益生产进化路线

从20世纪初，福特汽车公司实现了零件的互换，生产率有了大幅度提高，到随后大规模生产的模式逐步地建立和完善，实行大量生产方式的厂家均获得了巨额利润。20世纪70年代，日本汽车大规模进入美国市场后，美国汽车工业面临着巨大压力。美国的工业界和学术界开始重视与思考这一重大市场变化。美国麻省理工学院在做了大量的调查和分析对比后，认为高质量、低消耗进行生产的方式是最适用于现代制造企业的一种生产组织管理方式，称之为精益生产。精益生产方式的形成过程可以划分为以下四个阶段，具体内容如图2所示。

1

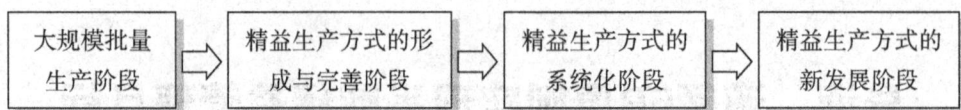

| 大规模批量生产阶段 | → | 精益生产方式的形成与完善阶段 | → | 精益生产方式的系统化阶段 | → | 精益生产方式的新发展阶段 |

图2　精益生产方式形成的四个阶段

精益生产方式形成的四个阶段说明：

（1）大规模批量生产阶段是指20世纪初，从福特汽车公司创立第一条汽车生产流水线开始，它是实现工业化生产的里程碑；

（2）第二次世界大战后，日本丰田公司开始多品种、小批量地生产汽车。随着日本汽车制造商大规模在海外设厂，日本丰田公司高质量、低消耗的生产方式传播到了美国；

（3）1985年，美国麻省理工学院开启了"国际汽车计划"（Intel Mobile Voltage Postioning, IMVP）研究项目，经过近10年的研究，提出并完善了精益生产的理论体系；

（4）20世纪末，许多大企业将精益生产方式与本企业实际情况相结合，建立起了适合本企业需要的精益管理体系。至此精益管理各种新理论、方法层出不穷，出现了百花齐放、百家争鸣的现象。

精益管理就是用精益求精的思想对企业实施管理，以求实现企业效益最大化。那么，精益管理与传统管理的侧重点有哪些不同呢？

精益管理相对传统粗放式管理模式，就是要将具体的量化标准渗透到企业管理的各个环节中。精简冗余的消耗，没有冗余的机构设置和产业流程，对企业的人力、物力和财力资源进行最大化的利用，以最小的成本投入实现企业效益的最大化，为客户提供高附加值的产品或服务。精益管理的"精"除了减少不必要的物质资源消耗外，还要精简不必要的生产环节、销售环节及管理环节等，以及减少人力资源、财力资源、物力资源、社会资源、时间资源及空间资源等的消耗，具体内容如图3所示。

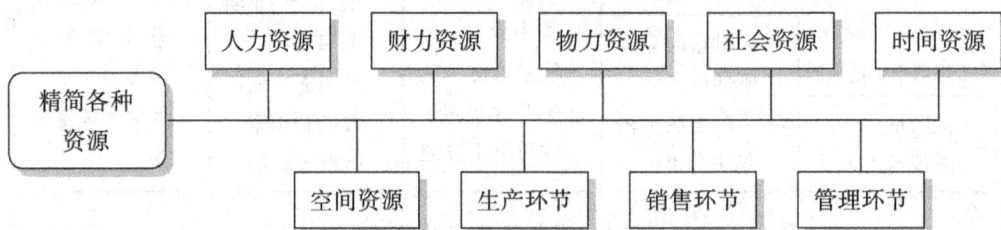

图3　精益管理内涵

二、采购精益管理的原则

企业在采购过程中应遵循5R原则。采购精益管理的5R原则是指企业在采购过程中应做到物料供应的适时（Right time）、适质（Right quality）、适量（Right quantity）、适价（Right price）和适地（Right place），具体如图4所示。

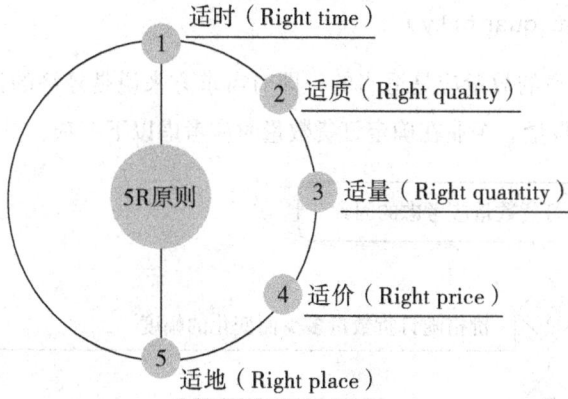

图4　5R原则

1. 适时（Right time）

适时是指要求供应商按规定的时间准时交货，防止交货延迟和提前交货。供应商延迟交货会导致生产成本增加和效率降低。而供应商提前交货则可能会增加企业经营成本，如会增加仓储空间资源、库存占用资金和物料搬运成本，从而导致企业在物料仓储管理方面的效率下降。

2. 适质（Right quality）

适质是指供应商送来的物料和仓库发到生产现场的物料的质量应符合生产技术要求。保证物料适质的方法有以下七种。

（1）企业应与供应商签订质量保证协议。

（2）设立来料检查职能，对物料质量进行确认和控制。

（3）必要时，企业可派检验人员驻供应商工厂。

（4）必要时或定期对供应商质量体系进行审查。

（5）定期对供应商进行评比，以促进供应商之间形成良性的竞争机制。

（6）对低价位、中低质量水平的供应商制订质量扶持计划。

（7）必要时，邀请第三方权威机构进行质量验证。

要点提示

派驻检验人员一般是针对企业长期稳定合作的供应商，且该供应商的供货量达到其产能的30%以上。同时，不应将某位检验人员长期派往同一个供应商处，以防其间关系发生变化。

3．适量（Right quantity）

适量是指采购物料的数量应是适当的，即对需求方来说是经济的订货数量，对供货方而言就是经济的受订数量。企业在确定订货数量时应考虑以下三项，具体内容如图5所示。

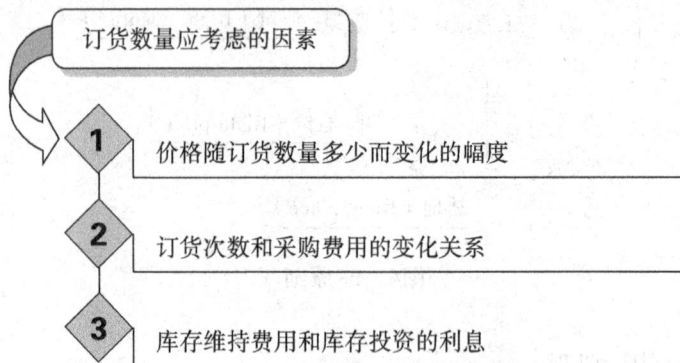

订货数量应考虑的因素

1　价格随订货数量多少而变化的幅度

2　订货次数和采购费用的变化关系

3　库存维持费用和库存投资的利息

图5　订货数量应考虑的因素

4．适价（Right price）

适价是指物料的采购价格直接关系到最终产品或服务的价格，在确保满足其他条件的情况下力争最低的采购价格，这是采购精益管理中采购人员最重要的工作。

为了达到这一目标，企业采购部应注意以下四点。

（1）选择和确定合适的供应商。

（2）使用任何一种合适的定价方法。

（3）企业采购部通常需要关注目前在用物料的替代品，而且也有责任提请使用者和申请采购者关注这些替代品。

（4）企业采购部必须和潜在的供应商保持联络。

5．适地（Right place）

适地是指物料原产地的地点应适当，采购的物资与使用地之间的距离越近越好，如果距离相隔太远会对企业生产有一定的影响，具体内容如图6所示。

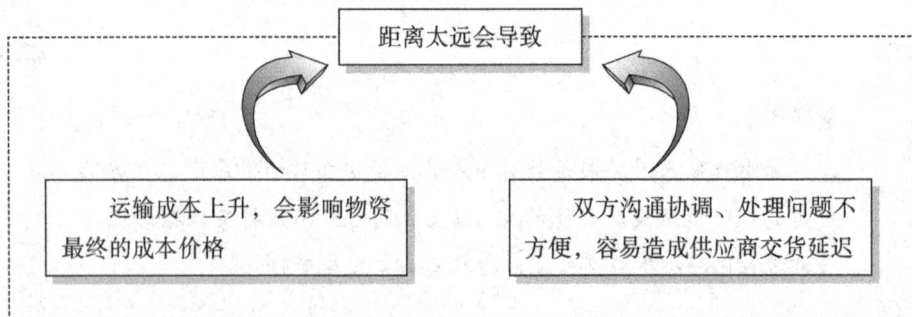

距离太远会导致

运输成本上升，会影响物资最终的成本价格

双方沟通协调、处理问题不方便，容易造成供应商交货延迟

图6　距离太远会产生的影响

三、采购精益管理的目标

采购精益管理要求建立健全企业的采购体系，使采购工作规范化、制度化，建立决策透明机制，实行必要的招标采购，使所有的信息公开化，防止暗箱操作，在保证采购物资质量的前提下，使采购价格降到最低。采购精益管理的四个目标如图7所示。

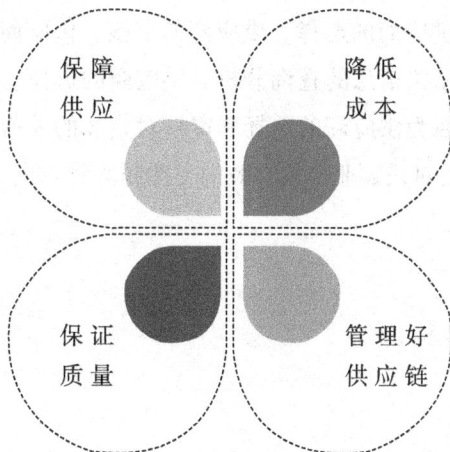

图7　采购精益管理的四个目标

1. 保障供应

保障供应是指能够适时、适量地采购到企业所需的物资。采购的物资不是越多越好，也不是进得越早越好。物资采购少了，会影响生产；物资采购多了，会增加企业采购成本；物资采购晚了，会影响生产进度；物资采购早了，会增加企业成本。因此，企业采购人员须适时、适量采购物资。

2. 降低成本

企业采购部的活动消耗的资金最多。除此之外，企业采购活动的经济杠杆效用也非常明显。尽管"价格购买者"这个词由于意味着其在采购时所关注的唯一因素是价格而一般被人理解为贬义词，但当确保质量和服务方面的要求得到满足时，企业采购部还应全力以赴地以最低的价格获得所需的物料和服务。在物资采购过程中，会发生各种费用。例如，购买费、检验费、搬运费、装卸费及保管费等。因此，企业采购部在采购物资时要运用适当的采购策略，使总的费用降到最低限度。

3. 保证质量

保证原材料质量就是要保证采购到的物资符合企业生产的相关质量标准，保证企业生产出来的产品质量合格。

4．供应商管理

供应商管理是指对于供应商的开发、了解、选择及使用等综合性工作的总称，是企业对资源来源的控制和管理，也是企业保证为生产提供可靠资源的根本。供应商管理在实现准时化采购中具有重要的作用。采购的纽带作用体现在要建立其与资源市场的良好和有效的关系，协调供应商并管理好供应链。

供应商管理内容包括供应商的选择、供应商的审核、供应商档案信息管理、供应商绩效评价、供应商退出和对相关信息的查询分析。供应商的选择、审核和供应商绩效评价是供应商管理工作的重点，因为供应商的选择和审核对企业的采购和成本控制具有直接的影响，而供应商绩效评价则是对采购业务最有效的支持和监督。

第 1 章

采购需求计划管理

·· 关键指引 ········

对于制造企业来说，它的采购计划与服务业企业的采购计划是不同的。服务业企业采用的是货物存量控制法，即货物达到一定极限时便及时采购，而制造企业采用的是物料需求采购法，即将物料采购纳入生产工序的每一道环节。但无论是哪种类型的企业，要实施精益管理就必须要制订采购需求计划。

第1节 确认采购需求

情景导入

为确保集中采购目录和批次计划有序执行，提高采购效率和效益，A电力有限公司2014年年度需求计划编制工作全面启动。

按照国家电网公司物资部门2014年度需求计划工作方案，A电力有限公司年度需求计划内容包括物资类和服务类，编制类别结合综合计划中的发展投入指标，包括固定资产投资（基本建设、技术改造和零星购置等）和其他专项计划（营销投入、信息化建设、研究开发费、教育培训和管理咨询费等），编制深度为主数据小类。纳入公司总部采购范围的，应按照项目建设进度安排（属电网项目的结合基建工程里程碑计划、属电源项目的结合投资计划），将工程项目或专项计划的采购需求分解至总部直接组织实施的各采购批次中。这样可以加强年度需求计划在采购活动中的基础和统领作用，统筹年度需求计划与专项计划安排，实现综合计划、财务预算和采购活动的有机结合。

A电力有限公司还加强了迎峰度夏（冬）、政策性投资（无电地区改造、农网改造等）及固定资产零购等项目物资的年度物资计划管理，减少临时采购。按照需求计划工作方案要求，物资需求单位申报年度物资需求计划时，应与省公司对口专业管理部门进行沟通，避免误报、漏报。年度需求计划按统一下发的电子表单（模板）汇总编制，完成全省年度需求计划汇总、合并工作后，A电力有限公司物资部将对综合计划正式印发。

上述案例中A电力有限公司实施采购精益管理时，就是从计划（或预算）开始，先制订出采购计划和需求计划。采购计划一般是由企业需求部门根据生产经营需要先向采购部提出物资需求计划。然后采购部再根据该物资需求计划归类汇总、平衡现有库存物资后，统筹安排采购计划。最后，再按规定的权限和程序审批后执行采购计划。

制订物资需求计划阶段的主要风险是：需求或采购计划不合理、未按实际需求安排采购或随意超计划采购，甚至与企业生产经营计划不协调等。企业在制订采购需求计划时须遵循以下三个流程，具体如图1-1所示。

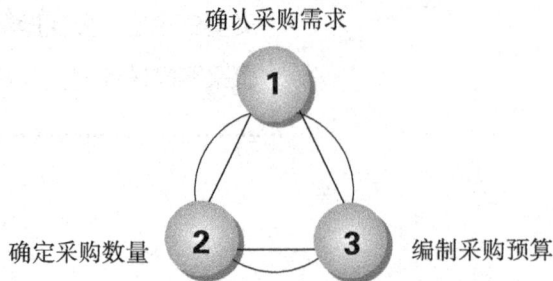

确认采购需求

确定采购数量 ① ② ③ 编制采购预算

图1-1　制订采购需求计划流程

1.1　采购计划类型

一般来说，采购计划包括年度采购计划、月度采购计划、日采购计划和日常经营需求计划。采购部在制订采购需求计划时，要根据企业自身的特点来确定采购计划类型，具体如图1-2所示。

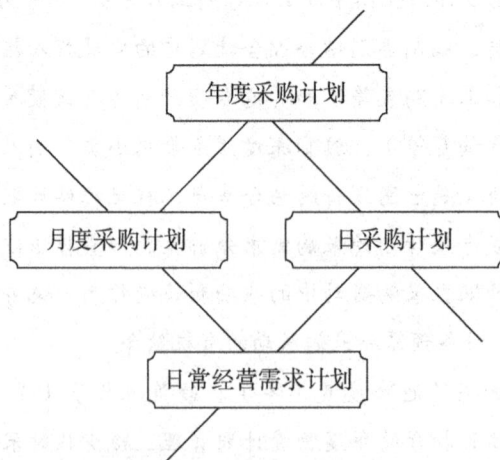

年度采购计划

月度采购计划　　日采购计划

日常经营需求计划

图1-2　采购计划类型

1．年度采购计划

根据公司年度经营计划，采购部在对市场和需求信息进行充分收集和分析的基础上，依据往年历史数据的对比预测所制订的采购计划。

2．月度采购计划

在对年度采购计划进行分解的基础上，依据上月实际采购情况、库存情况、下一月度需求预测及市场情况制订的当月采购计划。

3．日采购计划

在对月度采购计划进行分解的基础上，依据企业各部门每日经营所需物资的汇总、审核而制订的采购计划。

4．日常经营需求计划

根据每天的经营情况、物资日常消耗情况及库存情况，企业各部门向采购部报送的日采购需求计划。

1.2 采购需求类型

采购需求的确认是实施采购作业的首要步骤，也是采购计划的编制依据。企业的采购需求主要包括以下三个方面，具体内容如图1-3所示。

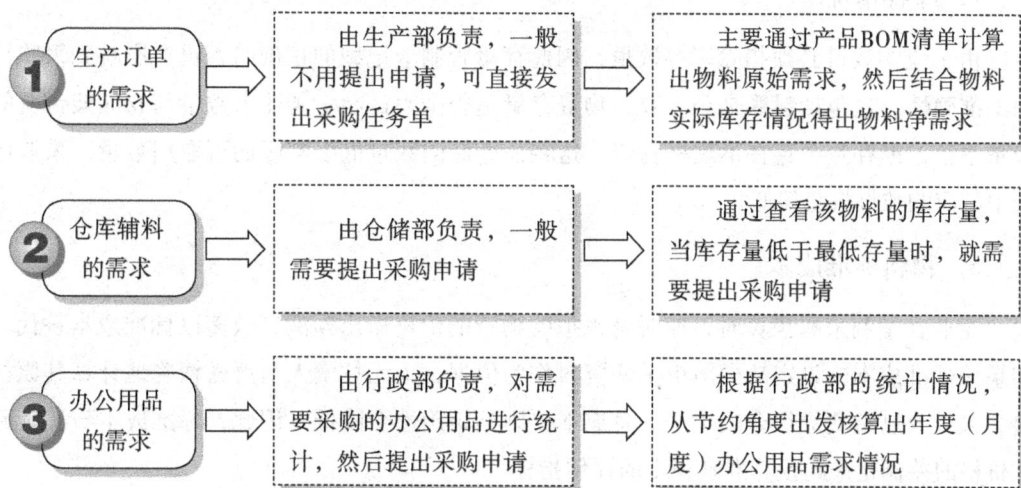

① 生产订单的需求	由生产部负责，一般不用提出申请，可直接发出采购任务单	主要通过产品BOM清单计算出物料原始需求，然后结合物料实际库存情况得出物料净需求
② 仓库辅料的需求	由仓储部负责，一般需要提出采购申请	通过查看该物料的库存量，当库存量低于最低存量时，就需要提出采购申请
③ 办公用品的需求	由行政部负责，对需要采购的办公用品进行统计，然后提出采购申请	根据行政部的统计情况，从节约角度出发核算出年度（月度）办公用品需求情况

图1-3 采购需求类型

1.3 采购需求依据

企业在制订采购需求计划时，应考虑年度营销经营计划、年度生产计划、用料清单、库存情况及企业资金供应情况等相关因素，对企业经营活动的急需物品，应优先予以考虑。

1．年度营销计划

除非市场出现供不应求的情况，否则企业年度经营计划多以营销计划为起点，而营销计划的制订又受到销售预测的影响。销售预测的决定因素包括外界的不可控制因素，如国内外经济发展情况（GDP、失业率、物价及利率等）、技术发展情况、竞争者情况等，以及内部可控制因素，如财务状况、技术水平、厂房设备、物资供应情况、人力资源及企业声誉等。

2．年度生产计划

一般来说，生产计划源于营销计划。若营销计划过于乐观，将使产量变成存货，从而造成企业的财务负担；若营销计划过于保守，将使产量不足以满足客户需求，从而失去了创造利润的机会。因此，如果企业管理者对市场的需求量估算失当，将会造成生产计划朝令夕改，也使得采购计划与预算必须经常调整、修正，从而使物资供需长久处于失衡状态。

3．用料清单

若生产工艺屡次变更，会导致用料清单难以做出及时地修订，以致根据产量所计算出来的物料需求数量与实际的使用量或规格不符，从而造成采购数量过多或过少、物料规格过时或不易购得。因此，采购计划的准确性有赖于最新、最正确的用料清单的维持。

4．库存情况

由于应购数量必须扣除库存数量，因此存量管制卡记载的正确与否也会影响到采购计划的准确性。这包括料账是否一致、物资存量是否全为良品。若账上数量与仓库架台上的数量不符，或存量中存在不规格物资，这将使仓储的数量低于实际的可取用数量，采购计划中的应购数量将会偏低。

5．物料标准成本

企业在编制采购预算时，应对将来拟购物资的价格做出预测，故多以标准成本替代。如果该标准成本的设定缺少历史采购资料作为依据，也无技术人员严密精确地计算其原材料、人员及制造费等组合或生产的总成本，则其正确性会降低。因此，标准成本与实际购入价格的差额是采购预算准确程度的评估指标。

6．生产效率

生产效率的高低，将使预计的物料需求量与实际的耗用量产生误差。产品生产效率降低，会导致原物料的单位耗用量提高，从而使采购计划中的数量达不到生产所需。因此，当生产效率有降低趋势时，企业的采购计划须将额外的耗用率计算进去，从而才不会发生原物料短缺的现象。

7．价格预期

企业在编制采购金额预算时，须对物资价格、市场情况等进行预测，甚至将其列为调整采购预算的重要因素。但由于个人主观的判定与事实的演变常有差距，也可能会造成采购预算的偏差。

1.4 审核采购申请单

在将采购申请单交给供应商之前，企业采购部须对其进行最后一次检查。

1．采购申请单内容

采购申请单应包括以下八项内容。

（1）采购日期。

（2）编号（方便区分）。

（3）采购申请的发出部门。

（4）涉及的金额。

（5）采购物资的完整描述及采购数量。

（6）物资需求日期。

（7）任何特殊的发送说明。

（8）授权申请人的签字。

2．采购物资规格

规格是描述产品品牌、物理和化学特性、原材料、性能、制造方法、工程图样、市场等级的技术资料，具体内容如图1-4所示。

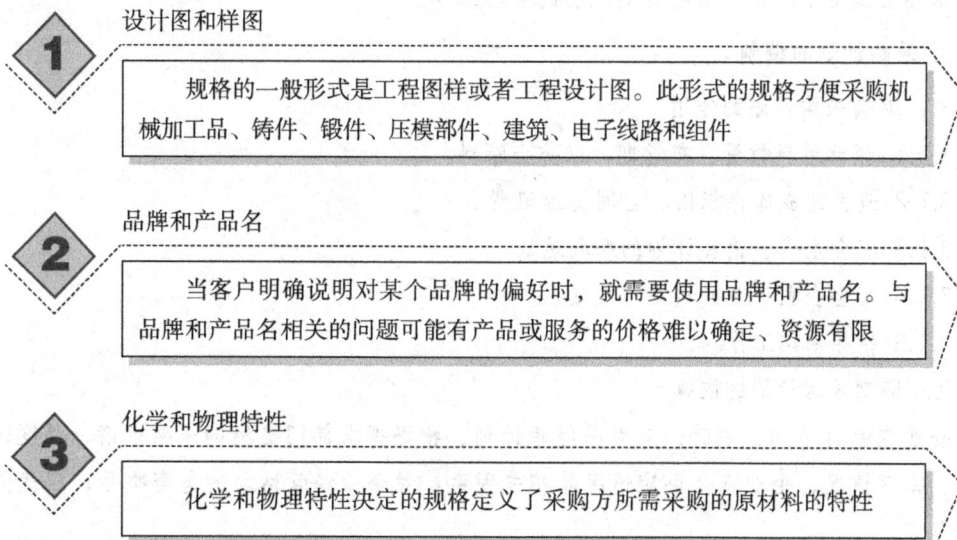

1 设计图和样图

规格的一般形式是工程图样或者工程设计图。此形式的规格方便采购机械加工品、铸件、锻件、压模部件、建筑、电子线路和组件

2 品牌和产品名

当客户明确说明对某个品牌的偏好时，就需要使用品牌和产品名。与品牌和产品名相关的问题可能有产品或服务的价格难以确定、资源有限

3 化学和物理特性

化学和物理特性决定的规格定义了采购方所需采购的原材料的特性

4 商业标准和设计标准

（1）商业标准包括原材料和组件的质量、尺寸、化学成份及检验方法等内容
（2）设计标准通常定义了通过何种生产流程可以制造出该产品，以及将要使用的原材料标准等

5 产品目录

部分企业可以给出一些经过企业的使用或认可的合格产品的目录

6 样品

样品可以用作规格。当样品满足采购方的需求时，规格将引用样品的规格，并且声明其他的产品应该以样品为标准

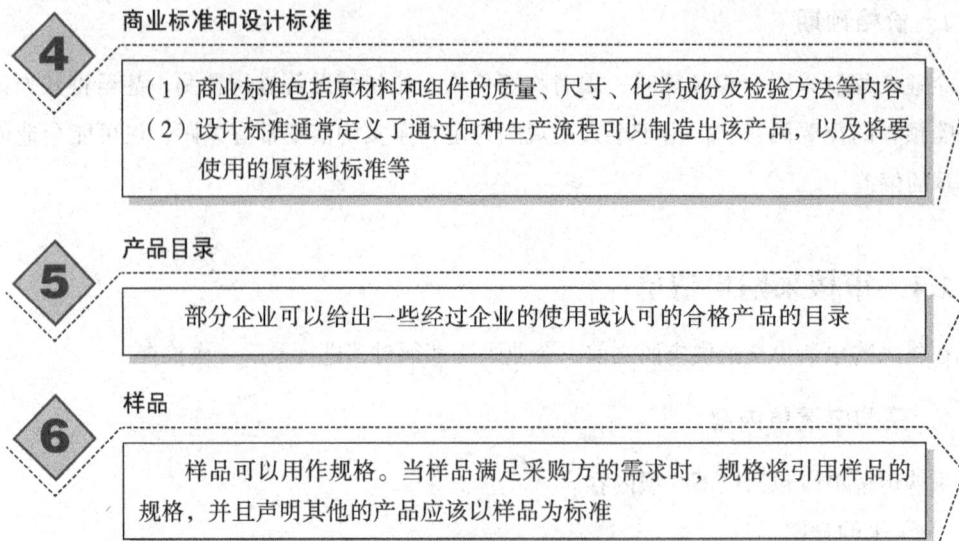

图1-4　采购物资规格

下面是某企业的采购计划控制管理办法，供读者参考。

【范本1-01】采购计划控制管理办法

采购计划控制管理办法

1. 目的

为合理编制采购计划，配合企业采购计划管理制度的推行，特制定本办法。

2. 适用范围

本办法适用于本企业采购计划控制的管理工作。

3. 采购计划的编制

3.1　编制采购计划的作用

3.1.1　预估用料数量、交货期，以防止断料。

3.1.2　避免造成库存积压、空间资源浪费。

3.1.3　配合生产、销售计划的顺利达成。

3.1.4　配合企业资金的运用与周转。

3.1.5　指导采购工作。

3.2　编制采购计划的依据

企业在制订采购计划时，应考虑经营计划、物资需求部门提出的采购申请、年度采购预算、库存情况、企业资金供应情况等相关因素。对企业经营活动的急需物品，应优先予以考虑。

3.3 采购计划种类

3.3.1 年度采购计划。根据企业年度经营计划，在对市场信息和需求信息进行充分分析和收集的基础上，依据往年历史数据的对比情况制订的采购计划。

3.3.2 月度采购计划。在对年度采购计划进行分解的基础上，依据上月度实际采购情况、库存情况、下一月度需求预测及市场行情等制订的当月采购计划。

3.3.3 日采购计划。在对月度采购计划进行分解的基础上，依据企业各部门每日经营所需物资的汇总，经审核通过后制订的采购计划。

3.3.4 日常经营需求计划。根据每天的经营情况、物资日常消耗情况及库存情况，企业各部门向采购部报送的日采购需求计划。

3.4 采购申请的提出及审批权限

3.4.1 采购申请应注明物资的名称、数量、需求日期、参考价格、用途、技术要求、供应商（参考）、交货期及送货方式等信息。

3.4.2 各种物资采购申请的提出及审批权限的相关规定如下表所示。

采购申请的提出及审批权限的规定

物资类别	采购申请提人	申购依据	审核人	审批人
工程项目所需采购的原材料、设备等	项目负责人	依据合同及设计任务书所做出的预算表、工程进度表、原材料及设备采购清单	部门负责人或授权人	工程部副总经理
企业日常经营所需的原材料、设备等	各部门	经营需求和加工要求	部门负责人或授权人	经营部副总经理
工具及配件、器皿、劳保用品及量检具等	使用部门	月初提出的采购申请	部门负责人或授权人	相关主管领导
企业经营、办公等需要的大件设备和工具（属于固定资产投资类）	使用部门	年初编制的固定资产采购申请	—	总经理
普通办公用品及劳保用品等	综合办公室	根据使用部门需求统一提出的年度或月度采购申请	部门负责人或授权人	总经理
常备用料	采购计划专员（由库房管理员配合）	日常领料情况和库存情况	—	各部门经理
企业在研究开发时所需要的原材料、辅助材料、工具及设备等	技术中心	根据需求时间提出的月度或日采购申请	部门负责人或授权人	技术部副总经理

3.4.3 上表所列的各类物品如果在企业的年度预算外或超过年度预算，则须按超过年度预算的审批程序办理，最终审批人为总经理。

3.4.4 采购申请表应注明原材料的名称、规格型号、所需数量、需求日期、参考价格、用途、技术要求、安装尺寸、生产厂家（参考）、交货期、是否直发现场（若直发现场，则应注明地址）等信息。

3.4.5 部门负责人或授权人审核本部门的采购申请表时，应检查采购申请表的内容是否准确、完整，若不完整或有错误应及时予以纠正。

3.4.6 经审批后的采购申请表由采购部审核、汇总。审核内容包括采购申请表的各栏填写是否清楚、是否符合合同内容、是否在采购预算范围内、是否在审批范围内，以及是否有相关负责人的审批签字等。

3.5 编制采购计划步骤

3.5.1 明确销售计划。

3.5.1.1 企业于每年年末制定次年度的营业目标。

3.5.1.2 企业市场营销部根据年度目标、客户订单意向及市场预测等相关资料，进行销售预测并制订次年度的销售计划。

3.5.2 明确生产计划。

3.5.2.1 企业生产部应根据销售预测计划及本年度年底预计库存与次年度年底预计库存，制订次年度的生产预测计划。

3.5.2.2 物控人员应根据生产预测计划、物料清单及库存状况，制订次年度的物料需求计划。

3.5.2.3 各部门应根据企业年度目标及生产计划预估次年度各种消耗物资的需求量，并编制预估计划。

3.5.3 编制采购计划。

3.5.3.1 企业采购部负责汇总各种物料的需求计划。

3.5.3.2 企业采购部负责编制次年度的采购计划。

3.6 编制采购计划注意事项

3.6.1 采购计划要避免过于乐观或保守。

3.6.2 企业年度目标达成的可能性。

3.6.3 销售计划、生产计划的可行性和预见性。

3.6.4 物料需求信息与物料清单及库存状况的确定性。

3.6.5 物料标准成本的影响。

3.6.6 保障生产与降低库存的平衡。

3.6.7 物料采购价格和市场供需可能出现的变化。

4. 采购计划管理

（1）采购计划由企业采购部根据审批通过后的采购申请表制订，日采购计划须由采购部经理批准执行，月度采购计划上报营运副总经理批准执行；年度采购计划须上报总经理审批。

（2）采购计划应同时上报企业财务部审核，以利于企业资金的安排。

（3）采购计划专员应审查各部门申请采购的物资能否由现有库存满足或有无可替代的物资，只有现有库存不能满足的申请采购物资才能列入采购计划。

（4）如果采购申请表所列的物资为企业内其他部门所生产的产品，在产品的质量、性能、交货期、价格相同的情况下，须采用本企业的产品，并不得列入采购计划。

（5）申购部门下达给采购部的采购申请表应分类列表，且必须是经过汇总、计划后的物料清单。

（6）对于无法于指定日期内办妥的采购申请表，采购部必须及时通知请购部门。

（7）对于已申请的采购物资，请购部门若需要变更物料的规格、数量或撤销请购申请时，必须立即通知采购部，方便采购部及时根据实际情况调整采购计划。

（8）未列入采购计划的物资不能予以采购。如确属急需物品，请购部门应填写紧急采购申请表，由部门负责人审核通过后，上报企业运营副总经理核准后才能纳入采购范围。

第2节　确定采购数量

通常，企业采购数量的多寡与营业量、销售量密切相关。也就是说，企业的生产及营业预算编制完后才能编制物资的采购数量预算。编制采购数量流程如图1-5所示。

图1-5　采购数量编制流程

2.1　将物料进行分类

采购部须将所需采购的物料依其自身的重要性进行分类，通常可分为以下四类。

（1）价值及价格较高的物料，其需求数量又有时间性、季节性特征的，应优先予以估计，并应控制最低与最高存货量的。

（2）物料价值高，但不必确定存货量的。

（3）预算采购数量已确定，但未决定需用时间的。

（4）仅在预算期间内列明采购总金额的其他项目的。

2.2　分析与采购相关的资料

1．生产计划

根据销售预测，即可拟订销售计划或目标。销售计划是表明各种产品在不同时间的预期销售数量；而生产计划则是依据销售数量加上预期的期末存货减去期初存货之值来拟订。

2．用料清单

生产计划只列示产品的数量，若想直接了解某一产品需用的物料及数量，则需借助用料清单。

3．存量管制卡

若产品有存货，则生产数量不一定要等于销售数量。同样，若原材料有库存，则原材料采购数量也不一定要等于根据用料清单来计算的原材料需用量。

因此，企业采购人员必须查阅物料的存量管制卡，以确保了解某一物料目前的库存状况，再依据用料需求数量，并考虑购料的作业时间和安全存量水平，从而计算出准确的采购数量。

2.3　确定各类物料的采购数量

综前所述，生产计划、用料清单或材料需求计划，以及存量管制卡是决定采购数量的主要依据。采购数量的步骤如图1-6所示。

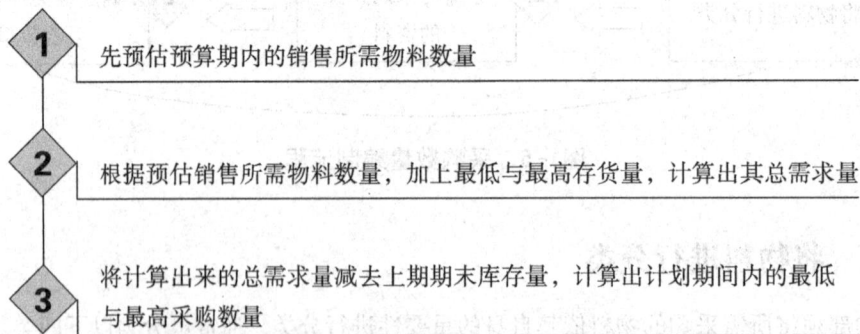

1　先预估预算期内的销售所需物料数量

2　根据预估销售所需物料数量，加上最低与最高存货量，计算出其总需求量

3　将计算出来的总需求量减去上期期末库存量，计算出计划期间内的最低与最高采购数量

图1-6　采购数量的计算步骤

其计算公式为：

（1）生产需要量 + 最高存货限额 – 期末存货 = 最高采购限额；

（2）生产需要量 + 最低存货限额 – 期末存货 = 最低采购限额。

要点提示

生产计划、用料清单或材料需求计划，以及存量管制卡是决定采购数量的主要依据。采购数量的计算公式为：

本期应购数量=本期需用数量+本期期末预定库存量–前期预估库存量–前期已购未入库数量。

2.4 采购方式

企业在制订计划或相关采购政策时会对采购方式做出明确规定，方便让采购人员有据可循。采购人员须了解企业规定的各种采购方式，方便在实际工作中灵活运用。

常见的采购方式如表1-1所示。

表1-1 常见的采购方式

采购方式	具体说明
集中采购	由采购部统一采购，此方式主要适用于： （1）大宗或批量物品，价值高或总金额多的物料采购 （2）关键零部件、原材料或保密程度高的物料采购 （3）易出现问题或已出问题的物料采购 （4）需定期采购的物料
分散采购	由各部门、车间独立进行采购，此方式主要适用于： （1）小批量、单件、价值低及总支出在产品经营费用中占的少的物料采购 （2）在费用、时间、效率及质量等方面优于集中采购的物料 （3）产品开发研制、试验或少量非规格品所需的物料采购
现货采购	即采购时一手交钱、一手交货的交易活动，此方式主要适用于企业生产用辅料、工具、夹具、低值易耗品及临时需要等物料的采购
远期合同采购	即供需双方为稳定供需关系，通过合同约定，实现物料的供应和资金的结算，此方式适用于企业生产经营长期需要的主要原材料和关键零件的采购

（续表）

采购方式	具体说明
直接采购	即采购时直接向制造厂家采购，此方式适用于一般原材料、零配件、辅料、耗材等物料的采购
间接采购	即通过中间商实施的采购行为，是基于直接采购的费用和时间大于间接采购的费用和时间而实施的
招标采购	通过招标的形式选择供应商，此方式适用于周期较短，不是急需物料的采购
网络采购	使用网络进行供应商的搜索，然后与之建立合作关系，但必须注意防止网上诈骗

1．集中采购

集中采购就是集中时间、人力进行采购。无论是项目部门的采购，还是企业本部负责的集中采购，通常采取的做法是"一标一招"：

在采购供应计划（如果有的话）下，按照采购招标规程（如果有的话），每一项采购都要走一遍编制标书→邀请→考察、洽谈→开标、评标→签订采购合同的程序。

集中采购的优缺点如表1-2所示。

表1-2　集中采购的优缺点

优点	缺点
（1）集中的数量优势有利于降低采购成本 （2）有利于优化企业内部资源 （3）集中运输可以降低运输成本 （4）能够减少企业内部的竞争和冲突 （5）集中采购后容易形成稳定的供应基地	（1）容易受外来因素的干扰，如政府相关部门人员、企业上级领导推荐 （2）企业内部人员分别推荐不同的单位，初选和评标时往往议而不决，工作效率低，会产生或增加企业内部矛盾 （3）如果采购流程中的任何一个环节不能按期完成，都会导致不能按计划完成采购任务，进而影响工期造成索赔等 （4）采购主管部门往往诱导性的推荐投标单位，致使更优秀的投标单位被瞒报

2．分散采购

分散采购是集中采购的完善和补充，它有利于采购环节与存货、供料等环节的协调配合，有利于增强企业基层员工的工作责任心，使基层员工的工作富有弹性和成效。与集中采购相对应，分散采购一般由企业下属各单位（如子公司、分厂、车间或分店）实施的满足自身生产经营需要的采购。

分散采购的优缺点如表1-3所示。

表1-3　分散采购的优缺点

优点	缺点
（1）能适应不同地区的市场环境变化，商品采购具有相当的弹性 （2）对市场反映灵敏，补货及时，购销迅速 （3）由于分部拥有采购权，因此可以提高一线部门的积极性 （4）由于采购权和销售权合一，因此方便分部考核，但要求其对整个经营业绩负责	（1）部门各自为政，容易出现交叉采购的情况 （2）由于采购权力下放，控制采购较难，采购过程中容易出现营私舞弊现象 （3）计划不连贯，形象不统一，难以实施统一促销活动，较难控制商店整体利益 （4）由于各部门或分店的采购数量有限，因此难以获得大量采购的价格优惠

3．现货采购

现货采购是指采购时直接与物品或资源所有者协商后即时交割的一种采购方式。

现货采购的优缺点如表1-4所示。

表1-4　现货采购的优缺点

优点	缺点
（1）责任明确，一手交钱一手交货，即时交割风险小 （2）供需双方当面看货成交，灵活性强，手续简单、方便 （3）采购时间快、周期短，可以及时进行调整，以满足企业需求 （4）可以清楚了解物资品质，能规避品质和跌价的风险	（1）价格形成不规范，风险不能及时转移 （2）对市场的依赖性强，物资的数量、价格或品质波动不利于企业均衡生产 （3）对大宗商来说，这种签约和执行较复杂，交易成本会相应增加 （4）供需双方单独协商讨价还价达成协议，谈判技巧对形成价格影响极大

4．远期合同采购

远期合同采购是指商品流通企业与供应商协商成交后，签订购销合同，并按合同规定的交货时间进行交割的采购方式。

远期合同采购的优缺点如表1-5所示。

表1-5　远期合同采购的优缺点

优点	缺点
（1）供需双方都有稳定感。供方（供应商）有稳定的销路，需方（商品流通企业）有稳定的货源 （2）加强了供需双方的计划性。供方（供应商）按需生产，需方（商品流通企业）可以按计划进行销售 （3）协商签订合同后的价格较稳定 （4）交易成本及物流成本相对较低 （5）交易过程透明有序，方便民主、科学决策和管理	（1）时效长（一般可保证一年以内的交割，无期合同的有效期可长达数十年），不能适应迅速变化的市场环境 （2）采购总量大，因而当供应商根据合同，已经安排生产或采购，要更改原来合同较困难

5. 直接采购

直接采购是指采购主体直接向生产厂家进行采购的方式。一般指企业从物品源头进行采购，以满足其生产经营所需。目前，大多数企业均使用此采购方式。此方式适用于生产性原材料、元器件等主要物品的采购，以及其他辅料、低值易耗品的采购。

直接采购的优缺点如表1-6所示。

表1-6　直接采购的优缺点

优点	缺点
（1）直接采购环节少，时间短，手续简便，意图表达明确 （2）信息反馈迅速，易于供需双方交流、支持、合作及售后服务与改进	（1）物资的品种繁多，确定每种物资的经济订货点和经济订货批量的工作量较大，容易造成库存积压与缺货 （2）在每批次物资的采购过程中，采购过程烦琐，工作效率低 （3）某一类产品多批次的采购中有可能多个供应商参与供货，易导致产品质量监控缺失，售后服务不完善

6. 间接采购

间接采购又称委托采购或中介采购，主要是指通过中间商实施采购行为的方式。它包括委托流通企业采购及调拨采购等。企业闲置物品串换或资源交换也可算作间接采购方式。间接采购适用于核心业务规模大，盈利较高的企业。

间接采购的优缺点如表1-7所示。

表1-7　间接采购的优缺点

优点	缺点
（1）充分发挥企业的核心能力 （2）减少企业流动资金占用，提高资金周转率 （3）分散采购风险，减少物品非正常损失	（1）中间环节多，采购周期长，容易造成交货期延迟 （2）通过中间商采购，增加了采购成本

7．招标采购

招标采购是指采购方作为招标方，事先提出采购的条件和要求，邀请众多供应商参加投标。然后由采购方按照规定的程序和标准一次性的从中择优选择的交易方式。

招标采购的优缺点如表1-8所示。

表1-8　招标采购的优缺点

优点	缺点
（1）通过广泛的招标采购，使企业能够得到物美价廉的商品或服务 （2）有利于促进公平竞争，使所有符合资格的潜在供应商都有机会参与 （3）确保交易公平、公正，维护了供应商和企业双方的利益 （4）招标采购程序规范，操作透明，监督健全	（1）招标采购周期长 （2）招标采购文件烦琐，且很难考虑周全，容易导致处于非常被动的境地而废标 （3）招标采购有可能造成设备规格多样化，影响标准化的实现 （4）招标采购缺乏弹性，签订的合同并不一定是企业的最佳选择

8．网络采购

网络采购是指用户以网络为媒介，以通过特制研发的采购商的买方交易系统或供应商的卖方交易系统为基础，或者第三方的交易平台完成采购行为的一种交易方式。

网络采购的优缺点如表1-9所示。

表1-9　网络采购的优缺点

优点	缺点
（1）增加了选择范围 （2）缩短了采购时间 （3）容易发现最优价格，降低采购成本 （4）增加了交易的透明度，减少了黑箱操作的可能性 （5）为企业提供了零库存的可能	（1）网络供应商信用度的欠缺，容易造成物资采购质量难以保证 （2）网络交易存在一定的安全隐患 （3）不能保证采购周期

第3节 编制现金预算

为了使预算对实际的资金调度具有意义，编制采购预算应以现金为基础，并遵循实事求是、积极稳妥、比质比价但又留有余地的原则。

3.1 采购预算编制的依据

企业的采购预算可根据以下四项依据编制。

1. 计划期间生产和经营维修所需材料的计划需用量

由生产计划管理部在销售计划的基础上根据所编制的生产计划，以及前期材料消耗资料和物料清单来确定。

2. 预计本期期末库存量

由编制预算之日起至本期期末止这一期间的预计收入量，再减去同期预计发出量来确定。预计本期期末库存量即为计划期期初库存量。

3. 计划期期末结转库存量

由仓管部和采购部根据各种材料的安全储备量和提前订购期共同确定。

4. 材料计划价格

由采购部根据材料的当前市场价格，以及其他各种影响因素（如政治经济因素、主要供应商的劳资关系和劳动力市场资源情况）来确定。

3.2 采购预算编制的方法

企业在编制采购预算时，可以考虑以下六种方法，具体如图1-7所示。

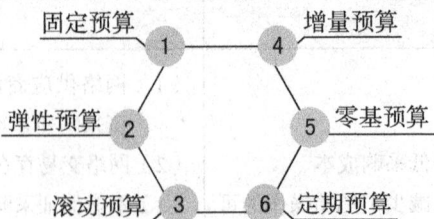

图1-7 采购预算编制方法

1．固定预算

固定预算是指以预算期内正常的、可实现的某一业务量（如生产量、销售量）水平为固定基础，不考虑可能发生的变动因素而编制预算的方法。固定预算适用于在一定范围内相对稳定的采购项目，如采购金额变化很小，或者金额固定的采购项目。固定预算的优缺点如图1-8所示。

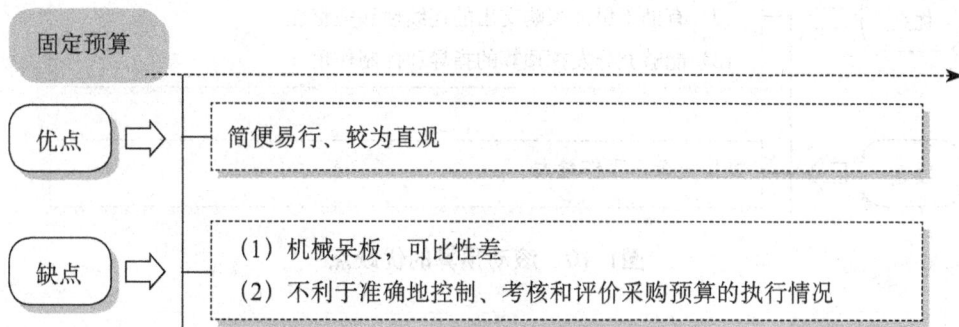

固定预算

| 优点 | ⇨ | 简便易行、较为直观 |

| 缺点 | ⇨ | (1) 机械呆板，可比性差
(2) 不利于准确地控制、考核和评价采购预算的执行情况 |

图1-8　固定预算的优缺点

2．弹性预算

弹性预算又称变动预算，它是指根据计划期间可能发生的多种业务量，分别确定与各种业务量水平相适应的费用预算数额，从而形成适用于不同生产经营活动水平的一种费用预算。弹性预算不仅适用于采购数量随着业务量变化而变化的采购项目，而且还适用于市场价格及市场份额不确定的采购项目。

弹性预算的优缺点如图1-9所示。

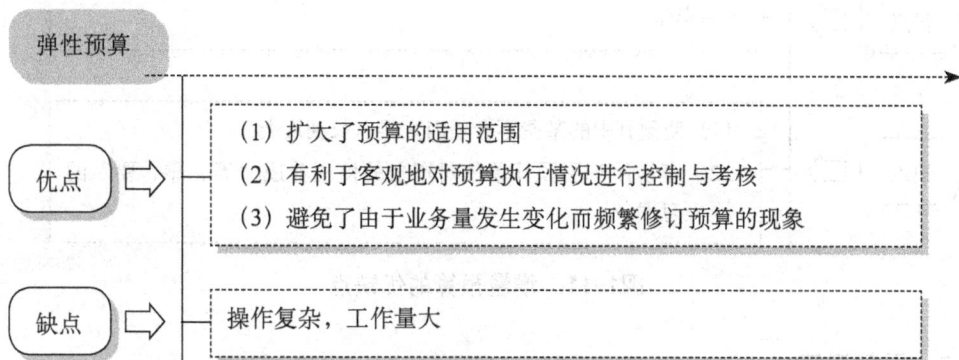

弹性预算

| 优点 | ⇨ | (1) 扩大了预算的适用范围
(2) 有利于客观地对预算执行情况进行控制与考核
(3) 避免了由于业务量发生变化而频繁修订预算的现象 |

| 缺点 | ⇨ | 操作复杂，工作量大 |

图1-9　弹性预算的优缺点

3．滚动预算

滚动预算又称连续预算，它是指在编制预算时将预算期与会计年度脱离开，随着预算的执行不断延伸补充预算，逐期向后滚动，使预算期始终保持为一个固定期间的一种预算编制方法。滚动预算适用于规模较大、时间较长的工程类或大型设备采购项目的预算。

滚动预算的优缺点如图1-10所示。

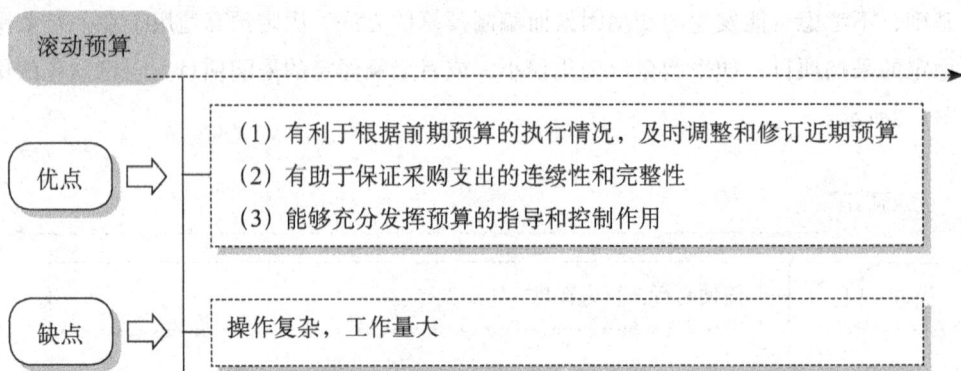

图1-10　滚动预算的优缺点

4．增量预算

增量预算是指以基期的业务量水平和成本费用消耗水平为编制预算的基础，根据企业预算期的经营目标和实际情况，结合市场竞争态势，通过对基期的指标数值进行增减调整而确定预算期的指标数值方法。增量预算适用于由于某些计划采购项目的实现，而相应增加支出的采购项目。

增量预算的优缺点如图1-11所示。

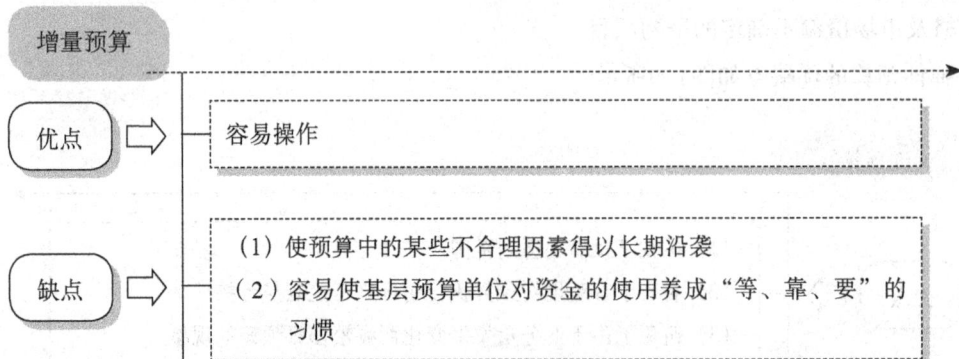

图1-11　增量预算的优缺点

5．零基预算

零基预算是指企业在编制预算时，对于所有的预算项目均以零为起点，不考虑以往的实际情况，而完全根据未来一定时期内生产经营活动的需要和每项业务的轻重缓急，从根本上来研究、分析设想预算是有支出的必要和支出数额的大小的一种预算编制方法。

零基预算的优缺点如图1-12所示。

零基预算

| 优点 | ⇨ | (1) 确保了重点采购项目的实现
(2) 有利于合理配置资源，切实提高了企业采购资金的使用效益 |

| 缺点 | ⇨ | 预算工作量大，需要投入大量的人力资源 |

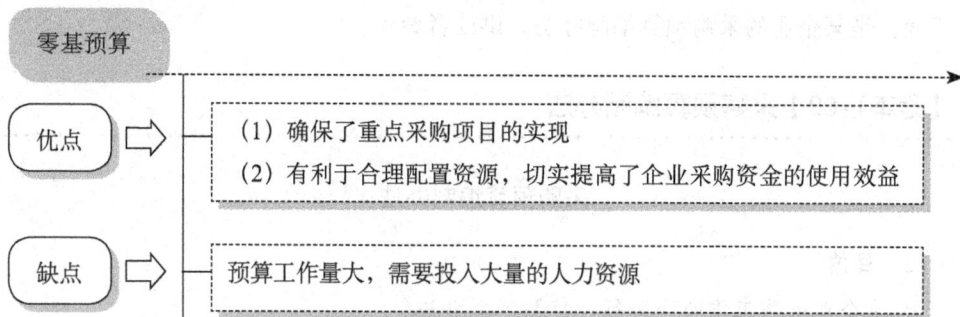

图1-12 零基预算的优缺点

6．定期预算

定期预算又称阶段性预算，它是指企业在编制预算时以不变的会计期间（如日历年度）作为预算期的一种编制预算方法。定期预算适用于服务性质的、经常性采购项目的预算。

定期预算的优缺点如图1-13所示。

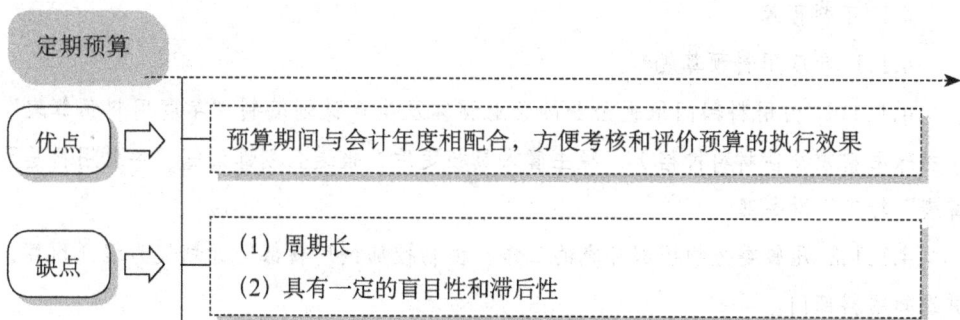

定期预算

| 优点 | ⇨ | 预算期间与会计年度相配合，方便考核和评价预算的执行效果 |

| 缺点 | ⇨ | (1) 周期长
(2) 具有一定的盲目性和滞后性 |

图1-13 定期预算的优缺点

3.3 编制采购计划的要点

通常来说，企业采购数量的多寡与生产量、销售量息息相关。也就是说，企业的生产及营业预算编制完后才能编制物料的采购计划。企业在编制采购计划时，应注意以下七个事项。

（1）采购计划要避免过于乐观或保守。

（2）企业年度目标达成的可能性。

（3）销售计划、生产计划的可行性和预见性。

（4）物资需求信息与物料清单及库存状况的确定性。

（5）物料标准成本的影响。

（6）保障生产与降低库存的平衡。

（7）物料采购价格和市场供需可能出现的变化。

下面，是某企业的采购预算编制办法，供读者参考。

【范本1-02】采购预算编制办法

采购预算编制办法

1. 目的

为使企业采购工作顺利进行，特制定本办法。

2. 适用范围

本办法适用于本企业采购预算的编制工作。

3. 材料预算分类

（1）根据材料使用情况可分为用料预算和购料预算。

（2）根据编制时间可分为年度预算和分期预算。

4. 预算的编制

4.1 用料预算

4.1.1 年度用料预算编制。

4.1.1.1 由用料部门依据企业的营业预算及生产计划编制"年度用料预算表"（特殊用料须预估材料价格），经主管人员核定后，报送企划部汇编"年度用料总预算表"转工厂财务部。

4.1.1.2 凡属委托物控部补充的工作，由物控部按用料部门计划代为编列预算，并通知用料部门。

4.1.1.3 材料预算经最后审定后，由仓储部严格执行，如经核减，应由一级主管召集相关主管研拟分配后核定，由企划部分别通知各用料部门重新编列预算。属于自行修配者，可按4.1.1.2的规定办理。

4.1.1.4 用料部门在用料超出核定预算时，由企划部通知仓储部。用料部分超出数量在10%以上的，应由用料部门提出书面理由，呈转一级主管核定后办理。

4.1.1.5 用料总预算超出10%的，由企划部通知仓储部，由仓储部说明超出原因并办理追加手续。

4.1.2 分期用料预算。

分期用料预算由用料部门编制。凡属委托修缮的工作，物控部按用料部门计划分别代为编列"用料预算表"，经一级主管核定后，由企划部转送仓储部。

4.1.3 资本支出用料预算。

4.1.3.1 资本支出用料预算由一级主管根据工程计划通知企划部按规定办理。

4.1.3.2 资本支出用料预算，年度有一部分未动用或全部未动用的，其未动用部分不能保留，并视情况在下一年度补列。

4.1.4 未列入预算的紧急用料，由用料部门领料后补办追加预算。

4.1.5 用料预算除由用料部门严格执行外，仓储部及企划部应予以配合和控制。

4.2 购料预算

4.2.1 购料预算编制程序。

4.2.1.1 年度购料预算由企划部汇编并送呈审核。

4.2.1.2 分期购料预算由仓储部视库存量、已购未到数量及财务状况编制"购料预算表"，由企划部送呈审核，并转企业财务会议审议。

4.2.2 经核定后的分期购料预算，在当期未动用的，不得保留。如确有需要者，则须于下期补列。

学 习 笔 记

　　通过学习本章内容，想必您已经掌握了不少学习心得，请仔细记录下来，方便继续巩固学习。如果您在学习中遇到了一些难点，也请如实写下来，方便今后重复学习，彻底解决这些学习难点。

　　同时，本章列举了大量的实战范本，方便您边学边用。以下所列栏目，请您认真填写，这有助于您进一步地思考，从而对本章知识有更好的掌握。

我的学习心得：

1. _____
2. _____
3. _____

我的学习难点：

1. _____
2. _____
3. _____

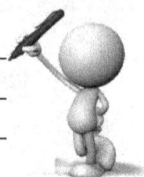

我的运用计划：

1. _____
2. _____
3. _____

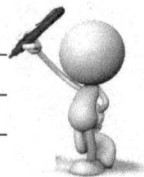

第 2 章

供应商开发管理

供应商的开发是采购体系的核心。其表现也关系到整个采购部门的业绩。大多数企业不可能将自己企业成品的一切零件，以一贯作业的方式全部在自己工厂内生产。他们须将其中的某些零件或需使用到的设备等交由供应商制造，并设法对其进行管理。

第1节 供应商开发策略

情景导入

淘宝品牌"韩都衣舍"是国内知名的互联网快时尚品牌。目前，韩都衣舍下设23个业务部门，员工总人数超过1,100人，有超过500万名会员，是山东电子商务的代表企业。

韩都衣舍现有208家供应商，其中主要是服装生产厂商。韩都衣舍2014年召开了供应商大会，会议公布实行五大供应商管理政策，并透露明年将重点开发生产面料供应商渠道。韩都衣舍公布的供应商分级管理政策包括供应商准入、绩效评估和激励机制、分级认证、升降级调整和等级内订单调整等机制。

通过对供应商评判选择，韩都衣舍确定了供应商等级，给予不同政策倾斜，如最高等级供应商将给予不低于商定月度产值80%的政策扶持，并在价格上给予优惠，而次等级供应商依次给予月度产值70%、60%的政策扶持。

韩都衣舍采取小组制生产流程，每小组4~5人，自主进行产品的设计与运营，并可自主在公司供应商名单中选择合作厂家。目前，韩都衣舍退货率为2%，退货商品中一半以上是因面料退货。韩都衣舍决定重点开发生产面料供应商渠道，在2014年将同20家面料供应商合作。据悉，韩都衣舍已成立了专门的生产面料部，负责面料开发商渠道的拓展。

像"韩都衣舍"这样的企业利用供应商的目的，在于有效利用供应商的资本、设备、技术及劳动力，借此生产出品质更佳、价格更低的产品。而对于进行非生产性物资采购的企业来说，主要采购的是企业生产经营所需要的工程设备、原材料（不含配套件）及服务。总体来说，企业在开发供应商时首先要确认供应商是否建立了一套稳定、有效的质量保证体系；其次确认供应商是否具有生产所需特定产品的设备和工艺能力；最后须对其成本与价格进行管理，要运用价值工程的方法对所涉及的产品进行成本分析，并通过双赢的价格谈判实现成本节约。

企业需要对所采购的物品进行分类，这也是选择供应商时的参考依据。企业只有先了解自身所需要采购的物品，并对物品进行分类，了解每种物品对主营业务的重要性等，才能形成正确的采购需求分析报告。

1.1 供应商产品的特质

企业在选择或管理供应商时，应熟悉供应商相应的行业特质，否则既无法全面地了解供应商的能力及品质，又无法有效地达到适质、适价、适时、适地的采购要求。

1．五金部件

五金部件是工业品的基础部件，主要是指螺钉、弹簧、弹片及各种装配板块等，具体内容如表2-1所示。

表2-1　五金部件特征

产品或零部件内容	五金部件根据其最终配成成品的不同，会有一定的差异，如灯饰五金、机械五金及小五金配件等
行业特征	（1）产品工艺相对简单，其加工工序直接同机械设备挂钩，有些产品可能还需要进行电镀或防锈处理 （2）内部人员基本上都属于经验型的，在新产品开发上相对较弱 （3）大多数企业一般都只能发展到500人左右 （4）主要设备是冲床、铣床、车床及抛光机台等机械设备 （5）行业利润相对较高，正常状况下都有20%～30%的利润，但浪费很严重 （6）现场管理很重要，若现场管理不好，则容易导致混料 （7）客户很多，且分散，一个客户的单个订单通常不会很大，很少有单一订单可以生产半个月以上的客户，因此集中某一两个客户的机会很少 （8）国产通用件的企业较多，甚至很多产品是国标性的，因此很多企业在生产国标件时，都会备一些库存 （9）产品相对简单，其供应商通常都是较大的基础工业材料产品商。不同的供应商的原材料对五金部件企业产品的品质具有至关重要的影响，因此在下订单给此类企业时，一定要注明所用材质，也可注明技术要求，让此类企业自行选择

行业特征	（10）一些非标件企业一般都不会备库存，同时生产速度也很快，因此下订单给此类企业时不需要太长时间，但提供给供应商的规格要求一定要非常清楚，否则对下订单的企业将会有很严重的影响 （11）由于小型企业的管理体系不是很严谨，在非标件上容易出现问题，因此下订单给此类企业时，来料检验人员须具备一定的经验 （12）该类型产品的检验设备除了各种常规标准之外，还需要一定的特检，如盐雾实验、各种拉力或弹力试验及硬度计算等

2．塑胶产品

塑胶行业已成为一个极为重要的产业，任何一个消费品都会使用到塑胶产品，它与电子行业的关系密不可分，因此有些塑胶工厂直接称为塑胶电子厂。塑胶产品的生产较简单，主要工序就是将买来的胶粒经注塑机在一定温度下熔解后，通过注塑机的压力挤压到模具中成形，出模后稍经冷却去掉水口，再让作业人员去除毛边，需要丝印的则多一道丝印工序，如不需要则可以直接包装出货。塑胶产品特征如表2-2所示。

表2-2　塑胶产品特征

产品或零部件内容	塑胶产品的主要工序就是将买来的胶粒经注塑机在一定温度下熔解后，通过注塑机的压力挤压到模具中成形，出模后稍经冷却去掉水口，再让作业人员去除毛边，需要丝印的则多一道丝印工序，如不需要则可以直接包装出货
行业特征	（1）该类供应商，一般有300～400人的规模 （2）最大的品质问题有原胶粒是否有品质差异、胶粒配色是否有变异、模具是否有变异三大类 （3）大多数中小型塑胶厂一般都有多个稳定的大客户，且订单数量会占到总订单数量的70％以上，若是大型塑胶厂，其多个稳定的大客户也会占到总订单数量的50％以上，否则就是该厂做得不够专业或管理存在问题 （4）材料厂在供应管理上较简单，其主要原因是它的原材料种类很少，主要的供应品就是胶粒和包装材料 （5）因受其生产工序特点的影响，其设备管理相对较重要，一定要经常维护或保养，最好能做到保养预知和预知保养 （6）所使用的胶粒对生产成本影响较大，要特别注意胶粒的选用与配置，还有一些水口料的搭配使用比例 （7）最关键的生产技术有以下两点： ①模具开发是否完善（主要看模具设计能力是否强，是否考虑周全） ②产品从注塑机上取出的冷却过程（在什么样的室温、什么料性、多大料等条件下，取出后在空气中需要停留的时间，再用何种方式冷却及冷却所需时间）

（续表）

行业特征	（8）下订单给该类供应商时，要注意模具是由谁开，且行业中存在一条不成文的规定：最开始下某规格订单时，客户须提供模具或模具费，当该规格订单达到一定数量时，模具或模具费可以退还 （9）现场的清洁和温度是塑胶厂的管理重点

3．五金产品

五金产品是指日常的简易消费品中常用的五金件，包括一些主体为金属组成且为单块组成的消费品，如锅、盒及盆等。五金产品其制程工序除了包括五金小部件的加工工序外，还可能会增加一些其他工艺，如切割、压铸、丝印、电镀、烤漆、上胶、专用包装及运输、配合某些部件（塑胶件、木制品部件）的组装等。生活消费品生产厂和大型机械厂在生产及管理上存在很大的差异。五金产品特征如表2-3所示。

表2-3　五金产品特征

种类及 工艺要求		五金产品行业包括生活消费品生产厂和大型机械厂，其制程工序除了包括五金小部件的加工工序外，还可能会增加一些其他工艺，如切割、压铸、丝印、电镀、烤漆、上胶、专用包装及运输，配合其他一些部件（塑胶件、木制品部件）的组装等
行业特质	生活消费品	（1）大多数企业都具有地方特色，即所生产的产品都是最终消费品，一般都在本地区附近行销，但发展的理想目标都是形成品牌行销，在全国乃至全世界行销 （2）企业的管理体系通常不够完善，产品品质停留在事后检验状态，产品品质观念较弱，各企业之间的竞争程度不是很激烈 （3）大多数企业无自己的行销队伍或渠道，甚至只是自行联系一些批发市场或超市。该类企业都非常希望做一些大公司的代工（Original Equipment Manufacturer，OEM），而在国际市场中，做此类产品的企业绝大多数都是一些大型连锁商场的供应商 （4）其产品成本受原料影响很大，若是自行做最终市场的企业，市场上同一产品的销售价格通常不能变，做代工的企业还有可能做一些调整。因此该类企业会经常推出新产品，以保证总体利润空间
行业特征	大型机械	该类企业所需的生产设备很多，除了五金部件所需的一些机械设备外，还会有一些大型切割机、街车、吊车及焊接设备等，因此评核该类企业的能力，最主要的项目就是设备状态 （1）厂房面积相对较大 （2）噪声和水的污染相对较严重，为发展需要而必须做出相关的环保认证，如ISO 14000 （3）所生产产品的加工工序、技术要求及工程图纸很多，但每一道工序的加工数量较少

（续表）

行业特征	大型机械	（4）通常拥有独立的开发部门和较强的技术部门，机械制图是其主要工作人员的强项，因此人员成本较高，同时开发能力和技术创新能力也是其竞争优势 （5）各企业很少做OEM，都各自形成自己的品牌，因为市场需求数量相对较少，做同一类产品的企业数量也较少，而且销售成本相对较高，因此计算此类供应商的产品成本会比原料成本高 （6）产品的复杂性高，展开的物料清单会很多，不可能所有的部件都由自己生产，除了主要的一些部件由自己生产外，其他部件须寻找五金部件或其他部件的供应商，且供应商数量会很多，采购产品的种类也较多，但各部件的数量却很少

4．电子元器件

电子元器件是指具有电子特性的零部件，如电阻、电容、电感、PB板、二极管、晶体管、LED片、电池、各种电子连接线、接插件及IC等，它是电子产品的主要原材料，其品质对最终消费品的影响很大。电子原件行业特征如表2-4所示。

表2-4　电子原件行业特征

产品或零部件	电子元器件是指具有电子特性的零部件，如电阻、电容、电感、PB板、二极管、晶体管、LED片、电池、各种电子连接线、接插件及IC等
行业特征	（1）管理体系较严谨，人员素质相对要求较高 （2）由于产品的质量通常要求都较高，为尽可能减少人员的工作失误，因此自动化程度较高 （3）企业管理者的目标都是希望在本行业扩大规模，许多企业是某些国际或国内大公司的供应商，因为他们的单个订单数量较大 （4）由于自动化程度相对较高，单位时间内的生产数量很多，喜欢接大批量订单，而不愿意接小批量订单 （5）目前该行业的规模大小不一，大公司的产品质量相对较好，通常具有丰富的生产经验，有稳定的大客户，而小公司的产品质量相对较差，很少有稳定的大客户，只能做小批量订单，在质量的一致性上存在差异 （6）在市场竞争中，除一些IC或新产品之外，市场竞争非常激烈 （7）在内部管理上，中层管理人员的能力与观念对企业各项能力比其他任何行业的影响都大，同时企业内部的管理水准也相对较高，所应用的管理方式、方法相对较多、较好 （8）管理水平较高的企业的内部管理成本相对较低，目前单项产品的利润空间由以前的暴利到现在的中利，有些旧产品甚至已经进入了微利时代

1.2 采购的策略

企业在进行采购时，需要根据不同的产品采取不同的采购策略。企业应根据产品采购的金额、价值与能找到的合格供应商数量进行组合分析，不管是哪种行业，都可以把采购的产品分成四大类：一般产品、瓶颈产品、杠杆产品和关键产品。将采购物品分别放入四象限后制成图，就可以非常方便地根据不同物品来确定相应的采购策略，具体如图2-1所示。

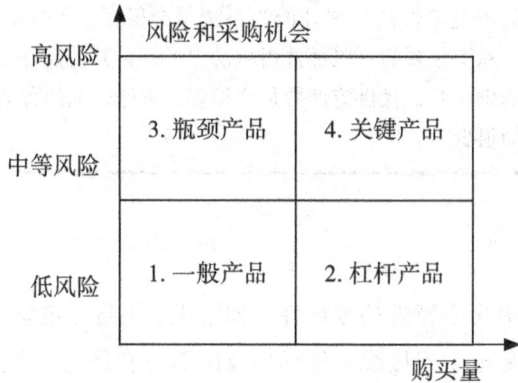

图2-1 采购物品四象限策略

1．一般产品

一般产品是指办公用品或耗材等市场上常见的产品。对于一般物品，企业可以采取汇总采购需求来进行采购。

2．杠杆产品

杠杆产品是指每年采购量较大的产品。对于杠杆产品，企业可以利用强势的议价能力来获取最大的利益。

3．瓶颈产品

瓶颈产品具有低采购金额、高采购风险的特征。它是指非标准化、市场供应不稳定的产品。对于瓶颈产品，企业在增加采购数量时，应通过使用标准化产品来寻找并确定多家供应商。

4．关键产品

关键产品是指那些会影响产品技术性能、关键参数和要求的产品。对于关键产品，企业应积极主动加强和供应商的关系，并通过建立合作伙伴关系来降低采购风险。

1.3 供应商的分类

企业应对各供应商设定优先次序，这有利于集中精力重点改进并发展最重要的供应商。供应商分类管理最简单的方法是将他们分为普通供应商和重点供应商，通常可采用A、B、C分类法对供应商进行分类，具体如图2-2所示。

A类供应商　A类供应商占总供应商数量的10%左右，其供应的物资价值占企业采购物资价值的60%~70%

B类供应商　B类供应商占总供应商数量的20%左右，其供应的物资价值占企业采购物资价值的20%左右

C类供应商　C类供应商占总供应商数量的60%~70%，其供应的物资价值占企业采购物资价值的10%~20%

图2-2　供应商A、B、C分类法

供应商分类采购策略的具体内容如表2-5所示。

表2-5　供应商分类采购策略

采购策略　供应商类别	A类供应商	B类供应商	C类供应商	应剔除的供应商
采购数量	增加	根据不同的资源战略	减少	尽可能快速减少
询价	每一次	根据需要	在已被选出的情况下	从不
（战略）伙伴关系	是	可能是	不是	不是

第2节　供应商背景调查

2.1　收集供应商资料

企业根据采购物料的分类，收集生产各类产品的厂家，每类产品最好有5~10家厂商可供选择，并将这些厂商的相关信息填写在"厂商资料卡"上。企业采购人员在开发供应商时，应重点收集如表2-6所示的资料。

表2-6　供应商收集资料内容

资料名	具体说明
企业概况	了解供应商的基本信息，如成立日期、注册资本、企业规模、性质及优势等内容，以初步判定是否有合作基础
企业组织架构	初步了解供应商的管理体系是否严谨，部门设置是否合理，部门职能分工是否清晰
产品一览表	了解供应商是否与本企业所需的原材料要求相符，并求证该供应商的优势所在
各项品质资质证明	如ISO 9000、ISO 14000、3C认证、UL认证及CE认证等各种安规认证（包含产品安全认证、电磁兼容认证、环保认证及能源认证等）书的副本、复印件，以确认供应商是否取得相应资格
QC工程图	QC工程图是供应商产品的生产工艺及品质的结合体，可以粗略地了解供应商产品的部分特质及品质是否有效
供应商产品品质保证所使用的工具	主要是指在保证产品品质的同时，使用一些流行和有效的方法和工具，如SPC、FMEA及MSA等。使用这些方法和工具可以反映出供应商目前的产品品质水准
生产与检验设备一览表	生产与检验设备一览表是用来判断供应商的产能、产量，方便下订单时有一个初步的订单量的判断，同时还可以作为第一印象来判断供应商的文控状态，这是一家企业管理供应商的基本资料。若有合理的文件，则表明该供应商至少有文控；如未做或有做得不合理的文件，则表明该供应商文控系统有问题，同时也至少说明该供应商的管理体系是不严谨的
产能报告	了解供应商的生产能力，作为下订单时确定订单数量的依据

下面是某企业的供应商资料卡，供读者参考。

【范本2-01】供应商资料卡

供应商资料卡

卡号：　　　　　　　　　　　　　　　　建卡日期：____年____月____日

商品类别：　　　　　　　　　　　　　　建卡人：

公司名称		法人代表	
公司地址		主要负责人（总经理）	
工厂地址		联络人（跟单业务）	

公司电话		工厂电话	
公司传真		工厂传真	
企业性质	□台资 □国营企业 □集体企业 □港资 □中外合资 □私营企业 □其他	付款方式	□月结60天 □月结30天 □货到付款 □其他
经营范围			
发票类型	□出口专用发票 □增值税发票17% □普通国税发票		
员工人数			
主要机械设备			
主要检验设备			
备注			

2.2 发放供应商调查表

根据"供应商资料卡"名单，企业采购部将"供应商调查表"传真给供应商填写。

1. 研究供应商提供的资料

各供应商都想尽快找到合作伙伴。作为企业宣传策略的一种，供应商会印制宣传资料，通常是一些精美的图表画册。为了获得更多的订单，供应商会将相关资料提供给有采购意向的企业。这样，企业就会拥有大量的供应商相关资料。采购人员仔细研究各供应商提供的宣传资料，大致确定可以进一步接触的供应商。

2. 向有合作意向的供应商发放调查问卷

企业可根据自身所处行业物品供销情况，设计出详细的调查问卷，发放给有合作意向的供应商，并根据调查问卷的反馈来确定供应商的实力情况。但是，如果只向供应商发放调查问卷，则所获得的反馈信息不能确保其真实性。有些供应商为了突显自己或是为了获得订单，并不会如实填写问卷，从而使获得的信息失真。在这种情况下，企业可向与供应商有接触的其他合作企业发放供应商调查表。

下面是某企业的供应商调查表，供读者参考。

【范本2-02】供应商调查表

供应商调查表

致：	发出人：		调查编号：	表格编号：
公司名称：			调查人员及其职务：	
公司地址：			邮编：	
电话：			传真：	
创立日期：___年___月___日			厂房面积：	
总人数：			管理人员数：	
技术人员数：			品管人员数：	
主要客户：				
生产能力：				
计量或仪器校正情况：				
新产品开发能力： □能自主设计开发　　□只能开发简单产品　　□无自行开发能力				
品质系统已建立如下条件： □品质手册与程序书　　□指导书　　□检验标准　　□工程图纸				
采用并已认证的国际安全标准：				
采用的工艺标准：				
员工培训情况：□经常开展培训　　□不经常开展培训				
交货品质出现异常时联系人（品质最高管理负责人）：				
公司其他优点：				
可以提供的文件： □ISO认证书　　　　□安规证书　　　　□品质手册 □程序书　　　　　　□指导书　　　　　□检验标准 □组织架构图　　　　□检验设备汇总　　□检验指导书				
调查方式： □现场检验　　□电话查询　　□邮件查询回复				
公司负责人签字： 日期：___年___月___日		评估结果：□合格　□不合格 PU签字：___年___月___日		填写人签字： 日期：___年___月___日

3．实地考察供应商

为了更好地了解供应商的情况，企业应实地考察供应商。这种做法的目的一方面是防止供应链增加不必要的中间环节，另一方面是更好地调查供应商的资质。实地考察供应商的代价很高，因此只有在进行重大的资本性设备采购或选择战略伙伴型供应商时才会实施。

4．向其他相关人员了解

企业或可以充分利用人力资源向曾经供职于供应商但现在已经离开的员工了解供应商的实际情况。这种方法所获得的信息甚至比实地考察更具有价值，但是这种方法的使用要避免触犯法律。

下面是某企业的供应商实地评鉴表，供读者参考。

【范本2-03】供应商实地评鉴表

供应商实地评鉴表

供应商名称：

编号：　　　　　　　　　　　　　　　　评鉴日期：＿＿年＿＿月＿＿日

基本资料	负责人	主要产品类别	员工人数	联系人				
	质量政策							
	主要生产设备（台）							
	主要检测设备（台）							
	以上数据同主办单位和供应商确认。　　供应商陪检人：							

项目	评鉴内容（每项5分）	优	良	中	差	得分	备注
一般原理	1．质量政策是否明确，目标是否数量化并公告全体员工					＿＿分	
	2．担任特殊工作的员工是否进行了相关培训					＿＿分	
	3．厂房是否清洁、整齐					＿＿分	
检验与测试	1．进料检验是否有检验规范并记录					＿＿分	
	2．制程中检验是否有检验规范并记录					＿＿分	
	3．最终检验方式是否恰当，是否有检验规范并记录					＿＿分	
	4．检验与测试状况是否恰当地标示					＿＿分	
	5．不合格品是否在管制情况下					＿＿分	
	6．质量异常能否及时处理					＿＿分	
	7．是否建立了仪器校验管理制度，仪器校验管理制度是否符合产品规格要求					＿＿分	
制程管制	1．是否对承制产品具备足够的制程能力					＿＿分	
	2．是否建立了制造流程图及各岗位的作业标准书					＿＿分	
	3．产品是否给予适当识别					＿＿分	

（续表）

项目	评鉴内容（每项5分）	优	良	中	差	得分	备注
制程管制	4. 治工具是否适当保存，使用前是否确认其使用状况					___分	
	5. 是否提供产品搬运的工具，以避免产品损坏、变质					___分	
库存出货	1. 仓库是否清洁并做出了适当标示，料账是否一致					___分	
	2. 产品出货前是否做出了检核，是否依客户要求做出了标示					___分	
	3. 生产管制排程计划是否依出货交货期进行安排					___分	
	4. 是否具有处理紧急订单的能力					___分	
评语及其他意见： □ 合格供应商　　　□ 不合格供应商（60分以下） □ 改善后再确认　　□ 保留数据暂不录入			合计			___分	
评鉴单位签署							
采购		工程			品管		

第3节　评估潜在供应商

评估供应商是指企业在选择供应商时，对诸多共同的因素，如价格、品质、企业信誉、售后服务等进行考察和评估的整个过程。

3.1　供应商评估要点

企业在对供应商进行评估分析时，应考虑的主要因素有以下六点：

（1）价格：连同供应商提供的各种折扣一起考虑，它是最为显而易见的因素，但并不是最重要的。

（2）品质：企业可能愿意为较高的产品品质支付更多的货款。

（3）服务：特殊服务有时显得非常重要，甚至发挥着关键作用。

（4）位置：供应商所处地理位置对送货时间、运输成本、紧急订货，以及加急服务的回应时间等都有影响。当地购买有助于企业发展地区经济，易形成社区信誉。

（5）供应商存货政策：如果供应商随时保有备件存货，那么将有助于设备突发故障的解决。

（6）柔性：供应商是否愿意及能够回应需求改变，接受设计改变等也是需要重点考虑的因素。

下面是某企业的供应商调查评估表，供读者参考。

【范本2-04】供应商调查评估表

供应商调查评估表

□ 初评
□ 复评　　　　　　　　　　　　　　　　　　　　　编号：

供应商名称：			评估日期：___年___月___日			
电话		传真				
公司地址						
负责人						
营业 / 生产项目						
调查项目	调查内容		劣 1～3分	可 4～6分	佳 7～10分	得分
设备	设备是否自动化、合理化					___分
	是否建立了设备保养制度					___分
产能	能否配合企业需求的潜在能力					___分
	每日产量如何，生产管理是否适当					___分
交货期	达标率是否符合企业要求					___分
	对公司急货要求的达标率是否符合					___分
协调性	能否接受企业质量要求及品管程序指导					___分
	能否接受企业质量异常反馈					___分
质量系统性	是否有进料、制程及成品检验程序					___分
	是否有仪器检校制度（测量系统分析）					___分
总评：□ 合格供应商 　　　□ 不合格供应商 　　　□ 试行交货三个月及辅导改善三个月后再复评						

评审小组：　资材：　品管：　品管审核：　工程核定：　工程：

3.2 比价和议价

企业须对送样或小批量合格的产品评定品质等级，并进行比价和议价，确定一个最优的价格性能比。对旧产品来说，参照以往的采购单价及交易条件进行比较。对新产品和样品来说，可经工程、品管测试小批量采购后，结合供应商现场考察情况，产品品质、交货期进行比较，选择最优的供应商。

1．比价方法

比价是指把供应商的报价与采购的底价、供应商过去的报价、供应商商品的成本，以及其他供应商价格相比较，以全面了解供应商的价格，判断其价格是否合理。企业在进行比价时一般可以采用以下三种方法，具体内容如图2-3所示。

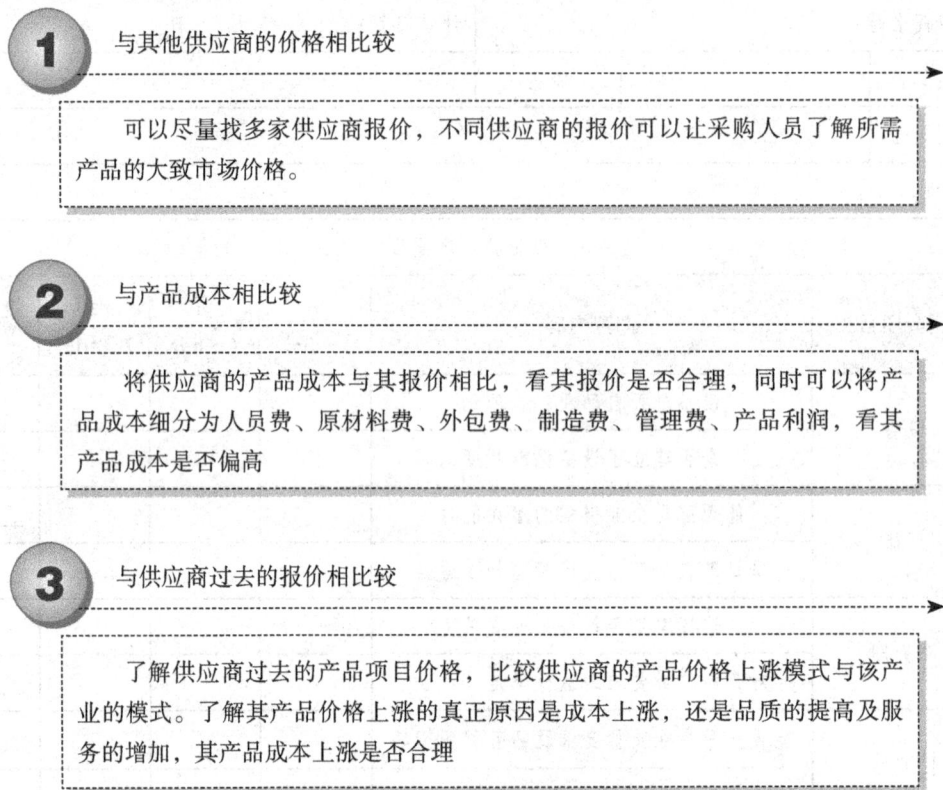

1 与其他供应商的价格相比较

> 可以尽量找多家供应商报价，不同供应商的报价可以让采购人员了解所需产品的大致市场价格。

2 与产品成本相比较

> 将供应商的产品成本与其报价相比，看其报价是否合理，同时可以将产品成本细分为人员费、原材料费、外包费、制造费、管理费、产品利润，看其产品成本是否偏高

3 与供应商过去的报价相比较

> 了解供应商过去的产品项目价格，比较供应商的产品价格上涨模式与该产业的模式。了解其产品价格上涨的真正原因是成本上涨，还是品质的提高及服务的增加，其产品成本上涨是否合理

图2-3　比价方法

2．议价要点

采购人员在比价之后，对产品价格已有所了解，这时就应与供应商当面议价。议价标准可以参考以下六点：

（1）现时的市场行情。

（2）采购频率、数量明显增加时。

（3）本次报价偏高时。

（4）同等产品品质、服务的供应商提供更低价格时。

（5）企业策略需要降低采购成本时。

（6）其他有利条件时。

3.3 样品采购检验

样品采购检验是供应商开发中必不可少的一个环节。其主要内容包括签订试制合同、向初选供应商提供试制资料、供应商准备样品、对检验过程进行协调与监控、调整技术方案、供应商提供样品、样品评估、确定样品供应商和落实样品供应商等，具体如图2-4所示。

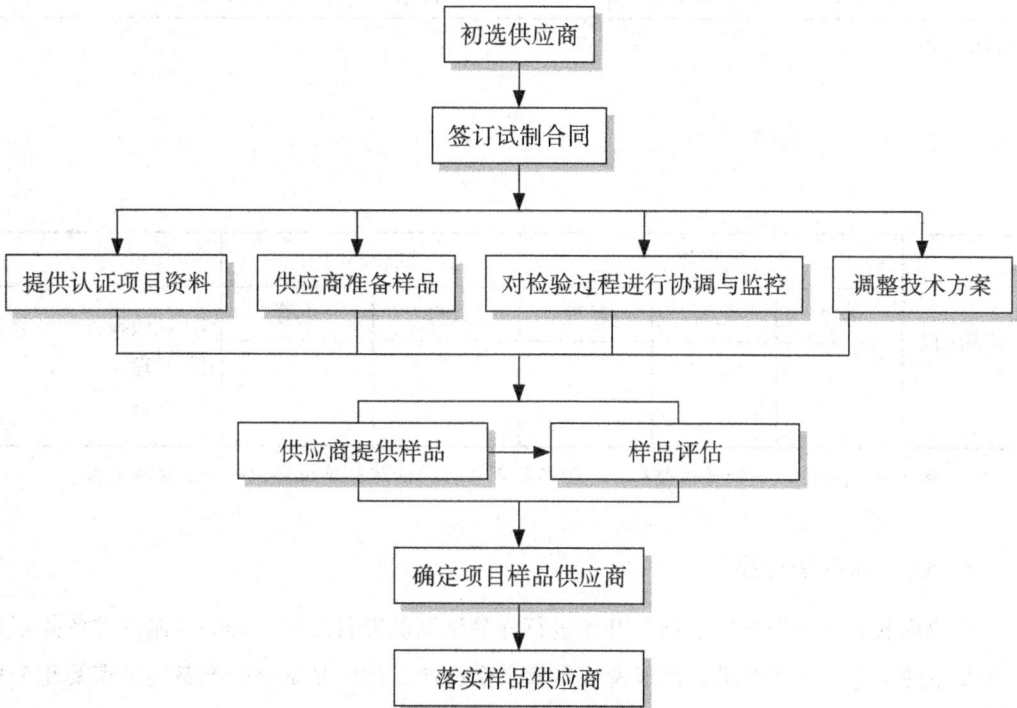

图2-4 样品采购检验流程

1．签订试制合同

企业与初选供应商签订试制合同，目的是使初选供应商在规定的时间内能够提供符合企业要求的样品。合同中应包括保密内容，即供应商应无条件地遵守企业的保密规定。试制认证的目的是验证系统设计方案的可行性，同时达成在企业与供应商之间的技术折中方案。

2．向初选供应商提供认证项目试制资料

企业与供应商签订试制合同后，应向供应商提供更详尽的资料，并发出样品试制通知书，具体内容如表2-7所示。

表2-7　样品试制通知书

编号：

样品名称				□主材　　□副材　　□成品		
供应商				物料号		
希望完成日期	___年___月___日			确认日期	___年___月___日	
应用产品				试验负责人		
资料	（1）成分表： （2）型号目录：			（3）成绩单： （4）抽样：		
具体说明：						
本表流程	工程部			试验部门		
	经办	主管	经理	经办	主管	□试验报告 □经理 □发行

注：本表一式四份，一份资材部存；一份工程部存；一份试验单位存；一份总经理室存。

3．供应商准备样品

供应商收到试制资料以后就可开始进行样品试制的准备工作。样品试制的准备并不是一项简单的工作，对于要求较高或者根本就是全新产品的样品试制的准备通常需要几个月甚至一年的时间，而对于只需稍做改动的产品，其样品试制的准备则需要时间较短。一般来说，同样情况下，电子元器件、机械零件的准备周期相对较短，而组合设备的准备周期相对较长。

4．对检验过程进行协调与监控

对检验过程进行协调与监控，这一要求一般是对于那些准备周期较长的项目来说的。对于认证周期较长的项目，企业应对其检验过程进行协调与监控，以便在遇到突发事件时能够及时提出解决对策。

5．调整技术方案

在有些情况下，企业与供应商之间可能会调整技术方案。随着市场环境的变化或知识的增加，设计人员的设计方案与加工过程中需要调整的地方，这也是很正常的现象。有时技术方案是由企业提出的，有时则是由供应商提出的。调整技术方案是不可避免的，只有经过多次调整才能更加完善。

6．供应商提供样品

供应商把样品试制出来后，应把样品送交给认证部门进行认证。体积较小的样品随身携带即可，体积较大的样品则可通过其他方式进行送检。

7．样品评估

样品送到认证部门之后要进行的工作就是样品评估。一般需要参加评估的人员包括设计人员、工艺人员、品管人员、采购人员及计划人员等，其工作内容是对样品进行综合评估。评估内容包括样品的性能、质量及外观等，评估的基准是样品检验报告、原材料（样品）试验报告等。

要点提示

经审查合格的供应商，企业可通知其送样或小批量采购，送样检验或试验合格者即可正式列入"合格供应商名册"，未合格的供应商可列入候补序列。之后的采购只可在合格供应商中选择，财务付款时也应审核名单，非合格供应商则应上报上级部门。

学习笔记

通过学习本章内容，想必您已经掌握了不少学习心得，请仔细记录下来，方便继续巩固学习。如果您在学习中遇到了一些难点，也请如实写下来，方便今后重复学习，彻底解决这些学习难点。

同时，本章列举了大量的实战范本，方便您边学边用。以下所列栏目，请您认真填写，这有助于您进一步地思考，从而对本章知识有更好的掌握。

我的学习心得：

1. ＿＿＿＿＿＿＿＿＿＿＿＿＿＿＿＿＿＿＿＿＿＿
2. ＿＿＿＿＿＿＿＿＿＿＿＿＿＿＿＿＿＿＿＿＿＿
3. ＿＿＿＿＿＿＿＿＿＿＿＿＿＿＿＿＿＿＿＿＿＿

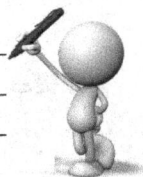

我的学习难点：

1. ＿＿＿＿＿＿＿＿＿＿＿＿＿＿＿＿＿＿＿＿＿＿
2. ＿＿＿＿＿＿＿＿＿＿＿＿＿＿＿＿＿＿＿＿＿＿
3. ＿＿＿＿＿＿＿＿＿＿＿＿＿＿＿＿＿＿＿＿＿＿

我的运用计划：

1. ＿＿＿＿＿＿＿＿＿＿＿＿＿＿＿＿＿＿＿＿＿＿
2. ＿＿＿＿＿＿＿＿＿＿＿＿＿＿＿＿＿＿＿＿＿＿
3. ＿＿＿＿＿＿＿＿＿＿＿＿＿＿＿＿＿＿＿＿＿＿

第**3**章

采购成本控制管理

天键指引

采购成本控制是指对与采购原材料部件相关费用的控制，包括采购订单费、采购人员管理费及物流费等。控制采购成本对企业的经营业绩至关重要。采购成本下降不仅体现在企业现金流出的减少，而且还体现在产品成本的下降、产品利润的增加，以及企业竞争力的增强。因此，企业在实施精益管理过程中须控制好采购成本。

第1节 采购成本分析

情景导入

某石化物装中心在物资采购工作中坚持以效益为中心，从抓好每一笔采购业务做起，贴近市场，着力强化成本分析，灵活采购，努力做好降本文章，力求花最少的钱采购到性价比最优的物资。

某石化物装中心的260万吨蜡油加氢新建装置需要采购八台高压双相钢空冷器，由于其设计要求高，因此满足要求的制造商只有两家，国内、国外各一家。用户、SEI推荐国内某知名企业独家采购，设计概算余万元。

面对设备采购中极少采用的独家采购，为支持关键设备国产化，某石化物装中心充分尊重设计和用户的意见，组织展开采购前期调研工作。面对独家采购价格难以把握、洽谈难度大的特点，为了控制采购成本，采购人员认真分析技术协议，全面掌握设备结构，将空冷器分成四个部分分别进行核算，即高压空冷器管束、空冷风机、框架结构和百叶窗。同时，在核算中对管束这一关键设备部件创新采用计价公式这一"利器"核算成本，其他三部分则执行总部框架协议价格。

为掌握所采购物资的真实成本，采购人员进行了细致的市场调查，按照设备材料价格仔细核算成本，得到了详细的成本分析，供应商在后期的商务洽谈中牢牢地掌握了主动权，最终经过两次细致洽谈，设备购置费、随机配件费、运费比预计概算降低了383万元，节约率为34%，达到了理想的降本效果。

从事物资采购的人员都知道，采购行业存在的一条"铁律"，那就是批量越大，砝码越重，资源获取能力、市场议价能力和风险控制能力就越强。某石化物装中心在采购氯碱厂510片离子膜时就充分运用了这一"铁律"，将510片离子膜和其主设备10台电解槽进行捆绑打包采购，取得了意想不到的降本效果。

某石化氯碱厂烧碱装置二号离子膜共有10台电解槽，每台电解槽由166片单元槽组成，每片单元槽有一片进口离子膜，离子膜是电解槽的核心部分。某石化物装中心在接到氯碱厂要采购510片进口离子膜的需求计划后，马上会同客户进行了细致的技术交流，综合考虑性能价格比和采购风险，最终放弃了报价低但交货风险较大的日本某公司，与报价虽高但交货风险低的美国某公司展开洽谈。通过测算，10台电解槽和510片离子膜捆绑采购预计采购金额超过两亿元。而且采购量越大，供应方的议价话语权越强。于是供应商通过将两项物资捆绑在一起招标，要求供应商对包内物资分项报价及列出交货周期，通过这种方式将离子膜的真实价格显现出来。最终每件离子膜价格与上年比直降低了5,791元，合同额与上一年比降低了295万元；即使与前期报价的日本某公司报价比也节约了141万元。

由上述案例中我们可以看出，采购成本是企业经营成本中最大的一部分，一般在40%~70%之间。企业采取灵活多样的采购策略可以降低采购成本，获得较大的效益。有研究表明，降低采购成本1%，对企业利润增长的贡献平均为10%以上。因此，控制采购成本对企业来说意义重大。

企业在采购过程中，要认真分析采购行为特点，制定具体的采购制度，切实做好采购成本控制工作。只有这样才能让采购成本控制更具有实效性，也更能满足企业的实际需求。企业要想做好采购成本控制工作，就要从以下几个方面来提高采购效率，降低采购成本。

1.1 采购成本的组成

将企业采购成本降到最低，这样有助于增长企业利润。在实际采购工作中，大多数企业通常只关注产品的报价，而忽视了订购成本、维持成本及缺料成本等整体采购成本，具体内容如图3-1所示。

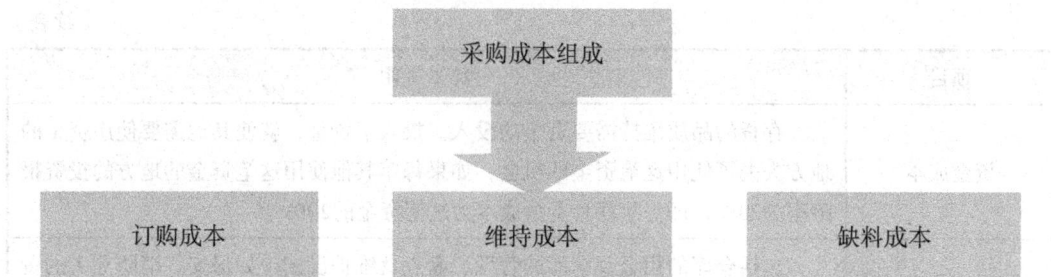

图3-1　采购成本组成

1．订购成本

订购成本是指企业为了实现一次采购而支付的各种活动的费用，如办公费、差旅费、快递费、电话费等。具体来说，订购成本包括请购手续成本、订单成本、进货验收成本、进库成本和其他成本，具体内容如表3-1所示。

表3-1　订购成本具体项目

项目	具体说明
请购手续成本	请购手续成本包括请购所支付的人员费、事务用品费、主管及有关部门的审查费
订单成本	订单成本是指在完成一笔采购订单时，从询价到最后成交，期间内产生的所有费用。订单成本也包括采购品的进价
进货验收成本	进货验收成本包括人员费、交通费、检验仪器仪表费等
进库成本	进库成本是指物料搬运所支付的成本
其他成本	如会计入账、支付款项等所花费的银行费用

2．维持成本

维持成本是指为保持物料而发生的成本，它可以分为固定成本和变动成本两种。固定成本与采购数量无关，如仓库折旧、仓库员工的固定工资等；变动成本则与采购数量有关，如物料资金的应计利息、物料的破损和变质损失、物料的保险费用等，具体内容如表3-2所示。

表3-2　维持成本具体项目

项目	具体说明
搬运成本	存货数量增加，则搬运和装卸的机会也会相应增加，搬运人员与搬运设备的数量也会同样增加，其搬运成本也同样会增加

（续表）

项目	具体说明
资金成本	存货的品质维持需要资金的投入。投入了资金，就使其他需要使用资金的地方失去了使用这笔资金的机会，如果每年其他使用这笔资金的地方的投资报酬率为20%，即每年存货资金成本为这笔资金的20%
仓储成本	包括仓库的租金及仓库的管理、盘点及维护设施（如保安、消防等）的费用
折旧及陈腐成本	存货容易出现产品品质变质、破损、报废、价值下降、呆滞料等，因而所损失的费用就越多
其他项目	如存货的保险费、其他管理费等

3．缺料成本

缺料成本是指由于物料供应中断而造成的损失，包括呆料停工损失、延迟发货损失、失去销售机会损失和商业信誉损失。如果因缺料而损失客户，还可能给企业造成间接或长期的经济损失。缺料成本具体项目说明如表3-3所示。

表3-3　缺料成本具体项目

项目	具体说明
安全存货及其成本	许多企业都会考虑保持一定数量的安全存货，即缓冲存货，以防在需求或提前交货期方面的不确定性。但是，困难在于确定何时需要保持多少安全存货，如果存货太多，会造成库存积压；如果安全存货不足，会出现断料、缺货或失销的情况
延期交货及其成本	延期交货有两种形式：缺货在下次规则订货中得到补充、利用快速运送延期交货。如果客户愿意等到下一个周期交货，那么企业实际上没有任何损失，但如果经常缺货，客户可能就会转向其他企业。若利用快速运送延期交货，则会发生特殊订单处理和送货费用，而这些费用相对于规则补充的普通处理费用要高
失销成本	尽管有些客户可以允许延期交货，但仍有些客户会转向其他企业，在这种情况下，缺货会导致失销。对于企业的直接损失是这种货物的利润损失，除了利润的损失，还应包括当初负责这笔业务的销售人员的人力、精力浪费，这就是机会损失
失去客户的成本	由于缺货而失去客户，即客户永远转向另一家企业。若失去了客户，也就失去了未来一系列的收入，这种缺货造成的损失很难估计。除了利润损失，还有由于缺货造成的企业信誉损失也很难度量。这在采购成本控制中常被忽略，但它对未来销售及客户经营活动却非常重要

1.2 供应商采购成本分析

1. 供应商的定价方法

采购人员应了解供应商的供应价格影响因素及定价方法，这有助于对供应商的成本结构进行分析。供应商的定价方法一般有以下五种，具体内容如图3-2所示。

1 成本加成定价法

以成本为依据在产品的单位成本的基础上加上一定比例的利润。此方法适用于卖方市场或供不应求的情况

2 目标利润定价法（又称投资报酬率法）

以利润为依据制定销售价格的方法。按目标利润测算销售价格及销售数量。此方法适用于垄断性行业，如电力行业等

3 理解价值定价法

以市场的承受力及采购者对产品价值的理解程度作为定价依据。此方法多适用于消费品市场上

4 市价法

价格根据市场的供求关系而定，如国际原油价格，每桶原油的售价，高至40美元，低至10美元

5 投标定价法

供应商根据竞争对手可能提出的价格及自身所期望的利润而定，通常中标者是报价最低的供应商

图3-2 供应商的定价方法

2. 价格影响的因素

企业可以从影响产品采购价格的因素入手，采用供应商成本分析方法来确定采购品的目标采购价格。供应商价格影响因素如表3-4所示。

表3-4 供应商价格影响因素

产品类别	成本结构为主	侧重于成本结构	50%成本结构50%市场结构	侧重于市场结构	市场结构为主
原材料				√	√
工业半成品			√	√	
标准零部件		√	√	√	
非标准零部件	√	√	√		
成品	√	√	√		
服务	√	√	√	√	√

下面是某企业的采购成本分析表，供读者参考。

【范本3-01】采购成本分析表

采购成本分析表

供应商名称：　　　　　　　　　　　　　　　　　填表日期：＿＿＿年＿＿＿月＿＿＿日

产品名称	零件名称		零件编号		估价、数量		备注

主材料费	序号	名称	规格	厂牌	单价	用量	损耗率	材料费

加工费	序号	工程内容	使用设备	日产量	设备折旧	模具折旧	单价	加工费

后加工费	序号	加工名称	使用设备	日产量	加工单价	说明	

主材料费合计		加工费合计		后加工费合计	
营销费		税金		利润	
总计					

备注：

第2节 采购成本控制方法

由于企业在实际采购中，所遇到的情况会有所不同。因此，采购人员通常需要采用不同的成本控制方法来达到降低成本的目的。采购成本控制方法如图3-3所示。

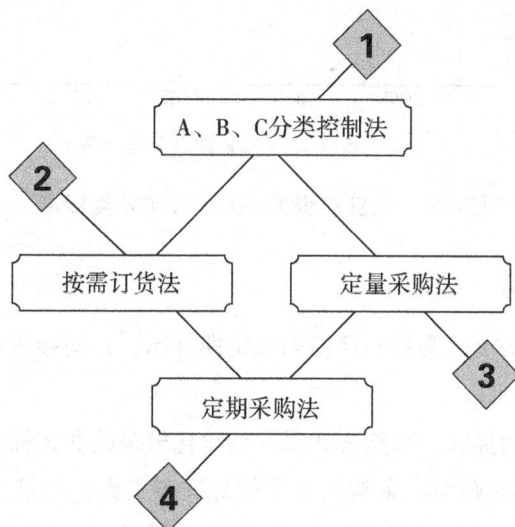

图3-3 采购成本控制方法

2.1 A、B、C分类控制法

A、B、C分类法对于采购库存的所有物品，按照全年货币价值从大到小排序，然后划分为三大类，分别称为A类、B类和C类。A类物品价值最高，受到高度重视，处于中间的B类物品受重视程度稍低，而C类物品价值最低，仅进行例行控制管理。A、B、C分类法的原则是通过放松对低值物品的控制管理而节省精力，从而可以把高值物品的库存管理做得更好。

1. A、B、C分类标准

在企业仓储管理中，其中A类物品在总金额中占75%～80%，品种占10%以下；B类物品在总金额中占10%～15%，品种占10%～15%；C类物品在总金额中仅占5%～10%，品种占75%以上。

企业根据A、B、C分类的结果可以采取不同的库存管理方法。对A类物品应重点管理，严加控制，采取较小批量的定期订货方式，尽可能降低库存量。对C类物品采用较大批量的定量订货方式，以求节省精力管理好重要物品，而对B类物品则应视具体情况区别对待。企业存储物品A、B、C分类标准如图3-4所示。

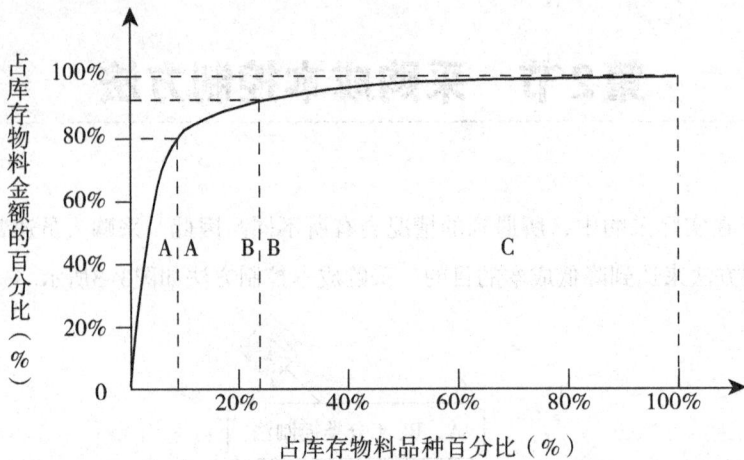

图3-4　企业存储物品A、B、C分类标准

2．A类物品的采购

企业须对占用资金多的A类物品严格采取定期订购，订购频率可以长久一些，同时要进行精心管理。

A类物品采用订货的形式。采购方式采取询价比较采购和招标采购，这样能控制采购成本，保证采购质量。采购前，采购人员应做好准备工作，并进行市场调查。对大宗材料、重要物品要签订购销合同。物品进场须通过计量验收，对物品的质量报告、规格、品种、质量及数量要认真验收合格后方能入库。

3．B类物品的采购

对于常用物品和专用物品来说，订货渠道采取定做及加工改制，主要适应非标准产品及专用设备等。加工改制包括带料加工和不带料加工两种。

B类物品的采购方式可采取竞争性谈判。采购方直接与三家以上的供货商或生产厂家就采购事宜进行谈判，从中选择出质量好、价格低的生产厂家或供货商。订货方式可采用定期订货或定量订货。B类物品虽无须像A类物品那样进行精心管理，但其物品计划、采购、运输、保管和发放等环节管理，要求与A类物品相同。

4．C类物品采购

C类物品是指用量小，市场上可以直接购买到的物品。这类物品占用资金少，属于辅助性物品，容易造成库存积压。因此，进货渠道可采用市场采购、订货方式采用定量订货。必须严格按计划购买，不得盲目多购。采购人员要认真进行市场调查，收集采购物品的质量及价格等市场信息，做到择优选购。物品保管人员要加强保管与发放，并严格领用手续，做到账、卡、物相符。

总而言之，对A、B、C物品分类管理，是保证产品质量、降低物品消耗、杜绝浪费、减少库存积压的重要途径。只有认真做好物品的计划、采购、运输、储存、保管、发放及回收等环节的管理工作，同时要根据不同的物品采取不同的订货渠道和订货方式，才能及时、准确、有效地做好物品质量与成本控制工作，才能达到节约成本、提高经济效益的目的。

2.2 按需订货法

按需订货是属于MRP的一种订货技术，生成的计划订单在数量上等于每个时间段的净需求量。这是有效避免采购过多、采购不足的一种方法，也是有效避免采购成本增加的一种方法。目前大多数生产企业均采用此种订货方式。

其计算公式是：

净需求量 = 生产订单需求量 —（现有库存量 + 在途采购量）

利用MRP实施按需订货可以准确地计算出在一段时间内的净需求量。现实企业操作中，订单每时每刻都在增加，采购需求也在不断变化。而利用MRP技术，实施按需订购则是一个较科学的方式。为了保证库存数据的准确性，实施按需订货需要满足两个前提，具体内容如图3-5所示。

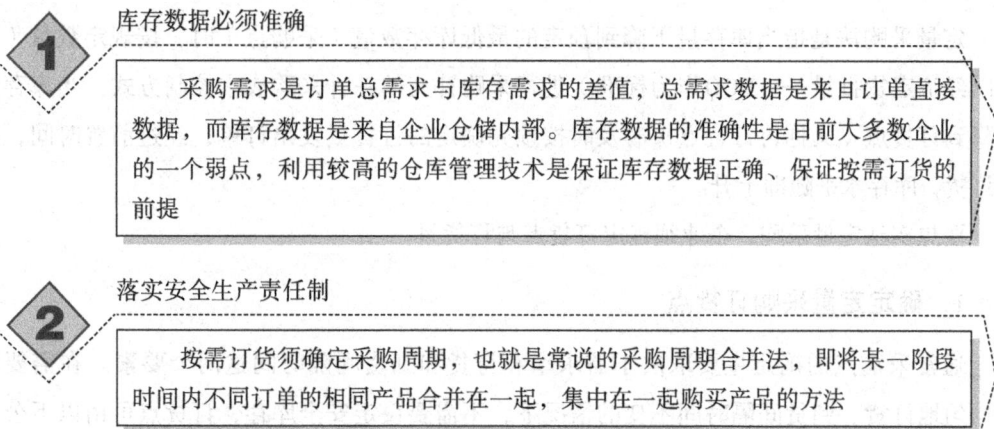

1 库存数据必须准确

采购需求是订单总需求与库存需求的差值，总需求数据是来自订单直接数据，而库存数据是来自企业仓储内部。库存数据的准确性是目前大多数企业的一个弱点，利用较高的仓库管理技术是保证库存数据正确、保证按需订货的前提

2 落实安全生产责任制

按需订货须确定采购周期，也就是常说的采购周期合并法，即将某一阶段时间内不同订单的相同产品合并在一起，集中在一起购买产品的方法

图3-5 按需订货的两个前提

表3-5是某电子企业采购需求表。

表3-5 某电子企业采购需求表

订单名称	配件名称	需要量（个）	采购到货日期	下单日期
A01单	电子	1,000	1月10日	2月1日
B01单	电子	8,000	1月20日	2月5日

（续表）

订单名称	配件名称	需要量（个）	采购到货日期	下单日期
A01单	天线	500	1月11日	2月8日
C01单	天线	3,000	1月12日	2月2日
D01单	电子	2,000	1月18日	2月1日
E01单	天线	4,000	1月20日	2月10日

一般情况下，采购周期常用一周来作为采购衡量标准，其目的是减少搬运量。如1月10～17日之间的采购订单可以合并到1月10日完成。

也就是说：在1月10日电子需求量＝A01单1,000个

在1月11日天线需求量＝A01单500个＋C01单3,000个

在1月18日电子需求量＝D01单2,000个＋B01单8,000个

在1月20日天线需求量＝E01单4,000个

2.3 定量采购法

定量采购法是指当库存量下降到预定的最低库存数量（采购点）时，按规定数量（一般以经济定货批量——EOQ作为标准）进行采购补充的一种采购成本控制方式。当库存量下降到订货点（又称再订货点）时及时按预先确定的订货量发出订单，经过前置时间，收到订货，库存水平随即上升。

要想实施定量采购，企业须确定订货点与订货量。

1. 确定定量采购订货点

通常采购点的确定主要取决于需求率和订货和到货间隔时间这两个要素。在需要固定均匀地订货、到货间隔时间不变的情况下，不需要设定安全库存，订货点可由以下公式计算出：

$$E = LT \times D \div 365$$

式中：LT代表交货周期；D代表每年的需要量。

当需要发生波动或订货、到货间隔时间变化时，订货点的确定方法则较复杂，且往往需要安全库存。下面通过一个案例来说明订货点的计算方法。

A市有一家生产水龙头的企业。该企业每年需要定量采购水龙头的配件水位，其制造水位的供应商位于B市，该企业每年大约需要365万个水位。每次该企业向供应商下单到水位被运回厂的周期为10天。下面核算该企业的订货点：

$$E = LT \times D \div 365$$

$$= 10\text{天} \times 365\text{万个} \div 365 = 10 \ (\text{万个})$$

由上可知，该企业每当库存量下降到10万个时，就要下单订购。

2．确定定量采购订货量

订货量通常依据经济批量的方法来确定，即以总库存成本最低时的经济批量为每次订货时的订货数量。经济批量有固定的计算公式，采购人员应备有若干计算经济订货量的公式。

一般经济订货批量的计算公式为：

$$EOQ = \sqrt{\frac{2 \times \text{年需要量} \times \text{订货成本}}{\text{单价} \times \text{库存管理费用率}}}$$

下面是订货批量的计算实例：

有一家生产水龙头的企业，每年大约需要100万个水龙头，平均一次的订购费用为10,000元，其水龙头的单价是1元/个，库存管理费用率为50%。

则其经济性订货批量计算公式为：

$$EOQ = \sqrt{\frac{2 \times 100\text{万} \times 10{,}000}{1\text{元/个} \times 50\%}}$$

$$= 20 \ (\text{万个})$$

2.4 定期采购法

定期订购法是被企业广泛采用的一种订购方式，如在每个星期一或是每月二号时进行订购，这是在一定的间隔期进行的采购方式。这种方式的特征是没有事先决定其订购量，而是在每次订购时再决定订货量，因此属于定期不定量的方式。定期订购方式的原理如图3-6所示。

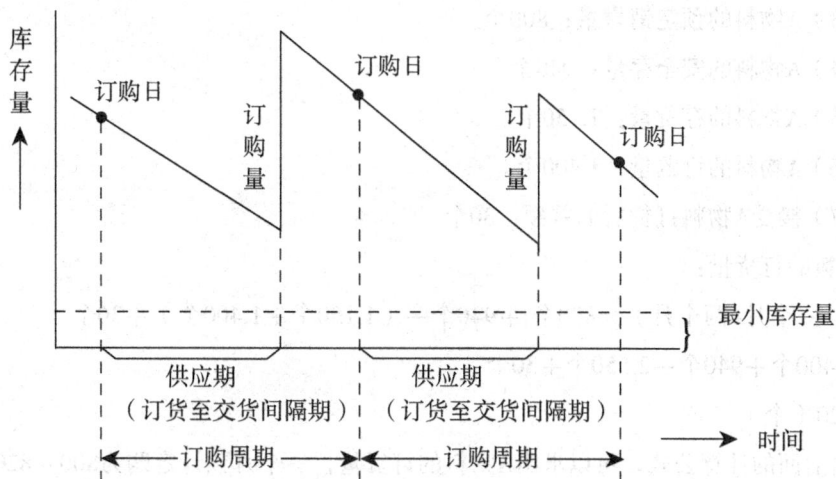

图3-6 定期订购方式的原理

1．决定订购周期

订购的间隔周期不同，订购量也会有所差异。举例来说，当订购的间隔周期越长，订购量也会增多，使得库存管理费用增加；反之，当订购的间隔周期过短，订购的次数会增加，订购时所需要的开支也会增多。

这个方式最重要是如何设定订购的间隔周期。而销售的预测（预订出库量）、物料供应的周期，以及最小库存量等须经过仔细地分析。

企业在计算订购量时，必须依照以下程序进行。决定订购时期→调查供应期→调查预订的出库量→决定最大库存量和最小库存量。这里重要的是预订出库量的算法。一个有效的计算方式是以过去的业绩为基准来衡量，但是如果平均出库量大，就要加上库存剩余量来增加订购量；如果平均出库量减少，就要减去库存剩余量来降低订购量。

2．定期订购方式的计算方法

定期订购方式，是将订货时期固定，计划维持这个固定期间的适中存货量和订货量的方式。使用这种方式首先要决定订货周期是一个星期或者一个月，其次是要设定截至目前的销售实际情况（出货情况、使用情况及消费情况），最后计算此预测量与实际存货量之间的差额。使用定期订货方式决定订货量的计算公式为：

订货量＝（订货周期+预备期间）中的销售预订量＋（订货周期+预备期间）
　　　　中的安全存量—（现有的存货量＋已订购的数量）＋接受订货的差额

例如，A物料订购量的计算方法如下。

（1）A物料的订货周期：一个月。

（2）A物料的预备期间：两个月。

（3）A物料的预定销售量：800个。

（4）A物料的安全存量：940个。

（5）A物料的存货量：1,150个。

（6）A物料的订购量：1,400个。

（7）接受A物料订货后的差额：30个。

A物料的订货量：

＝[（一个月+两个月）×800个]+940个—（1,150个＋1,400个）+30个

＝2,400个+940个—2,550个+30个

＝820（个）

根据上面的计算公式，可以求出A物料的订货量，一个月预计定购为800～820个。

下面是某企业的采购成本控制管理制度，供读者参考。

【范本3-02】采购成本控制管理制度

采购成本控制管理制度

一、目的

为使企业的采购管理水平满足企业发展需要，有效控制采购成本，提升企业的市场竞争力，特制定本制度。

二、适用范围

本制度适用于企业采购成本控制的管理工作。

三、管理机构设置

（1）为做好采购成本管理工作，企业成立以主管采购的副总经理为组长的采购成本管理领导小组，小组组员包括采购、财务、人力资源、生产等部门的相关负责人，负责定期开展采购成本的分析与研究。

（2）采购成本核算工作由财务部成本会计配合采购部成本分析专员共同完成，并对采购成本控制主管直接负责。

四、采购成本核算

1. 采购成本核算遵循的原则

（1）合法性原则。计入采购成本的费用须符合国家的相关法律法规和制度等的规定，不符合规定的费用不能计入采购成本。

（2）配比原则。要求严格遵守权责发生制原则，按收益期分配确认成本。

（3）一贯性原则。采购成本核算所采用的方法前后各期须保持一致。

（4）重要性原则。对成本有重大影响的项目应重点核算，力求精确，对其他内容，则可在综合性项目中合并反映。

2. 采购成本核算的对象

（1）采购总成本，它是指采购成本、运送成本，以及间接因素操作程序、检验、质量保证、设备维护、重复劳动、后续作业和其他相关工序所造成的成本的总和。

（2）直接材料成本，它是指用经济可行的办法能计算出的，所有包含在最终产品中或能追溯到最终产品上的原材料成本。

（3）直接劳动力成本，它是指用经济可行的办法能追溯到采购过程中的所有劳动力成本。

（4）间接采购成本，它是指除了上述成本以外，所有和采购过程有关的成本。

3. 采购成本费用的归口管理

（1）财务部和人力资源部负责分管与采购活动相关人员的经费，控制采购部劳动生产率、员工人数及工资总额等指标。

（2）行政部负责分管与物料采购相关的办公经费，控制办公费、差旅费、业务招待费、通信费、会务费等指标，同时控制相关费用支出。

（3）采购部负责分管与物料采购有关的成本费用，控制物料采购费、降低采购成本等指标，并做好节约采购费用和改进物料采购等工作。

五、采购成本分析与评价

1. 采购成本分析

各部门要对采购成本的各个项目的发生额及其增减原因进行分析说明，财务部主要进行数据分析；采购成本分析专员负责综合分析并编制系统的采购成本分析报告；采购成本管理领导小组负责对采购成本分析报告进行审议。

（1）数据分析。主要是从采购成本绝对额的升降、项目构成的变化趋势找出采购成本管理工作中的关键问题。通过采购成本的构成分析与因素分析，观察其变化趋势是否合理，并明确变动影响的因素。

（2）综合分析。结合物料采购过程和采购成本的变化与联系，运用数理统计方法，对影响采购成本的重要因素进行深入调查，找到控制采购成本的最佳方案和降低采购成本的方法。

2. 采购成本管理评价

采购成本管理小组根据各部门在采购成本管理过程中的工作成效，综合考虑成本计划的完成情况，每半年对采购成本管理的相关部门进行评价，评价结果直接与各部门的年度绩效考核挂钩。评价结束后，由采购成本管理小组向企业提交采购成本管理评价报告。

六、采购成本降低的奖励

1. 采购成本降低的计算

采购成本降低的计算方法有以下三种。

（1）单价降低的金额＝原单价—新单价。

（2）成本降低的金额＝（原单价—新单价）×一次采购数量（或年采购量）。

（3）成本降低与预计目标的差异＝实际成本降低金额（每单位或每年）—预计成本降低金额（每单位或每年）。

2. 采购成本降低的奖励

企业对降低采购成本的员工给予一定的奖励，具体标准如下。

（1）直接降低采购成本。直接降低采购成本是指在采购执行过程中，通过降低采购价格、减少采购运费支出等活动，使采购成本直接降低。其奖励标准如下。

① 采购成本降低在____元以内的，奖励人民币____元。

② 采购成本降低在____~____元的，奖励人民币____元。

③采购成本降低在____元以上的，奖励人民币____元。

（2）间接降低采购成本。间接降低采购成本是指在采购执行过程中，通过实现采购物品标准化、提高采购效率等活动，使采购成本间接降低。经企业采购成本管理领导小组评定，其奖励标准如下。

①采购成本降低在____元以内的，奖励人民币____元。

②采购成本降低在____ ~ ____元的，奖励人民币____元。

③采购成本降低在____元以上的，奖励人民币____元。

第3节　完善采购管理制度

企业在控制采购成本时，只有制定严格的采购管理制度和程序，让采购工作做到有章可循，才能提高采购效率。企业要完善采购管理制度，规范采购流程要做到以下几个方面。

3.1　采购管理制度化

企业应制定健全、适用的采购管理制度，使各项采购作业予以规范化、标准化，同时也可带来以下积极意义。

（1）各项工作方法有章可循。

（2）各项评价方法有标准可循。

（3）提升各项采购作业效率。

（4）确保采购工作品质良好。

（5）提高员工的工作积极性。

（6）明确各项工作的权责。

（7）建立良好的企业形象。

在采购管理制度中有一项重要的工作，就是采购作业流程的设计。采购作业流程会因采购的来源（国内采购、国外采购）、采购的方式（议价、比价及招标），以及采购的对象（物料、工程发包等），在作业细节上有所差异。采购管理制度设计要点如表3-6所示。

表3-6　采购管理制度设计要点

注意要点	具体说明
注意先后顺序，及时、有效控制	即应注意其流畅性与一致性，并考虑作业流程所需要时限。例如，避免同一主管对同一采购文件进行数次的签核；避免同一采购文件，在不同部门有不同的作业方式；避免同一个采购文件会签部门过多，影响作业时效
注意关键点的设置	即为方便控制，使在处理中的各项采购作业，在各阶段均能追踪管制。例如，国外采购，从询价、报价、申请输入许可证、开信用状、装船、报关及提货等均有管制要领
注意划分权责或责任	即各项作业手续及查核责任，应有明确权责规定及查核办法。例如请购、采购、验收及付款等权责均应予以区分
避免作业过程中出现摩擦、重复与混乱的现象	即注意变化性或弹性范围及偶发事件的适应法则。例如，"紧急采购"及"外部授权"
程序繁简或被重视的程度，应与所处理业务或采购项目的重要性或价值的大小相适应	即凡涉及数量较大、价值较高，或易发生舞弊的采购作业，应有较严格的监督机制。反之，则可略予放宽，以求提高员工的工作效率
处理程序应合时宜	即应注意程序的及时改进。早期设计的处理程序或流程经过若干时日后，应进行检讨，不断改进，以适应组织的变更，或作业上的实际需要

3.2　采购管理表格化

管理表格化是指企业规范化管理的主要实施途径。企业可把制度转化为表格，表格化是落实制度的重要途径。其具有简单、易操作的特点。数据化是企业规范化管理的现实体现。设计采购管理表格时，应遵循以下两项原则。

1．一次自动套写

即表格尽量采用一次自动套写的方式，这样不仅可以节省填写的时间，还可以减少出现错误的可能性；另外，将套印的表格迅速传送至相关部门，可以提高采购的作业效率。

2．一单多功能

即采用一单多功能的方式，提高采购效率。例如，请购单不仅可以作为申请单位的需求凭证，同时还可以提供给采购部作为核准采购的凭证，也可作为会计部作业审核付款的凭款，还可作为仓储部验收数量的凭证。

3.3 防止暗箱操作

采购中的暗箱操作一直存在，企业不可能完全杜绝其的发生，但是可以采取措施减少此类现象的出现。以下介绍五种方法。

1．三分一统

三分是指三个分开，即市场采购权、价格控制权和质量验收权做到三权分离，各自负责，互不越位。一统是指合同的签约特别是付款一律统一管理。物料管理人员、验收人员和财务人员都不能与供应商见面，实行严格的封闭式管理。财务部依据合同规定的质量标准，对照检验单和数量测量结果，认真核算后付款。这样就可以形成一个以财务管理为核心，最终以降低采购成本为目的的制约机制。

2．三公开两必须

三公开是指采购物料的品种、数量和质量指标公开，参与供货的供应商价格竞争程序公开，采购完成后的结果公开。两必须是指企业须在货比三家后进行采购，并按程序、规定要求签订采购合同。

3．三统一分管理机制

物料和备品配件的采购要实行三统一分的管理机制。三统是指所有外购物料要统一采购验收、统一审核结算、统一转账付款。一分是指费用要分开控制。实施统一采购、统一管理，既可保证符合企业采购要求，又可避免出现漏洞，既可保证质量，又可降低价格。同时，各部门和分厂要对费用的超支负责，并有权享受节约所带来的收益，有权决定采购计划和采购项目，这样一来，物料采购管理部门和使用单位之间自然形成了一种以减少支出为基础的相互制约的机制。

4．五到位一到底制

五到位是指所采购的每一笔物资都必须有五方的签字，即只有采购人、验收人、证明人、批准人和财务审查人都在凭证上签字，才能被视为手续齐全，才能报销入账。一到底是指负责到底，谁采购就由谁负责，并且要一包到底，包括采购的价格、质量、使用效率等都要记录在案。

5．全过程全方位的监督制度

全过程监督是指采购前、采购过程中和采购完成后都要有监督。从采购计划的制订开始，到采购物料使用的结束，其中共有九个需要进行监督的环节，即计划、审批、询价、招标、签合同、验收、核算、付款和领用。虽然每一个环节都有监督，但重点在制订计划、签订合同、质量验收和结账付款这四个环节上。全方位监督是指行政监督、财务审计和制度考核进行全方位的监督，形成严密的监督网。

下面是某企业的原物料价格审核作业细则，供读者参考。

【范本3-03】原物料价格审核作业细则

原物料价格审核作业细则

1. 目的

为确保采购的原物料高品质、低价格，规范原物料价格的审核程序，特制定本细则。

2. 适用范围

本细则适用于本企业各原物料价格的审核工作。

3. 作业规定

3.1 报价依据

新材料由研发部依据"工程样品需求管理办法"确认后所开立的规格书，由采购部转给供应商作为报价的依据。

3.2 议价作业

3.2.1 供应商接到规格书后，于采购部要求的时间内提出报价单。

3.2.2 采购部人员寻求多家供应商比价后，填写"材料单价审核单"，并报送制造部经理确认。

3.2.3 制造部经理确认时，若认为需要再确认，须退回采购部重新议价，否则报送总经理确认。

3.2.4 总经理确认可行后则转回采购部，采购部将"材料单价审核单"第二联转财务部，第三联转供应商以核准单价承制交货。若总经理认为不可行，则须退回采购部重新议价。

3.3 价格调整

3.3.1 已核定的原物料，采购部须经常分析或收集相关资料，作为降低采购成本的依据。

3.3.2 本企业各有关部门，可协助提供同行的价格状况，以利于采购部比价。

3.3.3 已核定的原物料涨价或降价，应写明原价格与新价格，且注明生效日期，但原物料涨价时须附上"涨价原因说明书"。

3.3.4 已核定的原物料：涨价或降价的流程，同新原物料单价审核流程管理，但可省略研发部提供的规格书。

3.3.5 第二或第三供应商的单价审核，同新原物料单价审核流程，采购部可全权决定向任何一家已确认的供应商订购。

3.4 品质管理

原物料单价的高低，不得影响进料的品质水准，一切原物料依本企业"进料品管程序办法"管理。

4.相关文件

4.1 原物料单价审核单。

4.2 涨价原因说明书。

4.3 进料品管程序办法。

学习笔记

通过学习本章内容，想必您已经掌握了不少学习心得，请仔细记录下来，方便继续巩固学习。如果您在学习中遇到了一些难点，也请如实写下来，方便今后重复学习，彻底解决这些学习难点。

同时，本章列举了大量的实战范本，方便您边学边用。以下所列栏目，请您认真填写，这有助于您进一步地思考，从而对本章知识有更好的掌握。

我的学习心得：

1. _____
2. _____
3. _____

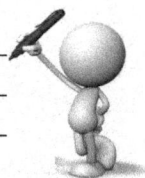

我的学习难点：

1. _____
2. _____
3. _____

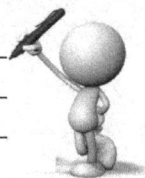

我的运用计划：

1. _____
2. _____
3. _____

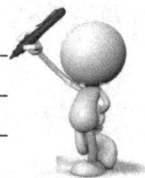

第**4**章

采购库存管理

做好采购库存精益管理是企业经营生产系统高效、低耗、灵活运作的重要保证。采购库存管理水平已成为现代企业提高竞争力的重要内容。

第1节　定量采购

情景导入

大唐发电公司积极探索物资精益管理模式，抓住"规范计划管理、优化采购模式、强化仓储管理"这三个关键环节，将物资计划由粗放型向精益型转变、流程管理从无序化向规范化转变、入库管理从地摊化向超市化转变，一季度降低物资库存与采购成本300余万元，提高了物资管理效能。

该公司将物资计划由粗放型向精益型转变，充分发挥了计划管理的龙头作用，加强了采购物资的计划性，认真贯彻"经济效益最大化"的原则，制定并实施了"物资计划管理与考核办法"，严格执行计划审批程序，坚持"三核实"，即核实需用量、核实资源量和核实储备量。根据公司月度生产经营计划、材料消耗定额、物资需求及现有库存情况，认真及时编制了月度材料计划，月末认真做好计划兑现率的考核工作，确保月度材料计划的科学性、准确性和时效性，提高计划执行准确率，坚决杜绝盲目采购、无计划采购，有效避免物资超储积压所造成的资源浪费。

为提高采购质量，降低采购成本，该公司实施精益管理。对技术条件较复杂而又急需采购的物资，要求相关人员主动深入现场与使用部门联系，了解物品的规格型号、技术参数和资金来源等情况，并对各种采购方式严格把关，规范业务流程。另外，将物资管理效能监察和廉洁从业风险防范管理引入物资采购、出入库等管理中，超前从严把守物资准入和流出关口，加强源头治理和风险防范，全过程监管，确保采购价廉质优的物资，杜绝违规操作和物资无轨"飞行"现象，增强了物资管理能力。

该公司强化仓储管理，通过日清、周盘、月结，对库房进行定期盘点，重点对在库物资进行账、物、卡的清查，随时掌握设备物资的分布状况和使用情况，对盘库中发现的因管理原因造成的积压、破损及变质的情况，要求相关部门积极分析原因，落实责任，及时整改，实现"账、卡、物、钱"四环紧扣。另外，该公司还实施"两个坚决"把控库存管理，即没有生产原始需求计划的坚决不批、到货入库与生产原始需求计划不匹配的坚决不予入库，最大限度减少库存物资和资金占用，确保物资供应体系良性循环。

上述案例中，大唐发电公司在实施采购精益管理过程中，通过强化仓储管理，不仅提高了物资使用率，还从源头上降低了生产成本，提高了公司的整体经济效益。由于企业采购物资入库涉及多项工作，因此必须按规定的流程进行。

采购物资入库首先要做好准备工作，如划分存放位置、整理存放区域等。当采购物资运送到企业时，仓库管理员要对采购品进行验收，并按流程进行卸货。同时在企业日常生产工作中，仓库管理员要配合生产部做好采购物资的入库工作，这样才能实现采购库存精益管理。

采购库存管理是指当库存量下降到预定的最低库存数量时，须按规定数量进行补货，以防止生产急需而出现的物料短缺；而当某种物料库存量达到最高库存量时，须拒绝该采购物料入库。这种限制物料的存量超过最高存量的做法称为物料入库定量控制。

1.1 确定常规物料

常规物料是指企业最常用的物料。尽管企业的产品设计呈现出多样化，但是大部分产品还是属于同一个类型。这些产品在外观与功能上有所不同，但是大多数配件是可以通用的，这些通用的配件即企业的常规物料。由于配件在技术含量与知识产权的重要性方面远低于成品或者产品主体，因此大多数企业都是通过采购来获得的。

1.2 确定每日物料适度存量

物料的每日适度存量可以通过以下公式来计算。

1. 物料最高存量的计算

每日最高存量是指某固定时期内，某种物料允许库存的最高数量。其计算公式为：

$$每日最高存量 = 一个生产周期的天数 \times 每天使用量 + 安全存量$$

2. 物料安全库存量

安全库存量又称缓冲存量，这个存量一般不为平时所用，安全库存量只用于紧急备用的用途。其计算公式为：

$$每日安全存量 = 紧急订购所需天数 \times 每天使用量$$

1.3 确定安全天数

仓库每日安全存量应每天维持在同一个水平上，同时可以根据供应商稳定的情况而确定。如果稳定，仓库为了防止突发事件可以多备出三天的物料，也就是在今天就需要将未来三天的物料全部备齐，仓库进仓的数量只能是日消耗量的三倍；如果不稳定，可以备一个月的物料，但前提是此物料的价值高，且供应商难找。对于常规物料来说，物料都是稳定的。因为现代工业实践证明，紧跟一个行业兴起的便是这个行业供应链在附近的兴起。

常规物料安全储备天数一般为1～3天，可能有些行业有所不同，但据目前以主动寻找市场为主体的现代制造业，安全天数一般不会超过三天。在确定安全天数时，企业需要根据自身行业特点与供应商供货情况来决定。

1.4 实施订购

企业须按照安全存量的数据实施订购。

1.5 定量入库监控

对物料实施定量入库监控是为了防止供应商多送物料。如果企业给供应商的订货批量太少，那么供应商未必会按照订货合同的数量送货。因为供应商明白该物料是常规物料，所以供应商会认为，即使多运货也不会发生退货。

定量入库监控，即要消除供应商的这种侥幸心理，企业在收货时要按照订货合同规定要求的数量收货，绝不能提前收货或者多收货。

要点提示

定量的标准绝非固定不变，如果企业生产扩大，仓库面积增加，可以根据实际需要提高物料的定量标准。在生产旺季，入库定量的标准应适度提高；而在生产淡季，入库定量的标准应适度降低。

第2节　入库管理

采购物资入库时，业务水平的高低直接影响到整个仓储作业的效率与效益。因此，提高入库业务的管理水平十分重要。采购物资入库流程如图4-1所示。

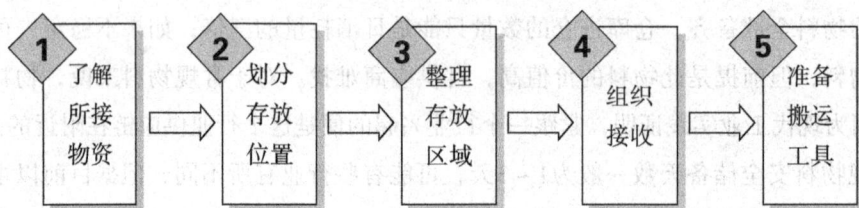

图4-1　采购物资入库流程

2.1　入库准备

1．了解所接物资

当仓管人员在接到"收货通知单"并确认其有效无误后，在物品到达之前须主动与采购部或供货商联系，了解物资入库应具备的相关凭证及技术资料，如物资的规格/型号、特点、保管事项等，尤其是对新物资或不熟悉的物资要特别注意。

2．划分存放位置

在确定物资存放的位置时，仓管人员要综合考虑仓库的类型、规模、范围、用途，以及物资的自然属性、保养方法等。常见的划分物资存放位置的方法很多，包括按物资的种类和性质分类储存、按物资的危险性质分区分类储存、按易损物资的归属单位分类储存等。

3．整理存放区域

确定物资的具体存放位置后，仓管人员须对相应区域进行整理，方便物资的存放及保养。

4．组织接收

按照物资到达的时间、地点及数量等信息，仓管人员应预先做好到货接运、检验、堆码等组织安排。

5．准备搬运工具

仓管人员根据接收物资的种类、包装、数量等情况及接运方式，确定搬运、检验及计量等方法，配备好所用车辆、检验器材度量器和装卸、搬运、堆码的工具，以及必要的防护用品、用具等。

2.2 入库接收

在做好入库准备工作后，仓库管理员就可以开始入库接收采购物资，入库接收的重点是要做好对物资进行点收和检验，即对货物数量、质量等进行检验。采购物资入库接收流程如图4-2所示。

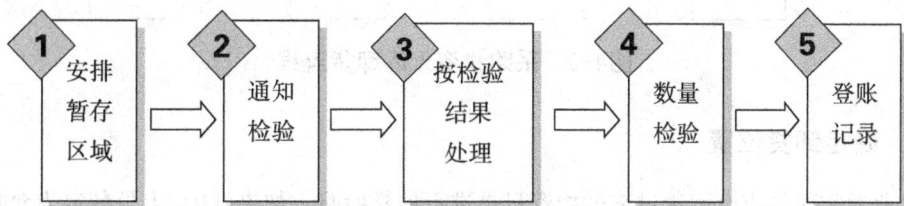

图4-2 采购物资入库接收流程

1．安排暂存区域

供应商将物资运送到企业后，仓库管理员要及时安排物资暂放区域。

2．通知检验

仓库管理员要及时通知IQC人员检验物资，通知可以采取开来料报告单和直接转交送货单两种方式。

3．按检验结果处理

IQC人员须对物资进行检验，并应根据不同的检验结果对物资进行以下处理。

（1）如物资检验结果为合格时，须将被检物资入账，并存放在规定的区域内，同时将相关数据登记入账。

（2）如物资检验结果为不合格时，应在采购部的主持下由研发、品质、生产等部门共同研讨、决定处理方案。

（3）将特采的物资做标志后按合格品处理。但在发料时要识别是否是特采物资，并按规定用途发料，以确保有效追溯。

4．数量检验

IQC人员的检验工作往往是抽检，即抽取多个样本进行检验。全部的数目检验还需要仓库管理员进行负责。仓库清点完毕后，要及时登记入账，如果发现问题，要及时处理。

5．登账记录

对于允收的采购物资，仓库管理员验收后要及时在电脑系统中登账，并做好相应记录。

2.3 入库卸货

入库卸货是指仓库管理员组织相关人员对检验合格后的物资进行卸货、搬运和堆垛。采购物资入库卸货流程如图4-3所示。

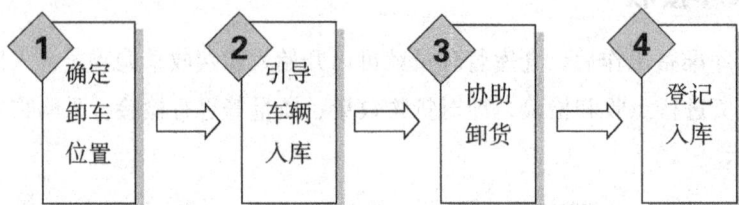

图4-3 采购物资入库卸货流程

1．确定卸货位置

企业通常对供应商运送过来的物资只是进行抽样检验。如果被IQC人员判定为允收，则需要正式安排将所有运送到的物资卸下车，并存入仓库。首先就要确定卸车位置。仓库管理员在选择卸车位置时要认真考虑到供应商卸货的方便。

2．引导车辆入库

仓库管理员要及时打开仓门，引导供应商车辆进入仓库，并停在指定的卸车位置处。

3．协助卸货

卸货工作一般由供应商的送货人员负责，仓管人员要从旁协助。

4．登记入库

仓库管理员须对采购物资进行入库登记，建卡并存档。

要点提示

对于特殊物料，入库时须在原包装状态下搬运、保管和装卸，并且设置必要的监控设备，方便有效消除不合适的环境因素，防止其品质损耗。

2.4 物料退库

物料退库是指当一天的生产工作结束后，仍存在多余的物料时，生产部应将剩余物料重新退回仓库。物料退库流程如图4-4所示。

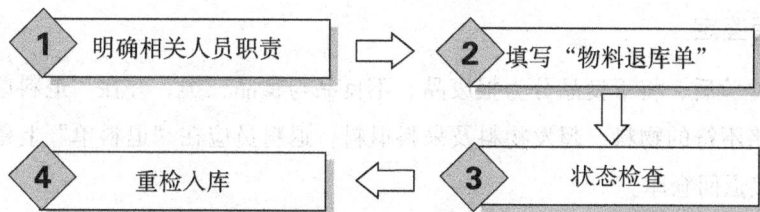

图4-4　物料退库流程

1．明确相关人员职责

（1）车间主任、仓管人员和核算员须对本流程的实施负责。

（2）工艺员和检验员负责监督与检查。

2．填写"物料退库单"

由车间核算员用红笔填写"物料退库单"，经车间主任和检验员审核签字后，随同物料交由仓管人员。

3．状态检查

仓管人员在接到"物料退库单"后，应检查物料状态及包装情况，并做好相应记录。

4．重检入库

根据企业相关规定，所退物料在入库保管前，须经过检验员的重新检验，并填写"退库物料重检单"，经确认合格后，仓管人员方可办理入库保管。

2.5　退料补货

退料补货是指生产线上如果发现有与产品规格不符的物料、不良物料和呆料，应退回仓库，更换合格的物料，以满足生产需要。退料补货流程如图4-5所示。

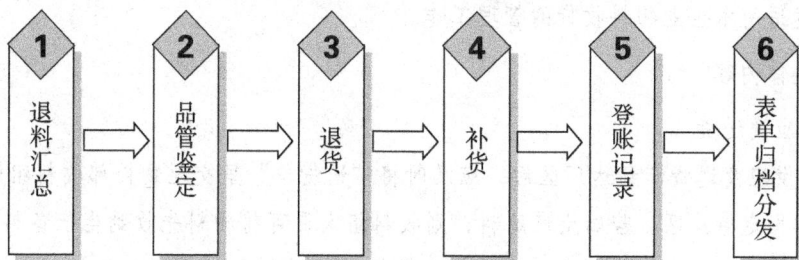

图4-5　退料补货流程

1．退料汇总

生产部将不良物料分类、汇总后，应填写"退料单"，并报送品质部IQC组。

2．品管鉴定

经品管检验后，将不良品分为报废品、不良品与良品三类，并在"退料单"上注明数量。对于规格不符的物料、超发物料及呆料退料，退料员应在"退料单"上备注不必经过品管检验直接退回仓库。

3．退货

生产部将分好类的物料送至仓库，仓管人员根据"退料单"上所注明的数量，经清点无误后，分别收入不同的仓位，并挂上相应的"物料卡"。

4．补货

因退料而需补货的，需开"补料单"，退料后办理补货手续。

5．登账记录

仓管人员应及时将各种单据凭证入账。

6．表单归档分发

仓管人员须将当天的单据分类、归档，或者集中分送到相关部门。

下面是某企业的物料收货管理制度，供读者参考。

【范本4-01】物料收货管理制度

....

物料收货管理制度

一、目的

为加强对进料数量进行控制，确保进料数量满足生产需要，特制定本制度。

二、适用范围

本制度适用本企业物料收货的管理工作。

三、具体内容

1．供应商送货

（1）供应商送货车到达厂区后，应及时将"送货单"呈交至物控部收料组处，由收料组人员安排指定待验区。若属生产急料，则收料组人员可将物料先收到生产备料区。

（2）货卸至指定待验区后，收料组人员将大件箱数与"送货单"核对无误后，开出"进料验收单"与"送货单"，并一起呈交至仓库。

2．进料数量验收

（1）仓库管理员收到相关单据后，应仔细核对"送货单"与"订购单"是否有一致。

如果不一致，则须及时通知采购部确认原因，直至更正无误为止。

（2）仓库管理员应安排相关人员再次核对大件箱数，然后按5%~15%的比例抽查单位包装。若单位包装内出现包装不足现象，则应与供应商送货人员一起确认，再加大抽样比例。

（3）加大抽样比例后，仓库管理员应计算出包装不足的平均数量，然后计算出总包装不足数量，并开出"物料异常报告"交由供应商送货人员签字。

（4）仓库管理员将实际的物料数量填入"进料验收单"中，然后将"进料验收单"和"物料异常报告"转交至品质部IQC组。

（5）数量验收处理时间：

① 物控部收料组处理一般物料的时间为30分钟，处理急料的时间为10分钟。

② 仓库处理数量验收的时间为两个小时，处理急料的时间为一个小时，处理特急料的时间为30分钟。

3．进料品质验收

（1）品质部IQC组收到"进料验收单"后，须按"进料检验与试验控制程序"和"进料检验规范"进行检验。

（2）物料经检验合格后，品质部IQC组应在"进料验收单"上注明"ACCEPT"（接受）并如实填写检验损耗数，同时在物料外包装明显处贴上"IQC PASS"（IQC检验合格或通过）标签，留下联单，做好检验记录，并将"进料验收单"和"物料异常报告"回执给仓库。

（3）对于经检验不合格物料，品质部IQC组应在"物料异常报告"上注明，及时呈交上级主管，召集相关部门进行会审，并按"特采作业控制程序"和"不合格品控制程序"进行处理。

4．仓库入库与入账

（1）仓库管理员收到品质部IQC组回执的单据后，若有物料包装不足，则仓库管理员须将"物料异常报告"呈交采购部处理。

（2）仓库管理员应安排相关人员将合格物料搬运到指定库区存放，并挂上"物料卡"。

（3）仓库管理员应按"进料验收单"的实际收入数量做好账目。

5．表单的保存与分发

仓库管理员应视具体情况，将当天的单据分散或集中分送到相关部门。

四、附则

（1）本制度由仓库管理部负责制定，其修改权和解释权归仓库管理部所有。

（2）本制度自颁布之日起实施。

第3节　定期盘点

盘点是指定期或不定期对库存物资的实际数量进行清查、清点的作业，即为了掌握物资的流动情况（入库、在库及出库的流动状况），对仓库现有物资的实际数量与保管账上记录的数量进行核对，以便准确掌握库存数量，确定下一个采购周期。

3.1　盘点前准备工作流程

盘点前准备工作流程如图4-6所示。

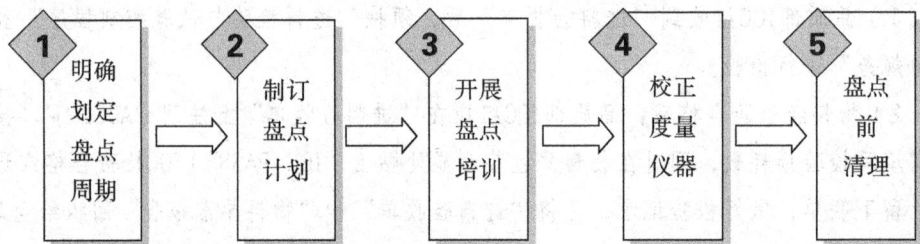

图4-6　盘点前准备工作流程

1．明确划定盘点周期

盘点的方式不同，需要划定的盘点周期也不同，有些物资可能需要每月盘点一次，如贵重物品；有些物资可能每年盘点一次。这需要视盘点的具体情况而定。

2．制订盘点计划

根据仓库管理及生产的需要，仓管部经理需要制订盘点计划，并对盘点工作所涉及的各类事宜做好安排，如人员安排、设备安排等。

3．开展盘点培训

为使盘点工作顺利进行，当定期盘点时，可能需要抽调人员增援。对于从各部门抽调过来的人员，仓管部经理须做好分配工作，并进行短期的培训，使每位盘点人员在工作中确实能够彻底了解并担当好其应尽的责任。

4．校正度量仪器

盘点过程中会使用到度量仪器。在正式盘点之前，仓库管理员须做好度量仪器的校正工作。

5．盘点前清理

盘点之前，生产线须做好退料工作，使仓库掌握最全面的物资库存情况。供应商运送过来的物资还未办理完验收手续的，不属于本企业的物资，其所有权归供应商所有。对于已验收完成的物资应及时整理、入库。

3.2 盘点作业流程

盘点作业流程如图4-7所示。

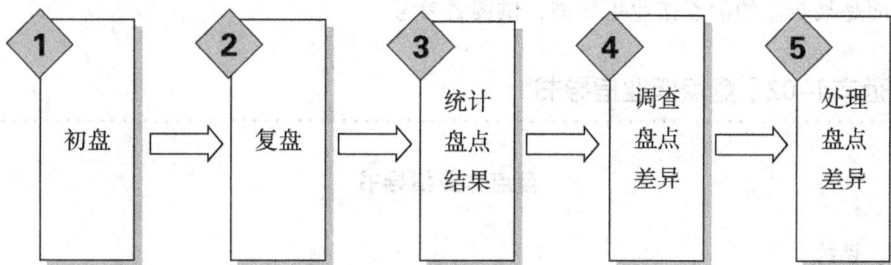

图4-7 盘点作业流程

1．初盘

（1）各初盘小组在负责人的带领下进入盘点区域，至少每两人一组，在仓管人员引导下进行各类物资的清点工作。

（2）初盘人员在清点完物资后，应填写"盘点卡"，做到一物一卡。

（3）盘点卡一式三联，一联贴于物资上，另两联转交复盘人员。

（4）初盘负责人组织专人根据盘点卡，填写"盘点清册"。盘点清册一式三联，一联存被盘仓库，另两联交复盘人员。

2．复盘

（1）初盘工作结束后，复盘人员在负责人的带领下进入盘点区域，在仓管人员及初盘人员的引导下做好物资复盘工作。

（2）复盘可采用全部复盘，也可采用抽盘，由企业盘点小组领导确定，但复盘比例不可低于30%。

（3）复盘人员根据实际情况，可采用由账至物的抽盘或由物至账的抽盘作业方式。

（4）复盘人员将两联盘点卡及两联盘点清册一并上交财务部。

3．统计盘点结果

复盘工作结束后，盘点人员要及时统计盘点结果，并与库存账目进行核对。

4．调查盘点差异

盘点所得资料与账目核对结果，若发现账、物不一致，仓管部经理应追查原因。

5．处理盘点差异

（1）对料账、物资管制卡的账面进行纠正。

（2）不足料迅速办理补货。

（3）呆料、废料要及时处理。

（4）加强仓库的整理、整顿、清扫及清洁工作。

下面是某企业的盘点作业指导书，供读者参考。

【范本4-02】盘点作业指导书

．．．

盘点作业指导书

一、目的

为更好地控制物资库存，合理调整采购并加强企业员工的责任及工作态度，根据计划需要对企业内全部物资进行盘点，特制定本作业指导书。

二、适用范围

本作业指导书适用于本企业对物资盘点操作的管理工作。

三、具体内容

1．盘点编组

盘点工作开始前，企业应根据盘点类别及盘点范围等确定盘点人员，并编制盘点人员编组表，上报相关领导核定后予以实施。

2．人员培训

（1）为保证盘点工作顺利进行，盘点工作开始前，企业要对相关人员进行盘点知识培训。

（2）培训主要从盘点物资的相关知识、盘点方法与技术两个方面进行。

3．库存物资整理

（1）存货的堆置，应力求整齐、集中、分类存放。

（2）现金、有价证券等财物类物资应按类别整理并列出清单。

4．仓库整理

（1）验收完毕的物资应及时整理入库。

（2）仓库要保持清洁、整齐，方便计数与盘点。

5．盘点工具的准备

检查盘点机是否正常运行，准备盘点表、红色和蓝色的圆珠笔、盘点单等盘点工具。

6. 其他相关事项

（1）协调供应商送货时间，盘点期间暂停进库，对盘点期间收到的物资而未办妥入账手续的，应另行分别存放并予以标示。

（2）协调生产运作，盘点期间暂不办理领料、退库等作业，若各生产车间在盘点期间确需领料，经相关领导批准后方可领料。

7. 盘点的实施

（1）确定盘点方式（月度盘点、年中盘点、年终盘点和临时盘点）。

（2）确定盘点范围。

（3）盘点实施时间：_____年___月___日___时～_____年___月___日___时。

8. 盘点注意事项

（1）初盘注意事项。

仓管人员负责在月（季、年）末完成初盘。由初盘人员填写"盘点单"中的物料编号、物品名称和初盘数量，并在初盘人栏内签字确认。"盘点单"应贴于该物品包装上醒目处。

（2）复盘注意事项。

复盘时，复点人员要先检查盘点配置图与实际现场是否一致，以及是否有遗漏的区域。复盘可于初盘进行一段时间后进行，复盘人员须手持初盘人员已填好的"盘点表"，依序检查，再将复盘的数据记入复盘栏内，计算出差异，填入差异栏，并在"复盘人"栏内签字确认。

9. 抽盘

（1）抽盘人员同复盘人员一样，须先检查盘点配置图与实际现场是否一致，以及是否有遗漏的区域。

（2）抽盘人员在抽点物资时，可选择盘点区域的死角、不易清点的物资、单价物资和数量多的物资，以及盘点表上金额较大的物资。

（3）抽盘人员要对初盘与复盘差异较大的数额进行确认。

（4）抽盘人员应根据抽盘结果反映出的盘点及物品管理的相关问题，对盘点及物资的日常管理工作提出建议。

10. 账载错误管理

物资经盘点后，盘点人员若发现有账载错误，如漏记、记错、算错、未结账或账记不清，则应对相关人员进行处理。数字如有涂改未签章，难以查核或虚构现象，可直接上报总经理议处。

记录人员、各经营部门的保管人员及其他财物保管人员有以下情况之一时，应予以赔偿。

（1）对所保管的财物有盗卖、调换、占为私有的。

（2）对所保管的财物未经报批擅自移动、出借或损坏不报的。

（3）有以下情况之一，若及时上报并采取措施避免损失进一步扩大的，可不予处罚。

① 保管人员尽职尽责，但因不可抗力因素，如因地震、火灾等遭受损失的。

② 容易腐蚀、变质，因管理人员无法控制而发生的损失。

③ 其他不属于保管人员的原因造成的其他损失。

11．盘点结束的后续工作

（1）盘点结果分析。盘点人员将盘点所得的资料应与账目进行核对，若发现账物不一致，则应积极查明账物差异的原因。

（2）盘点工作评估。盘点工作结束后，企业应对本次盘点工作进行评估和总结，找出库存管理的不足之处，总结经验，同时为下一次的盘点工作提供更好的建议。

四、附则

（1）本作业指导书由仓库管理部负责制定，其修改权和解释权归仓库管理部所有。

（2）本作业指导书自颁布之日起实施。

学 习 笔 记

通过学习本章内容，想必您已经掌握了不少学习心得，请仔细记录下来，方便继续巩固学习。如果您在学习中遇到了一些难点，也请如实写下来，方便今后重复学习，彻底解决这些学习难点。

同时，本章列举了大量的实战范本，方便您边学边用。以下所列栏目，请您认真填写，这有助于您进一步地思考，从而对本章知识有更好的掌握。

我的学习心得：

1. _____
2. _____
3. _____

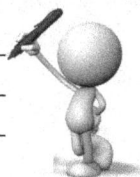

我的学习难点：

1. _____
2. _____
3. _____

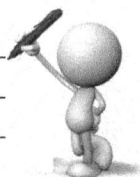

我的运用计划：

1. _____
2. _____
3. _____

第**5**章

采购合同管理

关键指引

采购合同是供需双方就供方向需方提供其所需的商品或服务，需方向供方支付价款或酬金事宜，为明确双方权利和义务而签订的具有法律效力的协议。采购合同管理对采购方和供应商来说非常重要。

第1节　采购合同的审批与签订

情景导入

为规范合同管理，提高合同管理水平，防范企业在经营管理中的风险，B石油公司结合集团公司和油品销售事业部年度工作会议精神，从六个方面强化合同管理，确保公司平稳、健康运行。

一是根据油品销售事业部内控权限指引，对地市公司发起的单笔0.5万吨以下的成品油销售合同、单笔金额五万元以下的一般物资采购合同、单笔金额五万元以下的维修服务合同、单笔金额五万元以下的后勤服务合同，可以在合同管理信息系统由市公司经理最终审批后签订采购框架协议，无需上级公司授权，这样既提高了工作效率，又减少了审批环节。

二是除即时清结业务外，每笔业务结算与付款前应附经过系统审批通过后签订的合同，且款项应与合同约定内容一致，否则财务部不予付款与结算。

三是对于省公司招标的项目合同，合同内容应与招标结果一致，若拟签合同内容与招标结果不一致，则应取得省公司招标办公室的书面同意。

四是禁止以油库、加油站名义对外签订任何合同。

五是所有合同均应通过合同管理信息系统进行审查与审批，禁止线下审批合同。

六是提高合同标准文本使用率，合同经办人应严格按照合同文本选择规定优先使用供应方合同标准文本。

B石油公司在加强合同管理后，获得了34座高速公路加油站15年经营权，当年中标、投营，有效实现了社会效益与公司发展的双赢。随后，B石油公司又与地方政府、民营企业合作成立了两家合资公司，进一步加快了公司发展。

由于我国市场经济发展起步较晚，企业管理制度还不够成熟，合同管理工作也是刚步入正轨，许多合同管理制度还没有形成规章。因此，企业需要在摸索中制定出合理的合同管理制度，不断加入新的合同管理条款，让合同管理有章可循。像上述案例中B石油公司一样加强合同管理，不仅可以减少合同纠纷、有效保障公司利益，而且还能树立起企业重合同、守信用的良好公司信誉。

加强采购合同管理包括合同签订管理、合同履行管理、合同变更管理及合同档案管理等内容。采购合同管理流程如图5-1所示。

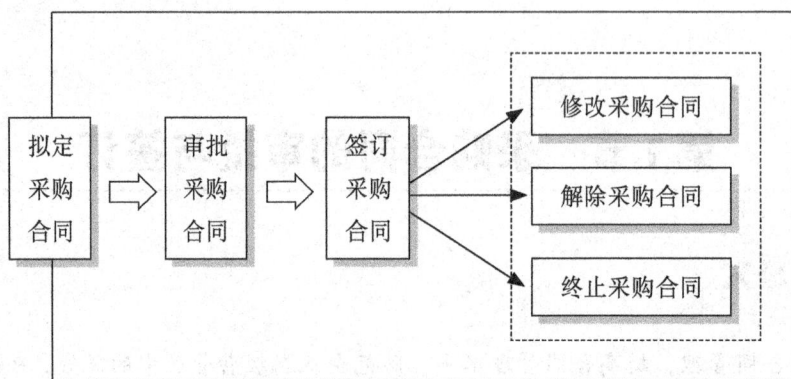

图5-1　采购合同管理流程

1.1　采购合同的内容

采购合同条款构成了采购合同的内容，应当在力求具体明确、方便执行、避免发生合同纠纷的前提下，应具备以下七项主要条款。

1．产品的品种、规格和数量

产品的品种应具体，避免使用综合品名；产品的规格应规定颜色、式样、尺寸和牌号等；产品的数量应按国家统一的计量单位标示。必要时，可附上产品的品种、规格及数量明细表。

2．产品的质量和包装

供需双方应在合同中规定产品符合的品质标准应注明是国家或部颁标准；无国家或部颁标准的，应由双方协商凭样订（交）货；对于副品、次品应规定出一定的比例，并注明其标准；对产品的包装材料，包括包装式样、规格、体积、重量、标志及包装物的处理等，均应有详细规定。

3．价格和结算方式

供需双方应在产品合同中规定具体价格，规定作价的办法和变价处理，以及规定对副品、次品的扣价办法、规定结算方式和结算程序。

4．交货期限、地点和运送方式

交（提）货期限（日期）要按照有关规定，并考虑供需双方的实际情况、产品特点和交通运输条件等。同时，供需双方还应明确产品的运送方式（送货、代运或自提）。

5．验收办法

合同中，供需双方要具体规定在数量上验收和在质量上验收的办法、期限和地点。

6．违约责任

签约一方不履行合同而违约，应承担相应的经济责任，赔偿对方遭受的经济损失。在签订合同时，供需双方应明确规定，供应商有以下三种情况时应支付违约金或赔偿金。

（1）未按合同中规定的数量、品种、规格供应货物。

（2）未按合同中规定的质量标准交货。

（3）逾期发送货物。

要点提示

采购方如果有逾期结算货款或提货、临时更改到货地点等，那么应向供应商支付违约金或赔偿金。

7．合同的变更和解除条件

在什么情况下可变更或解除合同，在什么情况下不可变更或解除合同，通过何种手续办理变更或解除合同等情况，供需双方都应在合同中予以规定。

除此之外，采购合同应视具体情况，增加若干具体的补充规定，使签订的合同更切合实际，更具有法律效力。

1.2　采购合同的审批

企业在签订采购合同时，一定要仔细阅读相关条款，对有歧义、不合理的条款内容要与供应商落实清楚。

1．供应商资格审查

企业采购人员与供应商签订采购合同前，应对其资格进行认真审查。对供应商资格进行审查是防范合同风险的第一道防线。通过对供应商进行资格审查，判断其是否具有订立合同的相应的民事权力和民事行为的能力。供应商资格审查可分为法人和自然人两类。

2．供应商履约能力调查

企业采购人员通过对供应商履约能力的调查，可以查明其经济实力、信用情况和不良行为记录。履约能力调查可以通过公共信息、特别渠道信息和供应商提供的相关资料进行综合分析、判断。

（1）公共信息是指通过网络收集供应商的销售规模、市场声誉等相关信息。

（2）特别渠道信息是指企业采购人员通过自身资源了解供应商的具体情况。

（3）供应商提供的相关资料是判断其履约能力的重要依据。

3．审核合同文本

合同是通过书面语言体现的当事人权利与义务体系，必须将合同中的权利与义务通过选择措词、安排结构、逻辑分析等方式表述出来。由于这些表述的质量会影响到合同的质量甚至影响到当事人的权益，因此合同文本内容需要认真地审查。合同文本审核内容如表5-1所示。

表5-1　合同文本审核内容

名称	审核内容
合同主体	合同主体最好是企业的法定代表人。如果是企业代理人签订合同，那么还需要审查代理人的代理权限、行为能力
合同标的	合同标的要合法，如一般的公司交易不能进行黄金交易。同时还需要注意对方对标的所有权
数量	不同产品规格要分开填写，必要时注意标注大写
质量	由申请采购的部门提出产品的质量要求及详细的验收标准
价款	合同上的价款须大写
履行期限、地点和方式	此部分内容只要合同里面进行规定即可
合同的解除、中止、终止	此部分内容需要注意在何种情况下公司可以单方面解除合同，以及双方在何种情况下可以中止或终止合同
违约责任	采购合同里的违约责任作为双方无法履行合同时的赔偿条款，最主要的就是违约责任须规定清楚，可操作性强
争议解决方法	此部分内容要注意管辖法院，一般都会要求在自己公司所在地法院管辖

1.3 采购合同的签订要点

采购合同一般情况下除了签字外还需要盖章。在签订重大采购合同时，最好由供需双方当面签订。有些经济合同，除按相关法律规定还应获得主管部门的批准或工商行政管理部门的签证。对法律规定没有必须签证的合同，供需双方可以协商决定是否签证或公证。

填写合同文本时，应注意以下五个方面。

（1）货物品种、名称须填写全称。

（2）货物数量、不同规格要分开填写，必要时标注大写。

（3）货物价格、不同规格要分开填写。

（4）交货方式、送货地点及送货时间要填写清楚，是付费送货还是免费送货须要注明。

（5）付款方式，可以先支付一定比例的定金，余款在到货验收合格后再付现金、支票或限定期限内付清均可。

1.4 采购合同的效力

1．有效采购合同

有效采购合同是指采购方与供应商订立的合同符合国家的法律规定和要求，具有法律效力，受到国家法律保护的采购合同。采购合同的有效条件包括当事人符合国家相关法律要求的资格、内容合法。

2．效力待定采购合同

效力待定采购合同是指合同已经成立，但因其不完全符合合同生效的条件，其效力能否发生尚未确定的合同。效力待定采购合同成立的条件一般有以下三点。

（1）限制行为能力人订立的采购合同。

（2）无代理权人以他人的名义订立的采购合同。

（3）无处分权人处分他人财产的采购合同

3．无效采购合同

无效采购合同是指当事人虽然协商订立但因其违反国家相关法律规定，国家不承认其法律效力的合同。无效采购合同一般有以下五种情况。

（1）一方以欺诈、胁迫手段订立的，损害国家利益的合同。

（2）恶意串通，损害国家、集体或第三人利益的合同。

（3）以合法形式掩盖非法目的的合同。

（4）损害社会公共利益的合同。

（5）违反法律和行政法规强制规定的合同。

4．可撤销的采购合同

可撤销的采购合同是指在订立合同时，当事人的意愿表示不真实，或一方当事人使对方在违背真实意愿的情况下签订的合同。可撤销的采购合同是一种相对无效的合同。可撤销的采购合同一般有以下三种情况。

（1）因重大误解订立的采购合同。

（2）显失公平的采购合同。

（3）因欺诈、胁迫订立的采购合同。

下面是某企业的采购合同范本，供读者参考。

【范本5-01】采购合同范本

采购合同范本

签订日期：___年___月___日　　　　　　　　　　　　　　　　合同编号____号

××股份有限公司（买方）向（卖方）订购下列货品，经双方议定买卖条件如下：

项目	货品名称	规格	单位	数量	单价	金额
1						
2						
3						

货价总计	万　　仟　　佰　　拾　　元　　角整
交货地点	
交货日期	____年____月____日
付款方式	
货品包装	
购买保险	
货品验收	（1）卖方所售货品必须准时交齐，买方按照上列规定验收 （2）卖方所交货品必须完好，新品与约定规定相符 （3）不符合规定或有损坏的货品应由卖方取回，并由买方另定交换货期限调换交齐 （4）调换货品所发生的损害及其费用概由卖方承担 （5）抽样及样品试验由买方自行办理，卖方不得有异议 （6）复验仍应由买方负责，卖方可遵循买方规定派员协办，但不得要求再复验
逾期违约金	除因不可抗力确有证据，经买方查明确定外，卖方应按本合同所规定日期交货，否则应按以下办法缴纳违约金： （1）如未收取定金，逾期一天应缴纳未交部分价额的1‰或1%的违约金

（续表）

逾期 违约金	（2）如曾收取定金，则每收定金10%逾期一天应另加未交部分价额的1‰或1%的违约金 （3）因调换货品或因进口原料延迟致逾原约定交货日期者概作逾期论。供应商延误验收天数应计逾期违约金，但买方检验所需日期不计逾期违约金
解约办法	（1）如卖方未能履行本契约逾期至10天，买方可自由选择解除本合同 （2）卖方应退还买方所付定金，并按银行一般商业贷款利率支付买方利息 （3）卖方不履行本合同以至解约时，应向买方支付解约损害金，其款额应按未交货品价额的20%计算 （4）解约前的逾期违约金卖方仍应照数缴纳
保证责任	卖方应觅具有实力的企业连带保证卖方责任，连带保证人应负责代为履行及赔偿买方所受的一切损失。如届期前后买方允许卖方延期履行合同时，保证人仍应继续负带保证责任
罚则	卖方对买方承办及有关人员不得给予佣金或其同样利益的馈赠，否则卖方应赔偿买方因此项行为所遭受的损失，并接受法律惩罚
其他	发生争执，双方同意以××地方法院为第一审管辖法院

买方签字盖章： ××股份有限公司： 总经理：	卖方签字盖章： 供应商名称： 负责人： 地址：	卖方连带保证人签字盖章： 负责人： 地址：

第2节 采购合同的履行及修改

2.1 采购合同的履行

采购合同履行的一般规定有以下六个。

（1）质量要求不明确的，按照国家标准、行业标准履行；没有国家标准、行业标准的按照通常标准或者符合合同目的的特定标准履行。

（2）价款或者报酬不明确的，按照订立合同时履行市场价格履行；依法应执行政府定价或者政府指导价的，按规定履行。

（3）履行地点不明确的，在履行义务一方所在地履行。

（4）履行期限不明确的，债务人可以随时履行，债权人也可以随时要求履行，但应当给对方必要的准备时间。

（5）履行不明确的，按照有利于实现合同目的的方式履行。

（6）履行费用的承担不明确的，由履行义务一方承担。

2.2 采购合同的修改

一般采购合同签订后以不再变更为原则，但为了维护供需双方的共同利益，有时需要经供需双方共同协议对合同内容进行修改。但合同内容的修改须在不损害供需双方的利益，以及其他关系人的权益下进行。通常有下列情形时，供需双方须协议修改合同条款。

1. 作业错误而经调查原始技术资料可予证实的

签订合同后，如发现作业有错误而需进行更正时，应该以原始技术资料为准，经供需双方协商同意后进行修正，并将修正情形通知相关单位。

2. 制造条件的改变而导致卖方不能履约的

如果签订的是长期合同，在履约期间由于合同履行督导期间发现因制造条件的改变，因而判定供应商不能履约，但因物料的供应不能终止或解约合同，重新订购无法应急时，采购方可以适度地修改原合同内容后要求供应商继续履约。

3. 以实际成本计价签约而价格有修订必要的

以实际成本计价的合同，由于成本的改变、超过合同规定的额度时，供需双方均可提出要求修订合同中的总成本。但固定售价合同其价格以不再改变为原则，如有下列情形时可修改合同。

（1）由于生产材料的暴跌致使供应商获取暴利时，可修订合同中的价格。

（2）由于生产材料的暴涨致使采购方履约交货困难，解约重购对供需双方不利时，可修订合同中的价格。

下面是某企业的采购合同管理制度，供读者参考。

【范本5-02】采购合同管理制度

· ·

采购合同管理制度

1. 目的

为规范采购合同管理的方式和程序，提高企业的经济效益，避免或减少合同纠纷，根据《中华人民共和国合同法》及其他相关法律法规和规章，并结合企业的实际情况，特制定本制度。

2. 适用范围

本制度适用于本企业采购合同的管理工作。

3. 管理制度

3.1 签订采购合同必须具备以下条件

3.1.1 符合国家相关法律法规和国际贸易惯例。

3.1.2 卖方具有合法资格、信誉良好及确有履约能力，卖方签约人必须具有合法资格。

3.1.3 卖方的技术实力和质量控制体系能完全满足企业的全部要求。

3.1.4 卖方的管理、营销系统符合企业的各项规定要求。

3.1.5 卖方生产及经营的合法证明文件须齐全。

3.1.6 合同必须采用合同签约双方共同认可、签字盖章的书面形式。

3.2 采购合同的审批程序

3.2.1 合同的签约必须有"合同审批表"。

3.2.2 合同必须在完成审批手续后方可签约。

3.2.3 合同必须使用统一格式的文本。统一格式的文本不适用时，可对其进行非原则且合理的更改，但必须经采购管理组及科长的批准。

3.3 合同的履行、变更和批准

3.3.1 合同依法签订，即具有法律效力，必须认真执行，不得擅自变更或解除合同。

3.3.2 合同的履行是以订单的形式履行。订单必须使用标准订单并须经审批。由采购人员负责相关协调工作，直至合同全部履行。

3.3.3 合同各条款中的任何一项有变更时，必须填写合同更改书，经管理组及科长审批后方可对相关条款进行变更。

3.3.4 合同的有效期不得超过一年，合同的续签或延期必须按合同的审批程序重新办理。

3.3.5 合同到期之日自动解除。如在有效期内需解除合约，必须从企业的利益和各项法律法规及国际惯例的角度出发，并经审批后方可终止合同（审批程序与签订合同相同）。

3.4 合同档案管理

3.4.1 原始合同由合同管理员统一管理，其他人员只能使用合同复印件。

3.4.2 合同必须按其编号进行分类、归档。

3.4.3 原始合同的保管和处理应依照企业法律室的相关规定执行。

3.5 被授权人及合同章的管理

3.5.1 被授权人必须是采购部人员且为企业法定代表人授权人员。

3.5.2 合同章由合同管理员保管。使用合同章时，必须经管理组职能组长的批准，使用完毕后应立即归还，并在"合同章使用登记表"中签字确认。

第3节　采购合同的督导与终止

供需双方签订采购合同以后，有关供应商的生产计划、生产过程中抽检、物料的供应等有关作业，采购方为了避免因供应商无法履约或交货，因此，采购方可以向供应商进行督导。一般督导履约的有关事项应包括以下几个方面。

3.1　对采购合同履约督导的一般规定

采购合同履约督导的一般规定有以下四点。

（1）为了供应商能如期交货，在签订采购合同后，采购方须进行督导。

（2）履约督导要由验收单位或技术人员主办。

（3）督导时发现问题应及时要求供应商改进，否则应请采购方采取补救措施。

（4）履约督导对于特殊采购要加强管理，如紧急采购、大宗采购、精密设备、技术性高的产品的加工等。

3.2　采购合同履约督导方式

采购合同履约督导方式主要有以下两种。

（1）整体督导。自生产开始至交货验收结束，派有专人督导。

（2）重点督导。根据合同需要到供应商工厂进行抽样检查，或检查合同中规定事项及要求事项。

3.3　国内采购合同履约督导要点

国内采购合同履约督导要点有以下四个。

（1）原材料准备是否充足。

（2）设备及工具是否齐全。

（3）生产计划与合同中所列品名、规格、数量是否一致？

（4）预定生产进度的安排是否合理，是否配合契约的交货期。

3.4　解除采购合同

解除合同是指不履行合同的义务。为了坚持公平的原则，不遵守合同的一方须承担解除合同的相关责任。采购合同解除情形如图5-2所示。

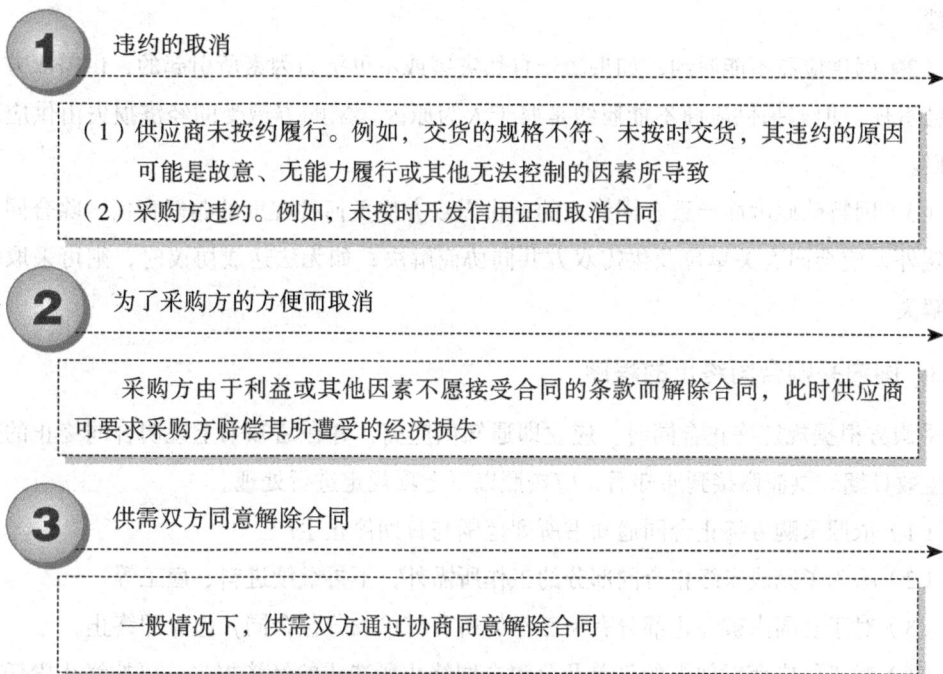

1 违约的取消

（1）供应商未按约履行。例如，交货的规格不符、未按时交货，其违约的原因可能是故意、无能力履行或其他无法控制的因素所导致

（2）采购方违约。例如，未按时开发信用证而取消合同

2 为了采购方的方便而取消

采购方由于利益或其他因素不愿接受合同的条款而解除合同，此时供应商可要求采购方赔偿其所遭受的经济损失

3 供需双方同意解除合同

一般情况下，供需双方通过协商同意解除合同

图5-2　采购合同解除情形

3.5　终止采购合同

为维护供需双方的权益，在采购合同内约定了合同终止的条款，以便在必要时终止合同。关于合同的终止，一般有以下四项规定。

1. 采购合同终止的时机

在履约期间，因受自然灾害或其他不可抗力因素，使供应商失去履约能力时，供需双方均可要求终止合同。

有以下情形时，采购方可以要求终止合同。

（1）发现报价不实，有图谋暴利时。

（2）有严重损害国家利益时。

（3）在履约督导时发现严重问题，经要求改善而无法改进以致不能履行合同时。

（4）有违法行为而经查证属实时。

2. 采购合同终止的赔偿责任

合同生效后，即具有法律约束力，任何一方不得随意变更或解除合同，如须变更或解除合同，应经双方协商一致，并达成书面协议。供需双方应履行合同，不履行或不完全履行合同的应承担违约责任。违约责任一般有以下三种情况。

（1）因需要变更而由采购方要求终止合同的，供应商因此遭受的经济损失由采购方负责赔偿。

（2）因供应商不能履约，如果属于自然灾害或不可抗力因素所引起的，供需双方都不负赔偿责任。但如果供应商不能履约是属于人为原因，采购方遭受的经济损失由供应商负责赔偿。

（3）因特殊原因而导致合同终止的，供需双方应负何种程度的赔偿责任，除合同中另有规定外，应会同有关单位及供需双方共同协商解决；如无法达成协议时，则可采取法律途径解决。

3. 国内采购合同终止的程序

采购方根据规定终止合同时，应立即通知供应商，并在通知书上说明合同终止的范围及其生效日期。供应商接到通知后，应按照以下七项规定进行处理。

（1）依照采购方终止合同通知书所列范围与日期停止生产。

（2）除为了完成未终止合同部分的工作所需外，不再继续进料、雇工等。

（3）对于合同内被终止部分有关工作的所有订单及分包合同，应立即终止。

（4）对于供应商对他人的订单及分包合同终止所造成的经济损失，可按终止责任要求赔偿。

（5）对于终止合同内已制成的各种成品、半成品及有关该合同的图样、资料，依照采购方的要求而送到指定的地点。

（6）合同终止责任如属于采购方时，供应商在接到合同终止通知书后，可在60天内申请赔偿。如供应商未能在规定的期限内提出赔偿请求，则采购方依情况决定是否给予供应商赔偿。

（7）合同终止责任如属供应商时，供应商应在采购方接到合同终止通知书后，在规定期限内履行赔偿责任。如果终止合同仅为原合同的一部分时，对于原合同未终止部分应继续履行。

4. 国际采购合同终止的程序

（1）国际采购合同规定以收到信用证为准，并订明在收到信用证以后多少日起为交货日期，由于其在开发信用证以前尚未具体生效，因此不论供需双方是否要求终止合同，可径行通知对方而不负任何赔偿责任。

（2）信用证有效日期已过而供应商未能在有效期内装运并办理押汇时，采购方可不同意展延信用证日期而终止合同，此时采购方不负任何赔偿责任。

（3）如果在交货期间终止合同时，除合同另有规定外，终止合同须经供需双方协商同意后方可终止合同，否则可视实际责任要求对方负责赔偿。

下面是某企业的采购合同终止协议书，供读者参考。

【范本5-03】采购合同终止协议书

采购合同终止协议书

（甲方）与_____（乙方）

双方于_____年_____月_____日在_____（地

点）共同签订的_____号协议于_____年_____月 _____日期满，

由于_____原因，经甲、乙双

方共同协商，一致同意（提前或如期）终止该协议，订立如下条款：

1. 甲、乙双方同意终止_____号协议。

2. 协议期间，乙方进口入甲方工厂的不作价设备，价值_____万元；作价设备，价

值_____万元；借用设备，价值_____万元；总计_____万元（详见设备

清单），该设备_____

_____

_____，协议期间所签订的生产合同及发生的加工费已全部核销结汇完

毕，甲乙双方不存在债权债务关系。

3. 本合同终止协议书正本一式六份，甲方、乙方及有关部门各一份，副本若干份，本

终止协议书经甲、乙双方签字并由有关部门批准后方可生效。

甲方：_____。   乙方：_____。

地址：_____。   地址：_____。

电话：_____。   电话：_____。

法定代表：_____。   法定代表：_____。

签字日期：____年___月___日   签字日期：____年___月___日

甲方工厂：_____。   商务代理：_____。

地址：_____。   地址：_____。

电话：_____。   电话：_____。

负责人：_____。   代表：_____。

签字日期：____年___月___日   签字日期：____年___月___日

学习笔记

通过学习本章内容，想必您已经掌握了不少学习心得，请仔细记录下来，方便继续巩固学习。如果您在学习中遇到了一些难点，也请如实写下来，方便今后重复学习，彻底解决这些学习难点。

同时，本章列举了大量的实战范本，方便您边学边用。以下所列栏目，请您认真填写，这有助于您进一步地思考，从而对本章知识有更好的掌握。

我的学习心得：

1. _____
2. _____
3. _____

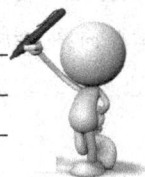

我的学习难点：

1. _____
2. _____
3. _____

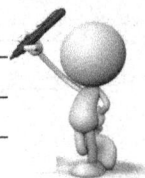

我的运用计划：

1. _____
2. _____
3. _____

第**6**章

供应商交货期管理

实现按时交付是采购目标之一。供应商收到订单后，大多数企业就会组织货物进行交付，并按约定的支付方式收取应收账款或预收账款。企业采购精益管理就是要讲究效率，用最短的时间采购到所需的产品，这样才能保证企业在最短的时间内生产出市场所需要的产品或提供优质的服务。

第1节　交货期管理策略

情景导入

一汽公司强力推进"质量制胜"战略，树立提高解放品牌形象。在产品结构、成本控制、管理效率、市场供需、用户服务等方面持续改善，进一步整合供应商队伍，满足公司快速发展需要，提升供应商积极应对市场、跟进产品结构变化的快速响应速度，强化供应链体系内部各企业的服务意识，提升各企业管理水平。

一汽公司产品的个性化会造成零部件型号的多样化，给下游供应商的生产组织、准时供货带来困难。例如，发动机厂接到汽车厂订单需求信息，再将发动机的零部件需求信息传至下游供应商，零部件供应商从原料加工成零部件向发动机厂送货，发动机厂收到零部件后再组装成发动机，最后向汽车厂送货，整个过程涉及环节较多，相互牵制，供货前置期较长，再加上在这个前置时间内，需求时刻变动。最终制约了发动机厂JIT供货。

为确保JIT供货的有效实施，一汽公司必须用制度和绩效指标来考核供应商在质量、准时送货、服务、投诉等方面的业绩，从而促使供应商按时、按质、按数供零部件。根据以上各项，评定考核结果，对优秀供应商进行奖励，主要在供货比例、新品开发等方面进行调整，对于考核不合格的供应商，限制其供货比例，直至淘汰处理。同时通过引进国际、国内优秀的供应商，使得各零部件供应商网络更加合理和优化，形成一条精益的核心供应链，从而确保JIT供货的准时率及产品质量的合格率。汽车整车厂的竞争实质是供应链的竞争，供应链间应是互赢、利益共享风险共担的关系。要形成一个以整车厂为龙头，运用精益生产管理方式，达到整个供应链共同降本，以此强大的竞争优势，搏击市场。

一汽公司在面对汽车整车行业的竞争时，将优质低价作为一种有效的竞争力。这样做往往会将降低成本的压力转向下游供应商。而从采购的角度来看，对外采购时的交货期基本上是由供应商决定而非用户随意指定。供应商发货时间的拖延，造成采购企业无法及时收到货而成为最被动的角色。一汽公司通过采取精益管理的方式来影响整个交货期的长短，从而提高企业对市场变化的快速、准确的反应能力，进而取得竞争优势。所采购物品交货期的延迟会阻碍生产活动的顺利进行，对生产现场与其相关部门将带来不良影响。交货期延迟会导致以下六个不良影响，具体内容如图6-1所示。

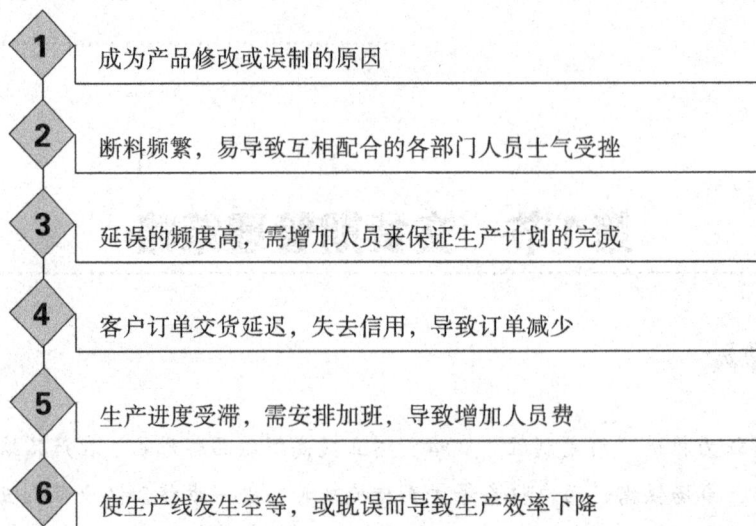

1	成为产品修改或误制的原因
2	断料频繁，易导致互相配合的各部门人员士气受挫
3	延误的频度高，需增加人员来保证生产计划的完成
4	客户订单交货延迟，失去信用，导致订单减少
5	生产进度受滞，需安排加班，导致增加人员费
6	使生产线发生空等，或耽误而导致生产效率下降

图6-1　交货期延迟导致的不良影响

一般情况下，人们总以为提早交货的不良影响不如延迟交货，实际上它们两者都会成为增加成本的原因。交货期提早时会导致以下不良两个影响，具体内容如图6-2所示。

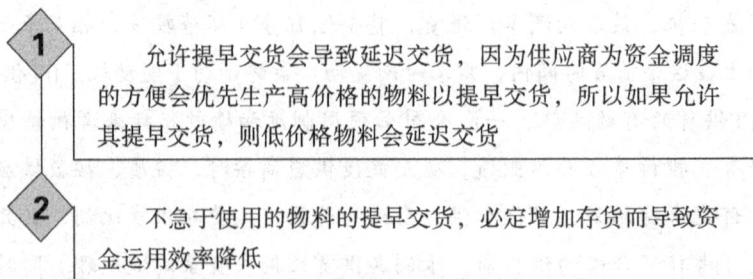

| 1 | 允许提早交货会导致延迟交货，因为供应商为资金调度的方便会优先生产高价格的物料以提早交货，所以如果允许其提早交货，则低价格物料会延迟交货 |
| 2 | 不急于使用的物料的提早交货，必定增加存货而导致资金运用效率降低 |

图6-2　交货期提早导致的负面影响

1.1　建立交货期管理制度

科学设定的制度化是企业正常运行的基本保障，所谓无规矩不成方圆，企业也要有自己的行为规范。企业对供应商的交货期进行管理时，必须做到正规化、制度化，执行起来才更有效率，采购人员跟催时也容易得到供应商的支持。

1．异常发生报告制度

采购方有对供应商提出异常发生报告的义务，例如，对机械设备、模具、治工具（夹具）的故障或不良品及货期延迟原因的出现等提出报告。

通过此报告能预知交货期是否会延迟，也可尽早调整生产计划。因此，该项制度远比延迟发生后才来研讨对策更有效。

2．延迟对策报告制度

除了异常发生报告制度，使供应商明确延迟原因外，对其改善的对策也应要求提出报告。

3．计算供应商交货期遵守率并公布的制度

企业采购部应编制每月供应商的交货期遵守（延迟）率并分发、公告。另外，也可掌握每件货物的延迟天数，以便掌握延迟的动向。

4．表扬制度

对交货期遵守情形良好的供应商，企业可在每年或每季给予其表扬。

5．指导、培育的制度

企业应建立完善、合理的供应商指导、培育制度。例如，经营者研讨会、供应商相关人员的集中教育、个别巡回指导等。

6．抱怨、期望处理的制度

企业要诚恳听取供应商的抱怨、期望，并及时反馈、处理。

1.2　规定合适的前置期

当企业有需求，希望进行采购时，采购人员须清楚地了解所需要的时间。因此，采购人员需要明确前置期的概念及总的时间需要多长。

1．明确前置期概念

前置期这一术语经常用于代替交付时间或者与交付时间并用。前置期通常会涉及三个方面的概念，具体内容如表6-1所示。

表6-1　前置期概念说明

类别	具体说明
内部前置期	内部前置期是指从确定产品或服务需求到发出完整的采购订单所占用的时间。主要包括准备规格、识别合适的供应商、询价／报价过程、最终选择供应商及签订合同。它的计算公式为： 内部前置期＝准备规格的时间＋识别合适供应商的时间＋询价/报价的时间＋最终选择供应商的时间＋签订合同的时间
外部前置期	外部前置期是指从供应商收到采购订单到完成采购订单（通常是指交付产品或服务）所占用的时间，它通常又称供应商交付时间
总前置期	总前置期是指从确定产品或服务需求到供应商完成采购订单所占用的时间。因此，它是上述内部前置期和外部前置期的总和，再加上从采购方发出采购订单到供应商收到采购订单之间的时滞。它的计算公式为： 总前置期＝内部前置期＋外部前置期＋采购方发出采购订单到供应商收到采购订单之间的时滞

2. 设置前置期要考虑的因素

内部前置期是总前置期的一个重要组成部分，但是它经常被忽视。由于内部前置期的不确定性也很大，因此缩短前置期既要重视外部（供应商）前置期又要重视内部前置期。

在设置前置期时，要充分考虑采购方和供应商双方的诸多因素，具体内容如图6-3所示。

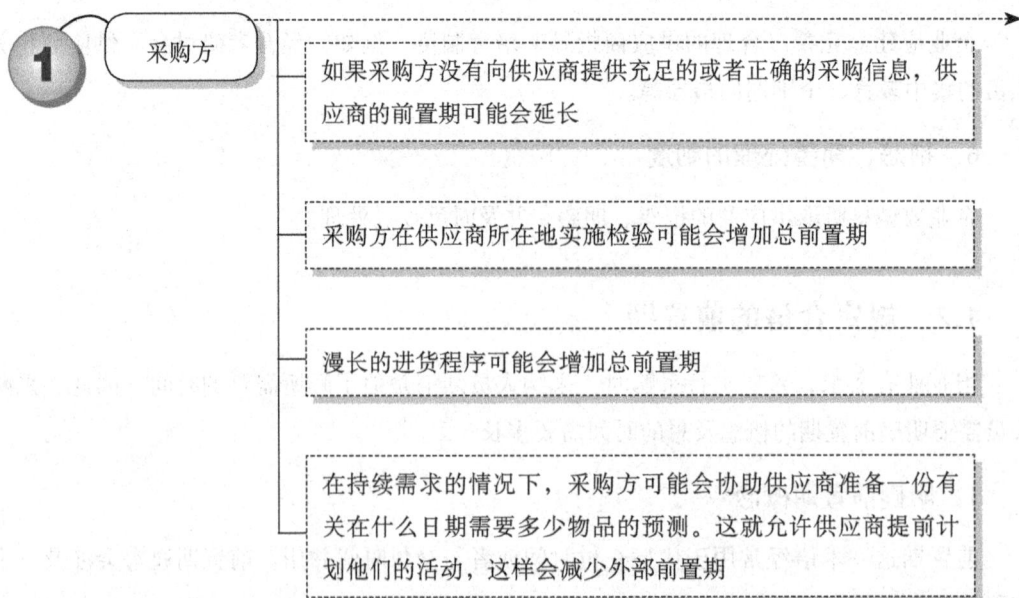

1　采购方

如果采购方没有向供应商提供充足的或者正确的采购信息，供应商的前置期可能会延长

采购方在供应商所在地实施检验可能会增加总前置期

漫长的进货程序可能会增加总前置期

在持续需求的情况下，采购方可能会协助供应商准备一份有关在什么日期需要多少物品的预测。这就允许供应商提前计划他们的活动，这样会减少外部前置期

2 供应商

> 供应商处理订单的过程若烦琐、复杂，则会增加前置期

> 供应商处理订单的系统。例如，企业资源计划（ERP）系统会极大地提高订单处理速度，这样会减少前置期

> 货物的运输方式会影响到总前置期。不同的运输方式在运输时间上差别很大，在计算总前置期时必须考虑进去

> 供应商的生产方式也会影响到总前置期：
> ①供应商接到采购方订单以后才开始生产
> ②供应商已经生产出产品，接到采购方订单时把库存中的产品交付给采购方

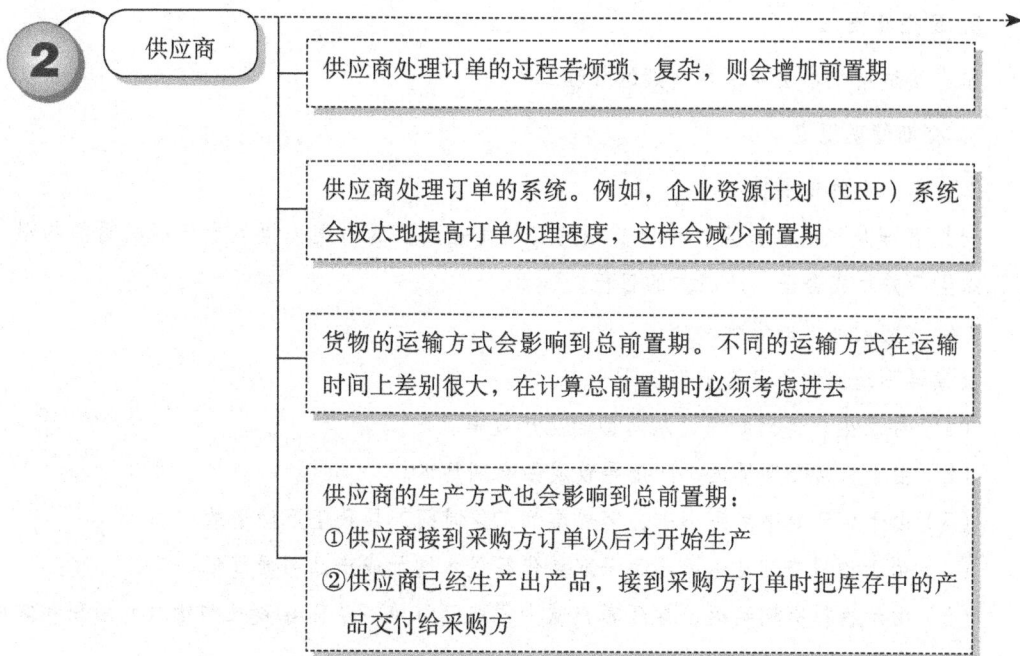

图6-3　采购方和供应商前置期需要考虑的因素

3．确认前置期可靠度

采购方将前置期规定为尽可能快，如供应商提出前置期是"10~14周"，这在工作中都很常见；但是采购方应该避免这些做法，因为供需双方的期望不同，采购方应该确切地知道供应商同意了规定的交付日期，并在采购订单文件中注明。

供应商可能会提出他们能实现的交付日期以赢得订单，采购方要负责确定供应商提出的日期是否现实。因此，采购方需要明确以下五项内容。

（1）该供应商是否具有足够的供货能力。

（2）该供应商是否具有可信的绩效统计。

（3）该供应商前置期较长的部件库存是多少。

（4）该供应商是否有适当的供应战略。

（5）该供应商是否完全采用订单生产方式。

下面是某企业的采购交货期管理办法，供读者参考。

【范本6-01】采购交货期管理办法

....

采购交货期管理办法

1．目的

为确保采购货物的交货期限，使采购交期管理更为顺畅，特制定本办法。

2. 适用范围

本办法适用于本企业采购交期的管理工作。

3. 交期管理规定

3.1 保交期的重要性

交期管理是采购的重点，确保交期的目的是在必要的时间内提供生产所必需的物料，以保障生产并达成合理生产成本的目标。

3.1.1 交期延迟的影响。

交期延迟造成的不良影响有以下七个。

（1）导致生产部门断料，从而影响生产效率。

（2）由于物料交期延迟，间接导致成品交期延迟。

（3）由于生产效率受到影响，需要增加工作时间，导致生产费用的增加。

（4）由于物料交期延迟，导致采取替代品成本增加或产品品质降低。

（5）由于物料交期延迟，导致客户减少或取消订单，从而导致采购物料的囤积和其他损失。

（6）由于物料交期延迟，导致采购、运输、检验的成本增加。

（7）由于物料断料频繁，易导致互相配合的各部门人员士气受挫。

3.1.2 交期提前造成的影响。

交期提前造成不良影响有以下五个。

（1）导致库存成本增加。

（2）导致流动资金周转率下降。

（3）由于交期提前，导致供应商优先生产高价格物料。

（4）由于交期经常提前，导致库存囤积、空间资源不够。

（5）由于交期提前频繁，使供应商对交期的管理松懈，导致下次的延误。

3.2 交期延迟的原因

3.2.1 供应商责任。

因供应商责任导致交期延误的状况有以下十种。

（1）接单量超过供应商的产能。

（2）供应商的技术、工艺能力不足。

（3）供应商对时间估计错误。

（4）供应商生产管理不合理。

（5）供应商的生产材料出现货源危机。

（6）供应商对品质管理不当。

（7）供应商的顾客服务理念不佳。

（8）供应商欠缺交期管理能力。

（9）不可抗力原因。

（10）其他因供应商责任所导致的情形。

3.2.2 采购部责任。

因采购部责任导致交期延误的状况有以下十种。

（1）供应商选定错误。

（2）业务手续不完整或延迟办理。

（3）物料价格决定不合理。

（4）生产进度掌握与督促不力。

（5）采购经验不足。

（6）下单量超出供应商的产能。

（7）更换供应商所致。

（8）付款条件过于严苛或未能及时付款。

（9）缺乏交期管理意识。

（10）其他因采购原因所导致的情形。

3.2.3 其他部门责任。

因其他部门责任导致交期延误的状况有以下十种。

（1）请购前置时间不充分。

（2）技术资料不齐全。

（3）紧急订货。

（4）生产计划变更。

（5）设计变更或标准调整。

（6）订货数量过少。

（7）供应商产品品质辅导不及时。

（8）点收、检验等工作延误。

（9）请购错误。

（10）其他因本企业人员原因所导致的情形。

3.2.4 因沟通不善所导致的交期延误。

因本企业与供应商沟通不畅导致交期延误的状况有以下十种。

（1）未能掌握一方或双方的产能变化。

（2）指示、联络不确实。

（3）技术资料交接不完整。

（4）品质、标准沟通不一致。

（5）单方面确定交期，双方缺少充分的沟通。

（6）首次合作出现偏差。

（7）缺乏合理的沟通窗口。

（8）未达成交期、单价及付款等方面的共识。

（9）交期理解偏差。

（10）其他因供需双方沟通不畅所导致的情形。

3.3 确保交期的要点

3.3.1 事前规划。

（1）制定合理的购运时间。采购部应对请购、采购、供应商生产、运输及进料验收等作业所需要的时间进行事先规划，作为各部门的参照依据。

（2）确定交货日期及数量。采购部应预先明确交期及数量，大订单可采用分批交货方式。

（3）了解供应商生产设备利用率。采购部应合理分配订单，保证数量、交期、品质的一致性。

（4）请供应商提供生产进度计划及交货计划。采购部应尽早了解供应商的瓶颈与供应能力，方便采取应对对策。

（5）准备替代供应商。采购部应尽量多与其他供应商联系，提供其他物料来源，以确保应急。

3.3.2 事中执行。

（1）采购部应提供必要的材料、模具、技术支援给供应商。适时了解供应商的生产瓶颈，并协助处理。

（2）采购部应了解供应商生产效率及进度状况。必要时，向供应商施加压力，以获得更多的关照，并适时考虑向替代供应商下单的必要性。

（3）交期及数量变更要及时通知给供应商，以确保维护供应商的利益，配合本企业的生产需求。

（4）尽量避免规格变更。如果出现技术变更，采购部应及时联系供应商停止原规格生产，并妥善处理遗留问题。

（5）加强交货前的跟催工作，采购部应提醒供应商按时交货。

（6）必要的厂商辅导。采购部应及时安排技术、品管人员对供应商进行指导，必要时可以考虑到供应商处进行验货，以降低因进料检验不合格导致断料发生的情形。

3.3.3 事后考核。

（1）对供应商进行考核评鉴。采购部依供应商评鉴办法进行考核，将交期的考核列为重要项目，以督促供应商提高交期达成率。

（2）采购部应对供应商交期延迟的原因进行分析并研讨对策。

（3）研讨是否需要更换供应商。采购部依供应商考核结果与配合度，考虑更换、淘汰交期不佳的供应商或减少其订单量。

（4）执行供应商的奖惩办法。采购部应对优秀的供应商给予以适当的奖励。

第2节 下订单阶段的跟催

下订单阶段的跟催是指一经发出订单就要实行由此而来的业务处理。因此，为了确保能按照交货期交货，采购方要对供应商提供必要的支援。

2.1 下订单阶段跟催事务

企业采购人员在下订单阶段跟催时的主要工作有以下三个方面。

（1）发出订单，必须将图纸或规范交给供应商，如图纸或规范未交给供应商，则无法令其制订生产计划。另外，交给对方的东西，对方若有质疑，应及时给予答复。

如遇到采购方只提交制品或零件的机能或设计构想，而图纸或规范则约定由供应商制定的情况，应跟催让对方能在双方约定的时间内提交，并且一经提交就要及时交给技术部确认。

（2）安排支给品（采购方免费提供给供应商的材料，用于采购方自己产品的加工或包装）必须在约定的日期交付对方，至于有需要模具、治工具的，要确定由采购方制造还是由供应商制造，并确定接洽日期，确认其性能或程度等是否符合最适经济成本。

（3）对于不易进货的材料，采购方要与供应商协调好，如果采购方有货则要给予交付。同时，对供应商的生产负荷在这一阶段也需要进行调查，查看其交货期是否过分集中，从而确认其能否如期交货。

2.2 下订单阶段跟催行动要点

企业采购人员下订单阶段应跟催行动要点如表6-2所示。

表6-2 下订单阶段跟催行动要点

对象	具体说明
图纸、规范	（1）确认有无发出：已发出时应决定如何分发，进而予以追踪决定；未发出时应确认如何发出，并调整货期 （2）供应商有所质疑时，应及时给予说明 （3）确认图纸、规范是否正确发出 （4）必要时由供应商提出图纸、规范，予以承认时：对图纸、规范的提出进行追踪；所提出的图纸、规范不齐全时，要求其修订并进行追踪；新设计时，应与技术部协调好，并进行追踪

（续表）

对象	具体说明
支给品	（1）明确交付预定日 （2）调整交付预定日期与货期 （3）调整交付预定日期，并了解供应商的生产能力 （4）调整生产批数与支给批数
模具、治工具	（1）自制或交由其他公司制造，与请购部门协商 （2）明确进货预定日期、调整进货预定日期与货期 （3）调整进货预定日期，并了解供应商的生产能力 （4）模具、治工具的性能、程度等的决定要符合最适经济成本
不易进货的材料	要与供应商周旋，手边有材料时要支给，并指定替代、借用材料
掌握供应商的相关信息	（1）负责状况的调查（人力的） （2）负荷的总重虽然与能力一致，仍要确认每一批的货期是否有勉强之处 （3）机械设备的调查（物料的）

第3节　合同履行阶段的跟催

3.1　进行阶段的跟催

进行阶段跟催是指供应商按照订单已处于制订生产计划的阶段，采购方有必要再次确认其能否顺利生产，并确认图纸、规范是否齐全。进行阶段跟催要点如表6-3所示。

表6-3　进行阶段跟催要点

事项类别	具体说明
图纸、规范	（1）确认图纸、规范是否齐全 （2）修订图纸、规范时，及时通知并予确认 （3）核对试制图纸与正式发行图纸是否一致 （4）反复制作制品要确认其版数 （5）不清楚的地方要随时给予反馈 （6）如果对方提出无法按照指定要求制造时，应详加调查并予以答复
支给品	（1）确认有无按照约定交付 （2）延迟时要调整货期 （3）确认有无不良、不足、疏漏、现品相异等情况

（续表）

事项类别	具体说明
支给品	（4）按照指定交付但还是发生不足的情况，发生原因出在供应商方面（不良品的发生、损失），办理再交付手续并予以追查；发生原因出在采购方方面（指定数目的错误、添加率过低），应与有关部门接洽，办理追加支给手续并予以追查 （5）采购方发生了需要中断或取消订货的情况时，应及时收回支给品及不足的部分，办理清偿手续并予以追查
模具、治工具	（1）确认能否按照预定计划运送 （2）对于延迟交货的情况，采购方应与有关部门接洽，决定对策并调整货期 （3）制造完成时，办理检查手续并予以追查 （4）对不合格的模具、治工具的决定对策：当获知供应商无法制造时，采购方应与有关部门接洽以决定对策；获知图纸、规范不齐全时，采购方应迅速决定如何处置并予以指示
材料	（1）确认有无按照约定入库 （2）对未入库部分予以追查 （3）对不易入库的材料，采购方应协助供应商，手边有材料时就及时支给，指定替代或代用材料 （4）调整预定日期与货期

3.2 生产阶段的跟催

生产阶段是指供应商已经处于生产的阶段，采购方有必要追查能否顺利进行。此阶段最大的问题是：模具、治工具或机械设备的故障及缺勤发生而使保有员工数逐渐减少。如采购方有余力，则可协助供应商进行生产，或将制作过程中成为瓶颈的部分自行制造。

在发生自然灾害或供应商倒闭的情况下，不得不改换由其他公司来制造。除此之外，由于采购方的原因而要延迟货期或中止订货、取消订货，此种情况应妥善采取对策，避免与有关支付货款的法令规章有所抵触。生产阶段跟催要点如表6-4所示。

表6-4　生产阶段跟催要点

对象	具体说明
模具、治工具或设备、机器的故障	与有关部门接洽并决定解决对策，进而调整货期
保有员工数的减少	（1）由于员工伤病而发生缺勤，或由于和其他货品发生竞争，或与其他公司所订货的货品发生竞争时，要求时间外（加班）的开工速制；或与其他货品调配；或改换其他供应商制造；或自行制造 （2）然后调整货期

（续表）

对象	具体说明
自然灾害	（1）视被损害程度而决定，改由其他公司制造或者自行制造 （2）然后调整货期
供应商倒闭	（1）改由其他公司制造 （2）自行制造 （3）购买模具、治工具，进一步追查供应商倒闭的情况，债权、债务的处理
罢工	（1）调整货期后尚难解决时，改由其他公司制造或自行制造 （2）除此之外，还要做好折冲损害赔偿的工作
由于采购方的原因而延迟货期	充分考虑在不抵触有关的法令规章下调整货期，并在在制品的品质上采取保全对策
取消、中止	（1）对支给品的收回与收回不足部分，办理清理手续并予以追查 （2）处理在制品 （3）如果是采购方的原因，对变更的损害赔偿要予以折冲 （4）如果是采购方的原因，对损害的赔偿要予以折冲

要点提示

一般让供应商备库存，库存数量为季度采购计划的30%，这样可以满足生产需要。最后去排除上述原因，如供应商仍延迟交货，可引入一家新供应商作竞争并备用，必要时取消其供应资格。

3.3 交货后的跟催

交货后跟催是指所订的货品已经交货之后需要做的工作，企业采购人员的任务是将交货后的货品经检查合格后并运到生产现场。当供应商注意到自己正在被衡量时，他们通常会提高交付绩效。

如果合同中规定了对延迟交付的违约赔偿金，供应商的交付绩效也会受到影响。而且在大宗货物交易中，大部分采用租船运输，为了使租船合同与采购合同相互衔接，在采购合同中也会规定滞期费和速遣费。在这一阶段，或许会有数量过多或不足的情况出现，当然也难免会有不合格品的进入，对于这些情况都要给予适当处理。交货后跟催要点如表6-5所示。

表6-5 交货后跟催要点

对象	具体说明
数量的过多、不足与损失	（1）未收数量的处置：催促交货，确认货期；已超过货期，已经不需要该货品时，办理取消手续 （2）过多数量的处置：有其他订单，亦有未收数量时，办理调换手续或退还 （3）不足与损失的处置：调查原因，追踪现品；重新安排货品的运送
搬运	确认已收货品是否已通过检查，并搬运给所需部门
检查	确认已收货品是否进行顺利，能够在预定的检查期间内完成检查，要督促对紧急货品进行检查
不合格品的处理与对策	（1）确认不良品的相关信息 （2）调查原因 （3）接洽合格品品质的水准 （4）适合于使用目的的视为良品 （5）调整货期 （6）决定重新安排交货或采取应对措施 （7）特别采用的折冲（只要稍加加工就能使用的货品，如涂装之前，使用砂纸一抹就能除去伤痕） （8）改由其他公司生产 （9）自行生产
合格品的搬运督促	到生产现场检查搬运进度
交货数与支给	未支给品与过多支给品的追查

下面是某企业的订货进度管理表，供读者参考。

【范本6-02】订货进度管理表

订货进度管理表

序号	订货单号	生产编号	品名	图纸规范编号	用途	数量	订货日期	承诺交货日期	查核要点				制程内容						
									图纸、规范	支应品	模具、工具	材料	1	2	3	4	5	6	7

（续表）

序号	2月						3月						4月			备注
	5	10	15	20	25	30	5	10	15	20	25	30	5	10	15	…	

预订交期：____年____月____日　　　　　　　　实际交期：____年____月____日

下面是某企业的采购电话记录表，供读者参考。

【范本6-03】采购电话记录表

采购电话记录表

序号	采购日期	供应商	采购物料名称	数量	规格/型号	要求交货交期	使用部门	采购人	备注
	____年__月__日								
	____年__月__日								
	____年__月__日								
	____年__月__日								

下面是某企业的物料订购跟催表，供读者参考。

【范本6-04】物料订购跟催表

物料订购跟催表

分类：　　　　　　　　　　　　　　　　　　　　　　跟催员：

订购日期	订购单号	物料编号（规格）	数量	单价	总价	供应商	计划进料日期	实际进料日		
								1	2	3
__年__月__日							__年__月__日			
__年__月__日							__年__月__日			
__年__月__日							__年__月__日			
__年__月__日							__年__月__日			

下面是某企业的催货通知单，供读者参考。

【范本6-05】催货通知单

··

催货通知单

敬启者：

　　查贵_____与本企业签订的下列契约业已到期迄未交货，请于文到一周内迅予交清为荷！

此致

　　查照

　　　　　　　　　　　　　　　　　　　　　　　　　　　　　　　　　　　启

　　　　　　　　　　　　　　　　　　　　　　　　　　　　　_____年___月___日

下面是某企业的到期未交货物料一览表，供读者参考。

【范本6-06】到期未交货物料一览表

··

到期未交货物料一览表

签约日期	合同编号	物料品名/规格	数量	单位	约定交货日期	备注
__年__月__日					__年__月__日	
__年__月__日					__年__月__日	
__年__月__日					__年__月__日	
__年__月__日					__年__月__日	
__年__月__日					__年__月__日	
__年__月__日					__年__月__日	
__年__月__日					__年__月__日	
__年__月__日					__年__月__日	
__年__月__日					__年__月__日	
__年__月__日					__年__月__日	
__年__月__日					__年__月__日	
__年__月__日					__年__月__日	
本表一式三联：一联送供应商留存；一联送仓库转请购部门留存；一联留采购主管留存。						

下面是某企业的采购订单进展状态一览表，供读者参考。

【范本6-07】采购订单进展状态一览表

采购订单进展状态一览表

序号	物料									订单状态												物料入库数量总和	备注
										供应商一						供应商二							
	物料编号	名称	规格/型号	年需求量	单价	开始日期	完成日期	订单计划编号	订单经办人员	选择	订单合同	跟踪	检验	接收入库	付款	选择	订单合同	跟踪	检验	接收入库	付款		

下面是某企业的采购追踪记录表，供读者参考。

【范本6-08】采购追踪记录表

采购追踪记录表

物料编号	请购单						报价供应商及价格	订购单							验收		
	请购总号	发出日期	收到日期	品名/规格	数量	需要日期		日期	编号	数量	单价	金额	交货日期	供应商	日期	数量	检验情形
备注：																	

下面是某企业的交货期控制表，供读者参考。

【范本6-09】交货期控制表

交货期控制表

___月___日至___月___日

预订交期	请购日期	请购单号	物品名称	数量	供应商	单价	验收人	到货日期	延迟天数
__月__日	__月__日							__月__日	___天
__月__日	__月__日							__月__日	___天
__月__日	__月__日							__月__日	___天
__月__日	__月__日							__月__日	___天
__月__日	__月__日							__月__日	___天
__月__日	__月__日							__月__日	___天

备注：

学习笔记

通过学习本章内容，想必您已经掌握了不少学习心得，请仔细记录下来，方便继续巩固学习。如果您在学习中遇到了一些难点，也请如实写下来，方便今后重复学习，彻底解决这些学习难点。

同时，本章列举了大量的实战范本，方便您边学边用。以下所列栏目，请您认真填写，这有助于您进一步地思考，从而对本章知识有更好的掌握。

我的学习心得：

1. _____
2. _____
3. _____

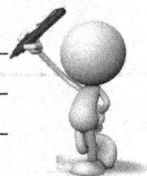

我的学习难点：

1. _____
2. _____
3. _____

我的运用计划：

1. _____
2. _____
3. _____

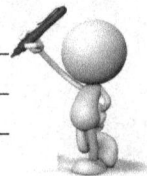

第 **7** 章

采购质量管理

.... 关键指引 ....

采购回来的物资的质量直接关系到企业生产、经营过程所产生结果的好坏，因此，控制采购质量是保证企业运营效果的关键因素。企业在实施精益管理时，如果能稳定提高采购质量，那么会降低采购成本和生产成本。因此，提高采购质量是降低企业成本、增加企业收益的一种有效方法。

....

第1节　采购质量控制体系

情景导入

某市政府采购中心（以下简称采购中心）2013年完成采购预算4.12亿元，为年度目标的137%，节约财政资金6,028万元，平均节支率为14.63%，质疑办结率为100%，有效投诉率为零。

采购中心通过制定内部控制文件手册，将所有业务和管理都置于手册的控制管理中，减少了工作环节，节约了时间，降低了成本，杜绝了暗箱操作和随意操作。在承接项目能力上，采购中心过去每天只能完成一两个项目，现在每天可以完成八九个项目。

按照质量管理标准的要求，该采购中心根据各科室和各工作环节的职能，建立了业务科室操作规范。例如，在招标文件制作标准上，根据工程类、货物类和服务类项目的不同特点，分别制定了招标文件模板，无论任何采购项目，都按照标准的模板填充所需要的内容，避免了过去要反复修改、多次才能成稿的问题，提高了准确率，确保了招标文件的规范性、公平性和合理性，杜绝了招标文件的随意性和倾向性。

该采购中心以规范采购行为和提高服务质量为主，加强政务公开和信息化建设，努力扩大采购规模和服务领域，增添集中采购工作新亮点，集中时间和精力应对重点目标任务，力求创新和突破。通过重点工作带动和促进其他工作开展，保证采购工作各项任务的全面完成。

按照采购质量管理体系的过程控制方法，该采购中心把目标和为实现目标所需要的组织结构、过程、程序及资源等全部纳入组织管理中，通过逐级识别和实施全过程检查、控制，能够全面了解和掌握各项目标的进展和落实情况。该采购中心还结合采购质量管理体系的要求颁布了《采购当事人满意控制程序》，建立了《采购项目回访制度》、《政府采购征求意见机制》和《政府采购监督举报机制》，把各方当事人的期望值和满意度作为工作重点，从中找出问题，并采取措施不断改进。

上述案例中的采购中心通过运行采购质量管理体系，采购质量管理效果显著提高。其满意度调查达到超过了采购质量管理体系设定的目标。采购中心完成了735个项目，受到两次质疑，并且都是无效质疑。通过上述案例，企业要实施采购质量精益管理，可以按以下流程建立采购质量控制体系，具体内容如图7-1所示。

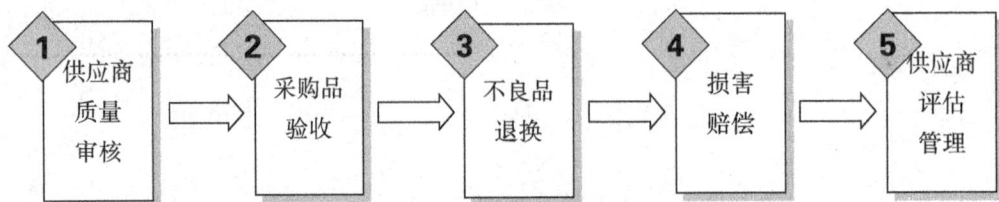

图7-1 采购质量精益管理流程

凡采购的材料、零部件都会成为企业生产产品中的一部分且直接影响产品品质，包括校正与特殊制程等服务品质也应进行考虑。因此，采购人员首先应建立相关质量控制制度、办法等，维持一套持续性质量改进方案。

1.1 明确采购质量目标

采购质量目标是采购部遵守和依从的行动指南。下面是某企业的采购部质量目标，供读者参考。

【范本7-01】采购部质量目标

……………………………………………………………………………………………………

采购部质量目标

质量目标	计算公式	测量频次
原材料一次性验收合格率≥96%	一次性验收通过原材料数÷验收总数	次/月
原材料准时交付率≥98%	准时交付批次数÷总交付批次数	次/月
材料价格≤99%×材料市场同期价格	采购材料性价比优势是企业创造利润的重要组成部分	次/月

（续表）

质量目标	计算公式	测量频次
采购文件管理准确率达到100%	现有采购文件数量÷应有的采购文件数量	次/月
物料库存数量完全符合物料安全库存标准	同期（物料实际库存数量÷核定的物料安全库存数量）=1	次/月
不合格材料退货及时率≥99.5%	采购部应全力做好对内、对外的服务工作，确保不合格材料存退料仓时间不超过两天（但有周期性规定的除外）	次/月
合格供应商开发数量≥8（个）	不断开发符合企业要求的合格供应商，开拓富有竞争力的原材料供给渠道，从而确保企业的持续竞争力	次/月
供应商开发程序执行有效率达到100%	程序执行有效是规避企业内、外部风险的基本保障，从而可建立系统的采购渠道开发流程	次/月
供应商开发资料完整率达到100%	现有供应商开发资料数量÷应有的供应商开发资料数量	次/月

1.2 明确采购质量规格、图样要求

物品的采购得以圆满完成，始于对要求项目的明确叙述。这个要求通常包含在给供应商的产品规格、图样及采购订单内。要拟订合适规则，以确保对供应物资的要求予以明确叙述、沟通。

这个规则可包含拟订规格、图样及采购订单，下订单前供需双方会协商采购合同条款，以及其他适合物品采购的方法。采购文件应将所订产品或服务的资料详细注明。采购文件资料要项如图7-2所示。

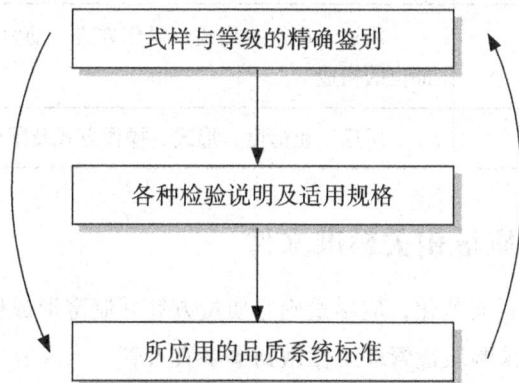

图7-2 采购文件资料要项

从技术层面来看，规格可分为主要规格与次要规格两类。

（1）主要规格是指形式、吨位、性能、成分、用途、纯度、韧性、拉断力及其他足以影响使用的规范。

（2）次要规格是指厂牌及形式的补充说明，不参加比价的零部件项目单价，以及其他相关方面的要求。

采购的物料、器材主要规格说明如表7-1所示。

表7-1　物料、器材主要规格说明

物料、器材项目	具体说明
农林、渔牧及狩猎产品	成分、用途、季节、厚度、硬度及体积
煤、矿砂、石油、煤气、土石沙砾、粗盐	用途、成分及体积
食品、饮料及烟类	等级、成分及用途
纺织、皮革及木材制品	股数、原料、加工方式及程度，成品单位重量、厚度、尺寸、用途及色泽
非金属矿产品	比重、可燃性、闪光点、纯度、用途、加工方式及程度、厚度及尺寸
化学品	成分、纯度、外形、重量、粉状粗细、等级、颜色、用途、生产方法及反应时间
基本金属	含碳量、合金的相对成分、开头长度、厚度、内径、镀锌、涂漆、用途、冷轧或热轧、加工方式及程度、单位重量、拉力及用途规范标准
一般金属制品	原料、用途、尺寸及外形
机械设备	用途、产量、形式、操作方式、动力、吨位、耗电量及主要部位的构造
仪器	用途、粗糙度、形式、操作方式及限度

1.3　制定采购质量相关标准文件

为了对质量控制进行规范化，应尽量确定质量方针并制定形成标准文件。企业应建立采购质量管理制度，使采购质量管理工作做到事事有人管、人人有专职、办事有依据、考核有标准，使所有技术专家及其他参与人员为保证和提高采购质量而认真工作。企业可根据自身的情况制定质量管理制度，其具体内容如表7-2所示。

表7-2　质量管理制度内容

制度	具体说明
进货检验控制制度	该制度应对进货的验收、隔离、标示、结果处理；进货检验或试验的方法及判断依据；所使用的工具量具、仪器仪表和设备的维护与使用；检验人员、试验人员及技术专家的技能要求等方面做出规定
供应商选择评估制度（程序）	该制度应就供应商的选择、评估、体系的审核等确定权责人员、作业程序及结果处理办法
采购质量记录管理制度	可按照ISO 9000质量管理体系的要求对采购质量的相关记录进行控制。采购质量记录包括以下两个方面。 （1）与接收产品有关部门的记录，如验收记录、进货检验与试验报告、不合格品反馈单、到供应商处的验证报告及质量等级等 （2）与可追溯性有关的质量记录，如验收记录、发货记录、检验报告及使用记录（出、入库单）等

1.4　准备各种采购质量管理表格

在采购管理与采购作业流程中，需借助采购表单来进行实际的申请及承办手续。一般来说，一项制度被规定后，必须落实到具体的表格来进行控制。在采购计划与预算、订单跟踪、供应商管理、采购品质控制、采购价格与成本控制、采购付款与结算、采购绩效管理、外协加工管理等各项工作的处理过程中都必须有一系列的表格来辅助完成工作。

采购表格的设计应依循以下两项原则。

（1）一次自动套写。即采用一次自动套写的方式，不必重复写纸，这样不仅可以节省填写时间，还可以减少出现错误的可能性；另外，将套印的表格迅速传送至相关部门，可以提高采购作业效率。

（2）一单多功能。即采用一单多功能的方式，提高采购效率。比如说，请购单不仅可以作为申请单位的需求凭证，还可以提供给采购部作为核准采购的凭证，给会计部作为审核付款的凭款，给仓储部作为验收数量的凭证等。

1.5　制定采购质量保证协议

质量保证协议是对供应商明确地提出质量要求，协议中规定的质量要求和检验、试验与抽样方法应得到供需双方的认可和充分理解，从而通过与供应商的配合来保证采购物品的质量。质量保证协议的要求和内容如图7-3所示。

质量保证协议的要求

1 应得到供需双方的认可，避免影响日后的合作

2 应当明确检验的方法及要求

3 应考虑成本和风险等方面的内容

质量保证协议的内容

1 供需双方共同认可的产品标准

2 接收检验方法（包括允收水准AQL的确定）

3 供应商提交的检验、试验数据记录

4 检验或试验依据的规程、规范

5 由供应商进行全检或抽样检验与试验

6 由供应商实施质量管理体系，由第三方对供应商的质量体系进行评价

7 使用的设备工具和工作条件，明确方法、设备、条件和人员技能等方面的规定

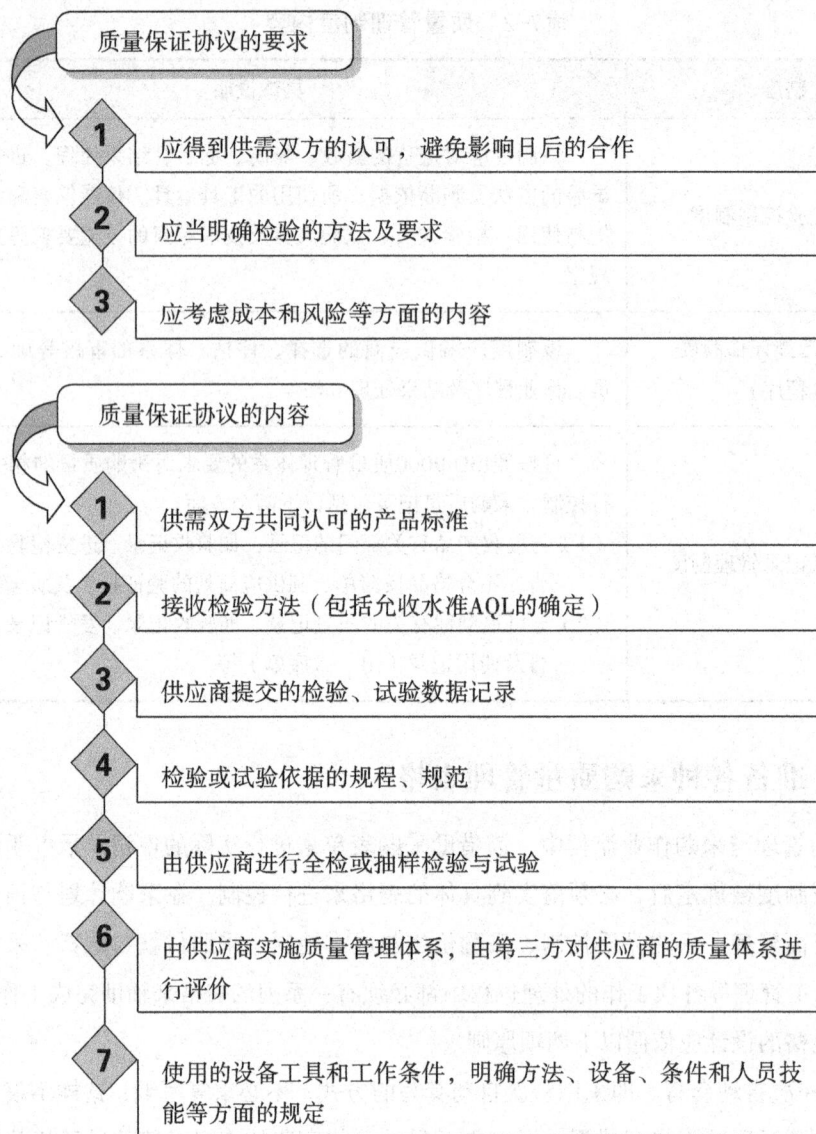

图7-3　质量保证协议的要求和内容

第2节　供应商质量控制管理

　　采购质量控制体系是相对采购流程的品质而言的，要对采购的每个环节从品质的角度进行控制。在这个体系下，企业通过对供应商提供的产品品质进行检验，从而控制供应商的供应品质是非常重要的一个环节。针对不同阶段，进行质量控制时有所不同。

2.1 初选供应商的质量控制

初选供应商时，企业应在质量上严格把关，具体应注意以下三个方面。

（1）考察供应商的硬件（设备的先进性、环境配置完善等）、软件（人员技术水平、工艺流程、管理制度及合作意愿等）。

（2）供应商是否通过ISO 9000标准认证，质量控制措施是否合理、有效。

（3）供应商是否为名牌厂商供货，是否和将要采购的物料类似等。

2.2 试制认证的质量控制

试制认证是供应商提供样件（又称样品）并进行验证的过程，主要分为外协物料和标准化物料的认证控制，具体内容如图7-4所示。

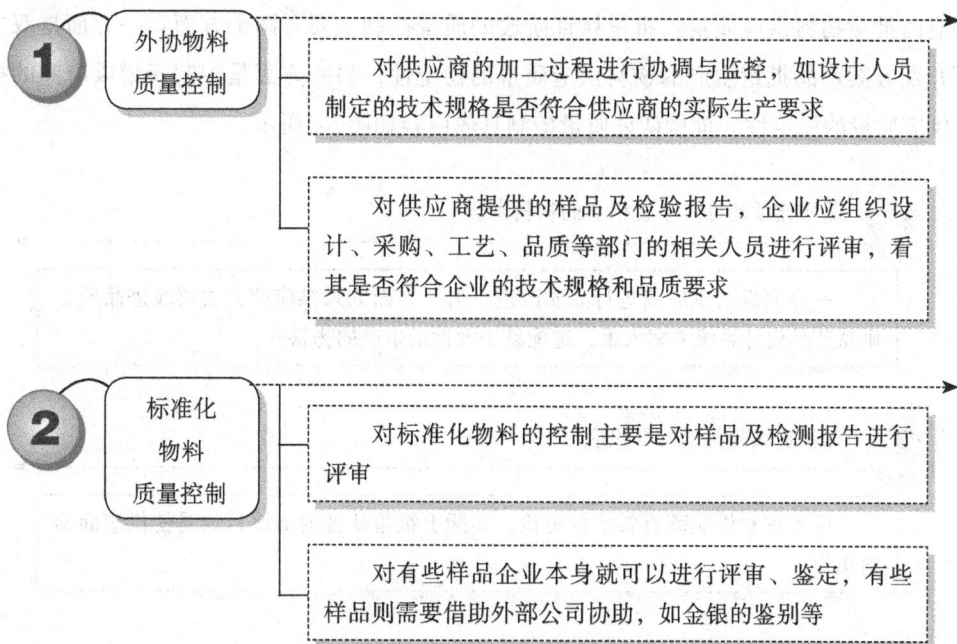

① 外协物料质量控制

对供应商的加工过程进行协调与监控，如设计人员制定的技术规格是否符合供应商的实际生产要求

对供应商提供的样品及检验报告，企业应组织设计、采购、工艺、品质等部门的相关人员进行评审，看其是否符合企业的技术规格和品质要求

② 标准化物料质量控制

对标准化物料的控制主要是对样品及检测报告进行评审

对有些样品企业本身就可以进行评审、鉴定，有些样品则需要借助外部公司协助，如金银的鉴别等

图7-4 试制认证类型

2.3 中试认证的质量控制

中试认证阶段的关注点是单一样件向小批件过渡，而质量是其最重要的因素。因此，作为认证人员应该记住样品的质量符合要求。

1. 新开发方案的质量控制

一个新开发方案可能在试制期间运用一切手段，使得方案得以实现。但由于供应商提供一件物料较容易，而小批件的提供则难度较大（成本大、时间长）。因此，如何选择质量过关、价格适中的物料是中试认证必须解决的问题。认证人员应参与研发物料选型过程，并向研发人员推荐质高价廉的物料。

2．新供应商认证的质量控制

进入中试认证阶段后，供应商提供的小批量物料的质量是很难保证的。因为供应商难以承受成本大、时间长的煎熬。在对其进行质量控制时，认证人员一定要与供应商进行充分沟通，共同研究提高产品质量并且降低成本的方法，使批量生产具有可行性并能最大限度地取得收益。

2.4 批量认证的质量控制

在这一阶段，企业须做好来料质量检验（对供应商送来的物料进行质量检验），以控制供应商批量物料供应质量。批量认证阶段的质量控制主要有两个方面：一方面是双方控制新开发方案产品批量生产的物料供应质量的稳定性；另一方面是控制新增供应商的批量物料供应质量的稳定性。批量认证质量控制具体内容如图7-5所示。

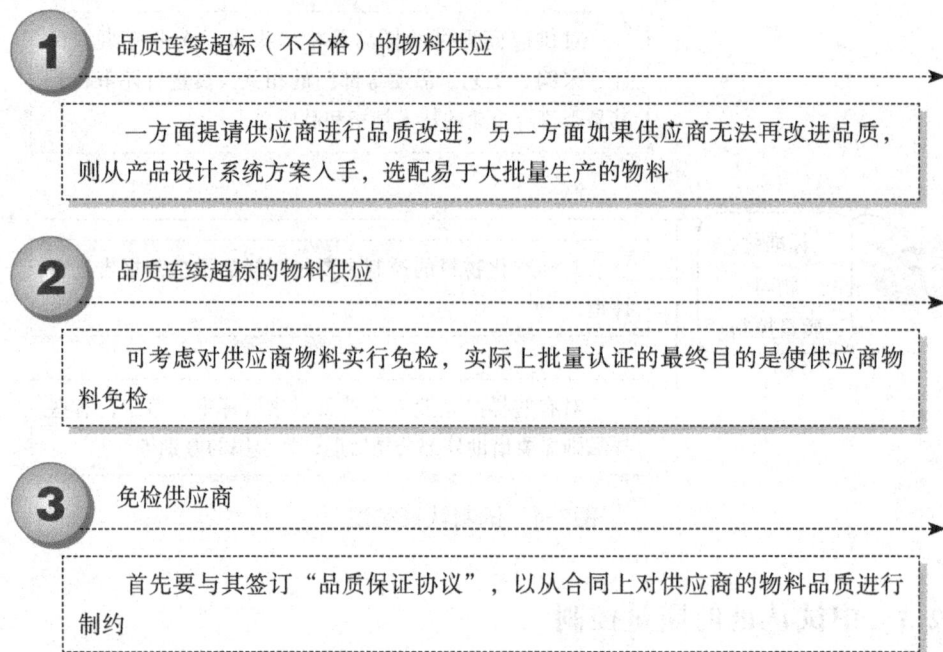

1 品质连续超标（不合格）的物料供应

一方面提请供应商进行品质改进，另一方面如果供应商无法再改进品质，则从产品设计系统方案入手，选配易于大批量生产的物料

2 品质连续超标的物料供应

可考虑对供应商物料实行免检，实际上批量认证的最终目的是使供应商物料免检

3 免检供应商

首先要与其签订"品质保证协议"，以从合同上对供应商的物料品质进行制约

图7-5 批量认证质量控制

2.5 采购品验收

品质检验的目的是为了确认接收的物料与订购的物料一致。对于物料的检验，企业可以用红外线鉴定法，或者依照验收的经验及对物料的知识进行。

1．检验物品外包装

物料包装的完整程度及干湿状况与内装物料的质量具有直接的关系。通过对包装进行检验，能够发现在储存、运输物料过程中可能发生的意外，并据此推断出物料的受损情况。因此，在验收物料时，仓管人员需要对物品外包装进行严格验收。

（1）当发现外包装上有人为的挖洞、开缝的现象时，说明物料在运输过程中有被盗窃的可能。此时仓管员要对物料的数量进行仔细核对。

（2）当发现外包装上有水渍、潮湿时，说明物料在运输过程中有被雨淋、水浸或物料本身出现潮解、渗漏的现象。此时仓管人员要对物料进行开箱检验。

（3）当发现外包装有被污染的痕迹，说明可能由于配装不合理，引起了物料的泄漏，并导致物料之间相互污染。此时仓管人员要将物料送交质量检验部检验，以确定物料的质量是否发生了变化。

（4）当发现外包装有破损时，说明包装结构不合理、材质不良或装卸过程中存在乱摔、乱扔、碰撞等情况。此时仓管人员应对包装内的物料进行检验。

要点提示

对物料外包装的检验是对物料质量进行检验的一个重要环节。通过观察物料的包装好坏可以有效地判断出物料在运输过程中可能出现的损害，并据此制定出对物料的进一步检验措施。

2．检验外观质量

由于对物料外包装的检验只能判断物料的大致情况，因此对物料的外观质量进行检验也就必不可少。物料外观质量检验内容包括外观质量缺陷，外观质量受损情况及受潮、霉变和锈蚀等情况。

对物料外观质量的检验主要采用感观验收法，即用感觉器官，如视觉、听觉、触觉、嗅觉来检查物料质量的一种方法。它简便易行、不需要专门设备，但是具有一定的主观性，容易受检验人员的经验、操作方法和环境等因素的影响，具体内容如图7-6所示。

视觉	对物料外观质量进行检验的主要方法，它通过观察物料的外观，确定其质量是否符合要求
听觉	通过轻敲物料，细听发声，鉴别其质量有无缺陷

触觉	触摸包装内的物料，以判断其是否有受潮、变质等情况

嗅觉	用嗅觉来判断物料是否有串味及有无汇漏异味的情况

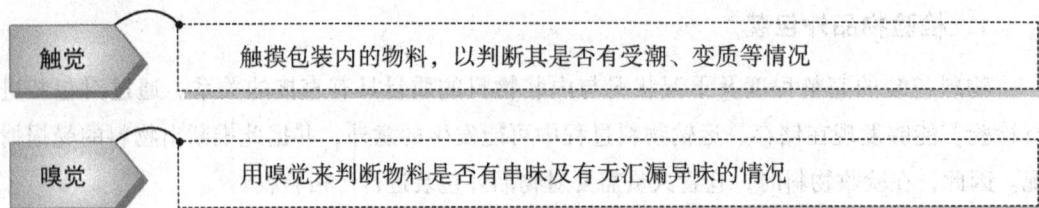

图7-6　感观验收法

表7-3为常见物品外观验收时需注意的要点。

表7-3　常见物品外观验收要点

常见物品	注意要点
五金类外观	（1）产品表面是否有生锈、裂痕或刮花等现象 （2）接口部分连接是否紧密 （3）套接或旋转是否灵活，无阻碍 （4）电镀产品是否有色差、汽泡或掉镀现象，镀层是否均匀 （5）有无漏字、错字、图案不齐全或出现错误
塑胶类外观	（1）产品表面有否裂痕或刮花现象 （2）接口部分连接是否紧密 （3）套接或旋转是否灵活，无阻碍 （4）是否有汽泡或漏油、掉漆现象，镀层和镀色是否均匀 （5）有无色差、漏字、错字、图案不齐全或出现错误 （6）应查看透明产品的透明度是否良好。有无污渍 （7）产品有无毛刺，毛刺情况是否严重
印刷品类	（1）用纸规格是否和样品的一致 （2）彩色印刷品的印刷颜色是否一致，有无色差 （3）印刷文字是否和样品一致，有否错字、漏字现象 （4）印刷图案是否有印错或图案不齐全情况
带子类外观	（1）长度是否适当 （2）带子边缘是否整齐，无漏线、脱线或掉线情况 （3）带子颜色是否有色差 （4）带子的材料与样板材料是否一致

3．选择合适的检验方法

对于不需要进行进一步质量检验的物料，仓管人员在完成上述检验并判断物料合格后，就可以为物料办理入库手续了；而对于那些需要进一步进行质量检验的物料，仓管人员应该通知质量检验部，对物料进行质量检验。待检验合格后方可办理物料入库手续。质量检验方法如表7-4所示。

表7-4　质量检验方法

名称	适用范围	缺点
全数检验	（1）精度较高的产品和零部件 （2）对后续工序影响较大的质量项目 （3）质量不太稳定的工序 （4）需要对不合格交验批次重检及筛选的场合	（1）对待检产品批次逐一进行检验工作量大、周期长、成本高、人员设备较多，难以适应现代化大生产要求 （2）受检个体多、检验标准降低、检验项目减少，削弱检验工作的质量保证程度 （3）鉴别受各种因素影响——差错不可避免，问题更突出，错漏检客观存在 （4）全数检验的结果并不像人们想象中的可靠 （5）不能适用破坏性检验费用高的检验项目 （6）对于出现不合格品不会引起严重后果的产品，全数检验在经济上得不偿失
抽样检验	按照数理统计原理预先设计的抽样方案，从待检总体（待检产品或一个生产过程等）中取出一个随机样本，对样本个体进行逐一检验，获得质量特性值的样本统计值，并和相应标准进行比较，从而对总体质量做出判断（接受或拒收、受控或失控等）	（1）在判断为合格的总体中，会混杂一些不合格品 （2）抽样检验的结论是对整批产品而言，因此错判造成的损失往往很大，抽样方案可以减少和控制错判风险，但不能完全消除风险 （3）适用于全数检验不必要的、不经济或无法实施的场合，应用非常广
理化检验	应用物理或化学方法，依靠量具仪器及设备装置等对受检物进行检验	（1）对检验设备的精确性和检验条件要求严格 （2）要求检验人员具有一定的理论知识和熟练的操作技能
感官检验	依靠人的感觉器官对质量特性、特征做出评价和判断，依赖检验人员的工作经验	（1）受人的生理条件、工作经验及外部环境干扰等限制，检验结果不标准，无法量化 （2）具有一定的主观性，比较片面，因此常需要修正检验结果的误差

另外，采购回来的物品也可以按其质量特性的重要性和可能发生缺陷的严重性分为A、B、C三类进行检验，具体处理方法如表7-5所示。

表7-5　A、B、C三类缺陷处理方法

类别	程度	处理方法
A类	关键	严格全项检查
B类	重要	对必要的质量特性全检或抽检
C类	一般	可凭供货质量证明文件验收，或做少量项目的抽检

2.6 不良品退换货

凡检验出不符合企业规定的采购品，应一律拒绝接收。合约规定准许换货重交的，待交妥合格品后再予发还，供应商应依合约规定办理。

1. 不良品换货

在采购品入库检验时，如发现物品不合格，仓管人员应及时通知采购部进行处理，并联系供应商安排换货。不良品换货流程如图7-7所示。

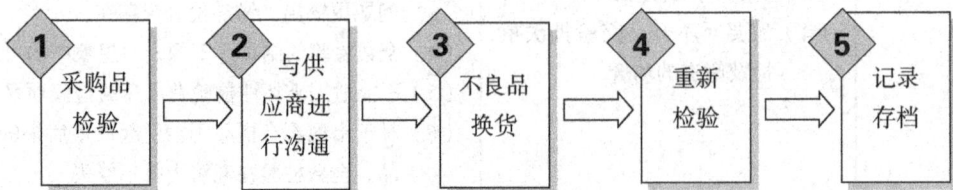

图7-7 不良品换货流程

（1）采购品检验

供应商送来企业采购的物品后，由品质部派人对采购品进行检验，一经发现问题，要及时提出并做好记录。

（2）与供应商进行沟通

对检验确认品质影响较小的采购品，或严重程度不至于退货的采购品，仓管人员可以及时与供应商进行沟通，协商换货，即由供应商重发同类型货物。

（3）不良品换货

如果供应商同意换货，则可安排送货人员送来同型号的货物。

（4）重新检验

企业品质部IQC人员须对新送来的货物重新检验。如果仍然存在品质问题，则应进行退货处理，并按合同相关要求进行索赔。如果检验结果为合格，则应贴上允收标签，由仓管人员安排收货。

（5）记录存档

仓管人员须做好相应记录，并存档。仓管人员还应将不合格品的情况计入供应商资料中，作为供应商考核的依据。

2. 不良品退货

不良品退货是指当供应商送来的采购品经检验存在严重品质问题，导致企业无法进行正常生产时，企业要求予以退货，并根据供应商未能及时供货给企业造成的损失进行索赔。不良品退货流程如图7-8所示。

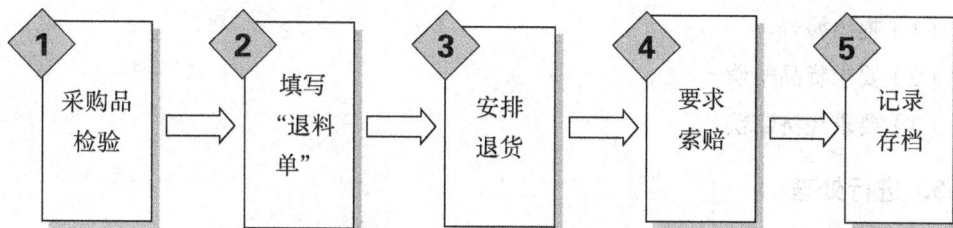

图7-8　不良品退货流程

（1）采购品检验

供应商送来采购品后，由品质部派人对物品进行检验，一经发现问题要及时提出，并视具体情况进行处理。需要特采的要安排特采，如果确认为不合格，则需安排退货。

（2）填写"退货单"

采购品确认为不合格时，IQC人员或仓管人员应填写"退料单"，作为退料工作的依据。

（3）安排退货

仓管人员应协助供应商送料人员将已卸载的物料重新装车送走。

（4）要求索赔

索赔工作一般由采购部负责，主要依据是双方签订的供货合同。企业可以按照相关合同条款进行索赔。

（5）记录存档

品质部和仓管人员要对整个事件的处理经过做好相应记录，并存档。

2.7　损害赔偿

一般来说，企业在开展采购工作时，会与供应商签订供货合同，合同中对供货的数量、规格、品质等会做出明确要求，合同中也会对供应商由于供货数量不足或交期延迟等问题，导致企业利益受到损害时应进行的赔偿。损害赔偿流程如图7-9所示。

图7-9　损害赔偿流程

1．明确损害赔偿条件

如果供应商送来的物料中有部分未达到企业品质要求，供应商需要对企业遭受的损失予以损害赔偿。

2．划分损害程度

按照供应商损害的不同程度，企业可做以下三项处理。

（1）提出警告。

（2）要求货品赔偿。

（3）要求经济赔偿。

3．进行处理

对以上处理，重要的是第（2）点与第（3）点。第（2）点可以要求损害赔偿、降价、拒绝支付等；而第（3）点可以要求解约，或者搭配组合以追究责任归属。

如果因为原材料或加工品的品质问题而造成的报废或其他损失，这就涉及赔偿问题，一般来说，企业会在供应商的货款中直接扣除。对于处理的过程，当然要经过供应商的确认。

出现这种问题时，首先由企业评审小组进行评审签字（如果涉及挑选工时的扣款，应将挑选工时填写在评审单上），其次将评审单交由IQC处理。IQC在收到评审单后，应填写"供应商报废确认单"并通知供应商到现场确认。"供应商报废确认单"上应注明产品的型号、数量、缺陷描述及挑选工时（需要时）。

下面是某企业的供应商物料报废确认单，供读者参考。

【范本7-02】供应商物料报废确认单

供应商物料报废确认单

致：　　　　　　　　　　　　　　由：

编号：　　　　　　　　　　　　　日期：＿＿＿年＿＿＿月＿＿＿日

序号	型号/本厂编号	物料名称	数量	缺陷描述	挑选工时	备注
发出人： 日期：＿＿＿年＿＿＿月＿＿＿日				供应商确认： 日期：＿＿＿年＿＿＿月＿＿＿日		

注：请在三天之内回签，超过此期限本企业将作为默认报废处理。

企业在确认时，如果供应商认同报废内容及数量，则由供应商在"供应商报废确认单"上签字确认；如果供应商不认同报废内容及数量，则由供应商在"供应商报废确认单"上说明原因。

品管部将供应商签字确认的"供应商报废确认单"提交给物控部或采购部（通常属于供应商的问题提交给采购部，属于加工商的问题提交给物控部）。物控部依据此单据开"退货单""扣款通知单"给供应商。

下面是某企业的物料评审和扣款通知单，供读者参考。

【范本7-03】物料评审扣款通知单

物料评审扣款通知单

文件编号：   日期：_____年___月___日

供应商名称：	供应商编号：
物料名称： 物料编号：	物料编号：
	送货单号：
来货日期：___年___月___日	来货数量：
□拣用　　□加工 原因：	备注：
拣用或加工工时：	扣款总额： （大写）
PMC签字：	厂长签字：　　　供应商同意 扣款确认：

物控部在开完"退货单"后，应在"供应商报废确认单"上填写扣款的价格，然后将"供应商报废确认单""退货单""扣款通知单"等提交给财务部，关于原材料的实际退货必须提供给仓库一份"退货单"。财务部每月在与供应商结账时须扣除相应的金额。

IQC应于每月月初（五天内）将上月供应商报废情况进行总结，汇总成报告提交给财务部、物控部及采购部进行对照，方便核对是否有遗漏现象。

下面是某企业的供应商每月物料报废清单，供读者参考。

【范本7-04】供应商每月物料报废清单

供应商每月物料报废清单

供应商：   日期：_____年___月___日

序号	型号/本厂编号	物料名称	数量	缺陷描述	挑选工时	确认日期

发出人：		审核人：
日期：___年___月___日		日期：___年___月___日

第3节　供应商评估管理

成功的采购不仅依赖于采购人员出色的谈判技能，更依赖于高水平的供应商管理水平。对供应商的供货能力进行监测，依据监测结果对供应商进行级别评定，实施分级管理；定期对供应商进行评价，依据评价结果调整采购措施，淘汰不合格的供应商。评估供应商主要着重对他们的产品质量、交货期、服务、成本结构和管理水平等方面的能力进行综合评定。

3.1　适合性评估

适合性评估是指对供应商进行综合评价，内容包括供应能力、交货期的遵守、合作能力、责任感及忠诚度等。适合性评估说明如表7-6所示。

表7-6　适合性评估说明

比较项目	满分	评估分数		
		供应商A	供应商B	供应商C
品质可靠性	20分	12分	18分	19分
批量供应能力	10分	10分	10分	10分
价格优惠	20分	20分	18分	16分
严守交货期	16分	15分	16分	15分
合作能力及态度	4分	3分	2分	4分
信息共享能力	8分	6分	6分	8分
技术合作能力	8分	6分	7分	6分
忠诚度及责任感	10分	8分	3分	10分
未来发展能力	4分	3分	1分	4分
总计	100分	83分	81分	92分

3.2　业绩评估

业绩评估是指对供应商的供货品质、价格、交货及服务等的执行业绩进行评价。

1. 品质

按照采购合同的规定，品质检验部对供应商交货的产品进行检验，并列表进行加权计算。一般品质加权比率为40%，其品质越低则扣分越多。例如，产品合格率为90%，则其品质评分为：40×90%=36分。品质方面的评价指标有以下三个。

（1）批退率的计算公式为：

$$批退率 = \frac{判退次数}{交货次数} \times 100\%。$$

根据某固定期限内（如一个月、一个季度、半年、一年）的批退率来判定产品品质。如上半年某供应商交货50批次，退货三次，则其批退率为：3÷50×100%=6%。批退率越高，表明其品质越差，得分越低。

（2）平均合格率的计算公式为：

$$平均合格率 = \frac{各次合格率之和}{交货次数} \times 100\%。$$

根据每次交货的合格率，再计算出某固定期限内产品合格率的平均值，并据此来判定产品品质。如一月某供应商交货三次，其合格率分别为90%、85%和95%，则其平均合格率为：（90%+85%+95%）÷3=90%。合格率越高，表明其品质越好，得分越高。

（3）总合格率的计算公式为：

$$总合格率 = \frac{总合格数}{交货总数} \times 100\%。$$

根据某固定期限内总的合格率来判定产品品质。如某供应商第一季度分五批，共交货10,000个，总合格数为9,850个，则其合格率为：9,850÷10,000×100%=98.5%。合格率越高，表明其品质越好，得分越高。

2. 价格

根据市场同类材料最低价、最高价、平均价及自行估价，计算出一个较为标准的、合理的价格。

评比时，依据供应商交货价格编列明细表，计算价格加权数。一般价格加权数比率为35%，单价越低，得分越高。例如，最低单价为10.60元，其得分为35分，则某供应商的交货单价为11.16元时，其评分为30分。

3. 交货及服务

根据交货迟延或相关资料编制明细表，一般交货期占权衡比率的25%，其交货期越短，交货越准时，得分越高。例如，某供应商限期内交货率为90%，则交货期评分为：25×90%=22.5分。

交货方面的评价指标有以下两个。

（1）交货率的计算公式为：

$$交货率 = \frac{送货数量}{订购数量} \times 100\%。$$

交货率越高，得分越高。

（2）逾期率的计算公式为：

$$逾期率 = \frac{逾期批数}{交货批数} \times 100\%。$$

逾期率越高，得分越低；逾期越长，扣分越多；逾期造成停工待料，则加重扣分。

3.3　实施奖惩

企业依据考核结果，给予供应商升级或降级的处分，并根据采购策略的考虑，对合格供应商给予优先议价、优先承揽的奖励，对不合格的供应商予以拒绝合作的处分。

1．奖励

（1）评选绩优者，使其优先取得交易机会。

（2）评选绩优者，对其优先支付货款或缩短票期。

（3）对于推行改善成果显著者，给予奖励。

（4）供应商享受各项训练、研习及考察的参与机会。

（5）颁奖。

2．资格重估

发生下列情形时，供应商的资格应重估（也为"追踪"调查的范围）。

（1）供应商已修改其制程、改用原料、改装设备或停止生产某一产品而以另一新品取代，称性能相同甚或改进者，或变更料号者，均应于更改之前书面通知采购方。

（2）拟采购项目的规格或要求事项已有修正或补充，且足以影响产品的性能者。

（3）对采购的货品能否符合本企业原先设计的性能与规格，颇感怀疑者。

3．取消供应商资格

企业发现某零部件或供应商服务的品质或交货行为不符合相关标准时，可随时对该供应商的资格进行调查，并要求其改善；如无法改善则可提出零组件审核申请，征询各单位意见后，填写"QVL异动通知单"，作降级处理或取消该供应商资格。

对于取消供应商资格来说，分取消某特定材料的某一供应商资格，或完全取消该供应商对本企业销售的权利两种。若完全取消，则将其列入不合格供应商名单中，在一年内不再予以审核。不合格供应商名单由采购部负责维护与更新，并分发给各相关单位。

下面是某企业的质量保证协议，供读者参考。

【范本7-05】质量保证协议

··

质量保证协议

甲方：××电器有限公司

乙方：_____

乙方为甲方提供SW产品用的_____

甲、乙双方本着"互惠互利、共同发展"的原则，为确保产品质量的稳定和提高，特签订本协议。

一、乙方为甲方提供的_____

质量应满足以下部分或全部要求。

1．甲、乙双方签订_____。

2．甲方提供的技术标准_____。

3．甲方提供的图纸_____。

4．其他补充要求_____。

二、乙方对出厂的产品应对以下项目：

_____

_____

进行全程把关，每批产品并向甲方提供：（用打"√"的方式选择）

（   ）检验合格证。

（   ）检测报告。

（   ）相关检验原始记录。

（   ）型式试验报告（每年）。

三、甲方对乙方提供的产品质量验收，采用全数据检验或抽样检验两种方法。

1．全数检验，不合格率（P1）：_____。

2．抽样检验：_____。

抽样方案：_____。

合格质量水平：_____。

抽样检验批不合格率（P2）：_____。

四、甲方对乙方提供不合格品的统计范围，应为甲方进厂检验时发现的不合格品、生产过程中发现的不合格品和售后发现的不合格品的总和。

五、产品进货检验全数检验不合格率（P1）和抽样检验批次不合格率（P2）的计算公式如下。

全数检验的计算公式为：

$$P1 = \frac{进厂检验判定的不合格品数}{交验产品总批数} \times 100\%$$

抽样检验的计算公式为：

$$P2 = \frac{季度抽查不合格批数}{季度抽查总批数} \times 100\%$$

六、产品进厂验收的检验判定依据为：_____

七、质量保证

1．乙方应按甲方的要求，并参照ISO 9000系列标准建立并保持质量体系文件，不断提高质量保证能力。

2．甲方在需要时确认乙方提供的产品在制造过程中的质量保证体系及质量保证的实施状况时，征得乙方同意后方可进入乙方进行质保体系调查。

3．如果乙方将甲方所需的产品全部或部分委托给第三方制造时，甲方有权提出进入第三方调查其质量保证能力，乙方应给予积极协助。

八、为促进乙方的产品质量稳定和提高，甲方根据双方确认属乙方质量责任的不合格品时，可采取以下经济措施。

1．被判为整批不合格的产品应及时通知乙方，经甲方做出可否回用的判定。被判为可回用的产品需办理回用手续并按降级处理，甲方将扣除该批产品总价值的____%；被判为不可回用的不合格品甲方有权做整批退货，并收取乙方该批产品价值的____%作检验费和误工费。

2．合格批中的不合格品甲方除退货外，还应收取乙方退货价的_____%作检验费与误工费。

3．如因整批不合格退回，乙方不能及时再次提供合格品，甲方因此停产造成的一切经济损失，乙方必须负全部责任。

4．乙方为甲方提供的产品、原材料、零配件的制造工艺发生改变时，必须事先通知甲方，征得甲方同意；否则由此造成的一切经济损失由乙方承担。

5．如果乙方产品质量连续两个月达不到本协议规定的质量要求，或发生重大质量问题，除执行本协议的有关条款外，甲方有权减少乙方的供货量或终止协议，取消乙方定点资格。

九、因乙方提供的产品出现质量问题造成重大事故，按国家质量法处理。

十、其他补充条款_____

_____

_____

_____

_____

十一、当甲、乙双方认为本协议条款需要变更时，由双方协商重新签订协议。

十二、本协议未签事宜，由甲、乙双方共同协商解决。

十三、本协议一式四份，甲、乙双方各执两份，经双方签字盖章后生效。

下面是某企业的供应商质量体系评估表，供读者参考。

【范本7-06】供应商质量体系评估表

供应商质量体系评估表

供应商名称：						
工厂地址：		提供产品：				
评审人员：		评审日期：____年____月____日				
评审得分：		符合等级：				

序号	评审项目	评审结果					备注
		4分	3分	2分	1分	0分	
1	是否有质量负责人？如果有，请说明						
2	是否有正式的质量管理系统？如果有，请说明						
3	是否通过ISO 9001质量体系认证						
4	是否有质量手册？如果有，请附一份复印件						
5	是否有正式的产品监测与测量程序（进料、制程及成品）						
6	是否对原材料及采购的生产用料进行控制？如果有，请附相应的程序或流程						
7	是否对生产制程进行质量控制？如果有，请附相应的程序或流程						
8	是否对出货前的成品进行质量控制？如果有，请附相应的程序或流程						
9	是否有不合格品的处理程序？如果有，请附相应的程序或流程						
10	当不合格品发运时由谁决定，并是否及时通知客户						
11	当出现不合格品时是否有正式的纠正及预防措施程序？如果有，请附相应的程序或流程						

（续表）

序号	评 审 项 目	评审结果					备注
		4分	3分	2分	1分	0分	
12	是否有明确的客户投诉处理程序或流程？如果有，请附相应的程序或流程						
13	是否有书面的文件说明客户确定的产品要求						
14	生产工序操作的人员是否有书面的作业指导书						
15	用于指导生产及检验的文件是否受控？如果有，请说明						
16	对于产品生产及检验完成后是否有相应的记录并在需要时可以提供						
17	生产用料及过程是否考虑并符合相关法律法规的要求						
18	对于客户的财产（材料、工装及知识产权等）是否进行管理？如果有，请附相应的程序或流程						
19	是否有确保产品质量的质量计划（过程流程图和控制计划）						
20	对于生产设备是否建立了全面的预防性维护保养计划						
21	对于生产工装是否建立了管理系统？如果有，请附相应的程序或流程						
22	对于客户的订单要求是否进行制造可行性评估和风险分析？如果有，请说明						
23	用于产品监测和测量的量测装置是否经过校正并满足监测与测量要求						
24	是否有正式的生产计划系统，确保按期交付？如果有，请说明						
25	交付产品是否进行有效的防护（如标示、搬运、包装、储存和保护）						

注：结果的评分标准为：有控制系统、要求充分并有效、有落实、有证据得4分，缺一项扣除1分。体系评价等级划分：A级：90分以上；B级：86～90分；C级：81～85分；D级60～80分；E级：60分以下。新供应商选择评估必须达到C级，方可视为合格。

学 习 笔 记

通过学习本章内容，想必您已经掌握了不少学习心得，请仔细记录下来，方便继续巩固学习。如果您在学习中遇到了一些难点，也请如实写下来，方便今后重复学习，彻底解决这些学习难点。

同时，本章列举了大量的实战范本，方便您边学边用。以下所列栏目，请您认真填写，这有助于您进一步地思考，从而对本章知识有更好的掌握。

我的学习心得：

1. _____
2. _____
3. _____

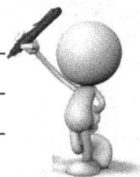

我的学习难点：

1. _____
2. _____
3. _____

我的运用计划：

1. _____
2. _____
3. _____

第 8 章

供应商违约管理

········ **关键指引** ········

只有少数供应商在签订采购合同后会发生违约行为。企业为了加强和规范采购合同的精益管理，提高合同履约率，一方面自身应当严守信用，履行合同，另一方面也要掌握相关法律法规，以更好地维护护自身利益。

第1节 违约协商处理

情景导入

H铝电有限责任公司每年生产的电解铝达20万吨。由于国内氧化铝短缺，该公司也需要大量进口氧化铝原料，美国××金属交易所就是该公司的供应商。该公司和美国××金属交易所签订了氧化铝供应合同。

美国××金属交易所单方面决定不再向该公司供应氧化铝。双方之间签订的合同已被终止，但美国××金属交易所仍然收取该公司预付保证金，该公司在别无选择的情况下，只能诉诸法律行动，向美国××金属交易所做出追讨。

据介绍，长期合同签订的有效期通常为10年。在和国内企业签订长期合同时候，外国公司通常在条款内容上说得很模糊，经常指责国内企业翻译得不准确，到结算时如果情况不利就采取违约。为了减少麻烦，大多数国内企业都选择了接受不合理要求的方式，而很少选择仲裁或者诉讼的方式。

在国际贸易中，处理合同纠纷是所有企业须经历的过程，国内企业应该学会用法律维护自身权益。该公司现正就有关申索认真地、迅速地进行起诉，并向美国××金属交易所竭力要求做出裁决。有关申索追讨是根据双方之间签订的合同。据了解，该公司已经聘请了国外律师，相关诉讼工作正有条不紊地进行。

尽管不能期待采购人员都是专职律师，但他们应该懂得常规的《合同法》。而且，既然多数合同方冲突源于期待值的不同，采购人员应该确保合同语言的完整，而且尽最大可能删除模糊语言，这样签订的合同就能避免或减少合同纠纷。

在采购活动中，企业可能经常要应对违约的不利诱因。在对方可能违约时，采购人员应积极跟进、了解原因，与对方协商解决，将问题控制在萌芽阶段；在对方实际违约时，采购人员须先行协商解决，在可能的情况下做出适当让步，保证货期；若对方不接受处理意见，则将该合同纠纷移送仲裁部门解决，采购人员应积极配合仲裁部门处理。若在仲裁部门的干预下不能顺利解决的，一般会进入到诉讼程序。

1.1 违约协商补救

合同签订后进入执行阶段，业务经办人员应随时跟踪合同的履行情况，发现合同对方可能发生违约、不能履约或延迟履约等行为的，或企业自身可能无法履行或延迟履行合同的，应及时汇报部门主管并采取补救措施。

1．协商原则

合同双方当事人之间自行协商解决纠纷应遵守以下两项原则。

（1）平等自愿原则

即不允许任何一方以行政命令手段，强迫对方进行协商，更不能以断绝供应、终止合作等手段相威胁，迫使对方达成只有对方尽义务，没有自己负责任的"霸王协议"。

（2）合法原则

即双方达成的和解协议，其内容要符合相关法律法规和政策的规定，不能损害国家利益、社会公共利益和他人的利益。否则，当事人之间为解决纠纷达成的协议无效。

2．补救措施

补救的目的在于供应商在发现缺陷并得到通知后的合适时间内，给采购方提供符合合同要求的货物。采购合同纠纷一般可分为质量纠纷和供货纠纷两种情况，在采取补救措施时要注意如图8-1所示的要点。

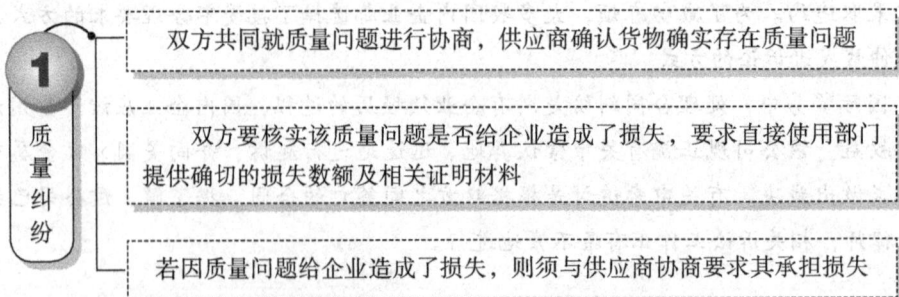

1 质量纠纷

双方共同就质量问题进行协商，供应商确认货物确实存在质量问题

双方要核实该质量问题是否给企业造成了损失，要求直接使用部门提供确切的损失数额及相关证明材料

若因质量问题给企业造成了损失，则须与供应商协商要求其承担损失

2 供货纠纷

企业应与供应商协商，分析利害关系，如未按期交货就要承担违约责任，督促其按时交货，并且不至于涨价

遇到供应商预期违约时，若与供应商协商后无法圆满解决，则及时从其他公司处购买，避免影响生产进度

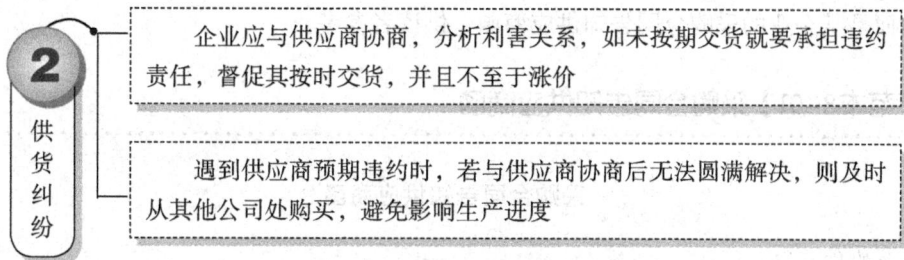

图8-1　采取补救措施的注意要点

1.2　书面通知

书面通知供应商没有如期履约、没有如约发货或者送错货（非一致性供货）都是违约。在以上任何一种情况下，采购方须以书面形式在合理时间内告知供应商违反了合同约定。

在非一致性供货的情况下，供应商有权采取补救措施，也就是弥补违约行为，只要供应商能在合理期限内完成补救。但根据相关法律规定，必须允许双方在约定期限内履约。因此，如果供应商在合同规定时间前发错货，其仍有剩余时间在采购方声称其违约前再发货以取代发错的货。采购方可以根据具体情况，以书面的形式向供应商提出违约的解决办法，具体内容如图8-2所示。

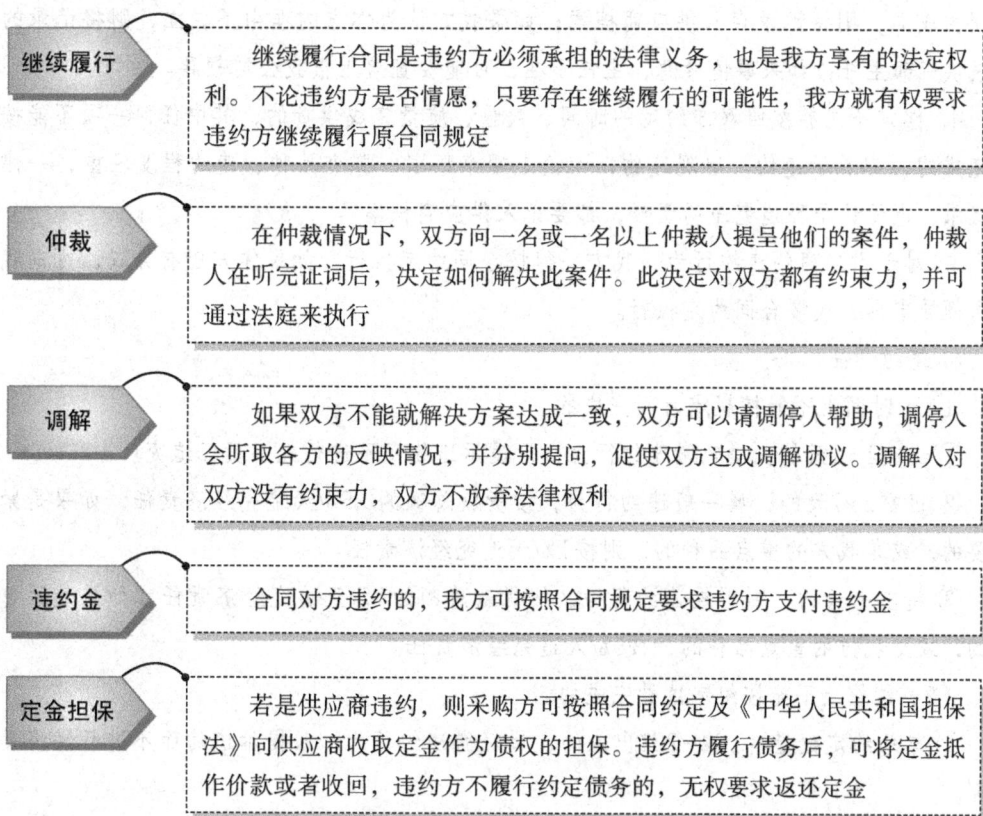

继续履行　继续履行合同是违约方必须承担的法律义务，也是我方享有的法定权利。不论违约方是否情愿，只要存在继续履行的可能性，我方就有权要求违约方继续履行原合同规定

仲裁　在仲裁情况下，双方向一名或一名以上仲裁人提呈他们的案件，仲裁人在听完证词后，决定如何解决此案件。此决定对双方都有约束力，并可通过法庭来执行

调解　如果双方不能就解决方案达成一致，双方可以请调停人帮助，调停人会听取各方的反映情况，并分别提问，促使双方达成调解协议。调解人对双方没有约束力，双方不放弃法律权利

违约金　合同对方违约的，我方可按照合同规定要求违约方支付违约金

定金担保　若是供应商违约，则采购方可按照合同约定及《中华人民共和国担保法》向供应商收取定金作为债权的担保。违约方履行债务后，可将定金抵作价款或者收回，违约方不履行约定债务的，无权要求返还定金

图8-2　合同违约解决办法

下面是某企业的采购合同告知供应商函，供读者参考。

【范本8-01】采购合同告知供应商函

· ·

采购合同告知供应商函

各位尊敬的供应商：

多年来，我公司取得了良好的经营业绩，得益于各位供应商的支持、理解与配合，为了将来能够更好地将我们共同的品牌做好，我公司需要将自己的工作做得更加规范、严谨，因此，在我公司今后的采购中与各位供应商有如下约定，现告知各位，我们共同遵守：

1. 我公司所有生产用物资、大宗原材料的采购都必须签订合同，如果你方的业务人员不在我公司，不方便直接签订合同时，也要通过传真、邮件、短信、电话等方式，双方明确确认合同约定内容。短信、电话方式约定的定货合同，双方业务人员有责任在短时间内补签正式合同。

2. 在合同内容中，对供货时间、数量等内容必须要明确，质量要求以双方事先约定的质量标准和验收方法为准，如有不清楚可再次询问。如果你方不同意接受订单，请详细说明理由。

3. 你方不能按我方要求签订合同时，你方的理由我们会详细记录，如果我方认为你方的理由成立，则将记录存入供应商档案；如果我方认为你方的理由不成立，则将记录的内容报供应部主任，如果事情紧急，主任不在，可能会直接上报我公司领导。

4. 你方不能够按照双方约定的时间、数量、质量完成供货的，其中任何一项不能按约定完成的，都属于违约。出现违约，无论是哪个厂家、哪个品种、违约程度轻重，一律如实记录，也无论是否追究违约责任，都要记入供应商档案。

5. 对于供应商的违约行为，我方一律按合同约定执行，如果你方仍有异议，可向我方公司领导申诉，或按合同约定执行。

6. 违约责任

（1）时间上不能按规定时间完成的。

①迟交1~2天的，属轻微违约行为，只提示违约而不进行经济责任追究。

②迟交3~7天的，属一般违约行为，按货款总额的0.5%/天追究经济责任，如果是紧急需要的，或是我方的重点品种的，则按1%/天追究经济责任。

③超出七天的，属严重违约行为，按货款总额的1%/天追究经济责任，如果是紧急需要的，或是我方的重点品种的，按5%/天追究经济责任。

（2）数量上不能按约定数量完成的。

①与总约定数量有10%~20%出入的，属轻微违约行为，只提示违约而不进行经济责任追究。

②与总约定数量上有20%~50%出入的，属一般违约行为，且经过积极安排，没有给我

方造成不利影响的，按合同总金额3%比率的追究经济责任，如果是紧急需要的，或是我方的重点品种的，按合同总金额5%追究经济责任。

③ 与总约定数量有50%出入的，属严重违约行为，按合同总金额5%比率追究经济责任，如果是紧急需要的，或是我方的重点品种的，按合同总金额20%追究经济责任；质量方面出现违约及达不到我方质量要求标准的，按我方相关规定执行，或按《中华人民共和国合同法》有关条款执行。

7. 经济责任追究

执行扣款时，业务人员负责通知被扣单位，并详细解释扣除原因及依据，如你方仍有异议，可向我方公司领导反映。

8. 当我方业务人员在签订合同时，你方如果没有明确表示是否接受该合同，可以有一天的考虑时间，一天后如果没有明确答复，我方将按你方自动放弃该订单对待，如果是你方的中标品种，我方将按你方该品种上不能履行投标合同对待。

9. 我方规定，一般批量（5,000~10,000套）的成型盒的生产周期为20~30天，一般批量的卡盒生产周期为10~15天，陶瓷瓶的生产周期为45~60天，玻璃瓶的生产周期为15~20天，瓶盖的生产周期为15~20天，其他特殊材质的材料生产周期在签订合同时另行约定，如果不能按生产周期完成的，请在接到订货合同两日内明确说明原因，供应方认可的可以延期，否则，另行安排其他供应商生产，同时，供应方根据具体情况，记录为一般违约或严重违约。

10. 两次轻微违约，记为一次一般违约，两次一般违约，记为一次严重违约，出现两次严重违约的供应商，供应资质降低一级，被降级两次的供应商，或连续两次放弃订单的供应商，由我方组织考察组进行考察。

以上内容，作为我们双方的约定，如果有疑问或不同意见，请在接到此函三日内与我方取得联系。

再次感谢各位供应商对我公司工作的支持，希望我们将来的合作更加顺畅、愉快！

×× 实业有限公司供应部

××××年××月××日

第2节 提起诉讼赔偿

因供应商违约给企业造成损失的，如果双方协商不成，则企业应做好诉讼的准备。经办人要根据法律顾问的要求，将相关材料交给法律顾问，由法律顾问决定是否聘请律师、向法院提起诉讼、计算诉讼标、组织证据材料等。

2.1 地域管辖

按照人民法院的辖区，确定同级法院之间受理第一审民事案件的分工和权限，称为地域管辖。地域管辖可分为一般地域管辖、特殊地域管辖和专属管辖三种。

1．一般地域管辖

原告就被告原则。行政案件由最初做出具体行政行为的行政机关所在地法院管辖。经复议的案件，复议机关改变原具体行政行为的，可以由复议机关所在地法院管辖。

2．特殊地域管辖

特殊地域管辖不排斥一般地域管辖。

3．专属管辖

（1）因不动产纠纷提起的诉讼，由不动产所在地法院管辖。

（2）因港口作业中发生纠纷提起的诉讼，由港口所在地法院管辖。

（3）因继承遗产纠纷提起的诉讼，由被继承人死亡时所在地或主要遗产所在地法院管辖。

> **要点提示**
>
> 两个以上的法院都有管辖权时管辖的诉讼，原告可以向其中一个法院起诉；原告向两个以上具有管辖权的法院起诉的，由最先立案的法院管辖。

2.2 诉讼时效

诉讼时效是指民事权利受到侵害的权利人在法定的时效期间内不行使权利，当时效期间届满时，人民法院对权利人的权利不再进行保护的制度。诉讼时效又称消灭时效，与之相对应的是取得时效。

根据法律对诉讼时效期间的规定不同，诉讼时效期间可分为以下三种。

（1）普通诉讼时效期间。这是由《中华人民共和国民法通则》（以下简称《民法通则》）规定的具有普遍意义的诉讼时效期间。我国《民法通则》第135条对普通诉讼时效期间做了规定，即向人民法院请求保护民事权利的诉讼时效期间为两年，法律另有规定的除外。

（2）特别诉讼时效期间。这是由《民法通则》或单行法规特别规定的只适用于特定情况的诉讼时效期间。例如，《民法通则》第136条的规定，身体受到伤害要求赔偿的、出售质量不合格的商品未声明的、延付或拒付租金的、寄存财物被丢失或损毁的，诉讼时效期间为一年；《中华人民共和国合同法》第129条的规定，国际货物买卖合同和技术进出口合同争议提起诉讼或者申请仲裁的期限为四年，自当事人知道或者应当知道其权利受到侵害之日起计算等。

（3）最长诉讼时效期间。诉讼时效期间，均从权利人知道或者应当知道权利被侵害时起计算。但是，从权利被侵害之日起超过20年的，法院不予保护。

2.3　举证要点

采购合同纠纷案件的当事人具有举证责任，在提起诉讼时及在诉讼过程中，应向审理案件的人民法院提供立案及支持诉讼的证据。应举证的证据有以下两项。

1．主体资格

（1）当事人为工商企业的，提交有效期内的"企业法人营业执照"的正本或副本及复印件，非法人企业也应提交"营业执照"的正本或副本及复印件。

（2）当事人为事业法人或社团法人的，提交"法人代码证"或批准成立的行政机关的成立文件及复印件。

（3）当事人为私营企业、个体工商户的，提交"营业执照"的正本或副本及复印件，以及本人的身份证及复印件。

2．实体部分

当事人应提交与争议案件有关的一切证据材料，主要有以下七项。

（1）有书面合同的提交合同原件及复印件。没有书面合同的提交能够证明口头合同成立的证明材料（如来往信函，往来票据凭证，会谈纪要，录音录像材料等）。

（2）双方履行合同中的封样、样品及图片等。

（3）与争议案件相关的国标、企标及行标等。

（4）经过审计、检验、勘查及鉴定的书面报告及结论意见。

（5）提供合同或协议的履行情况的材料。

（6）提供违约金、赔偿金承担方式的法律依据及原始材料。

（7）法庭要求提供的其他证据。

2.4　提出索赔

合同对方因不履行合同义务或者履行合同义务不符合约定，给本企业造成损失的，本企业有权提出索赔，具体赔偿金额可由经办部门会同法务与合同对方协商确定。

1. 赔偿金类型

企业可以根据实际损失向供应商要求赔偿违约金和可主张赔偿金，赔偿金类型如图8-3所示。

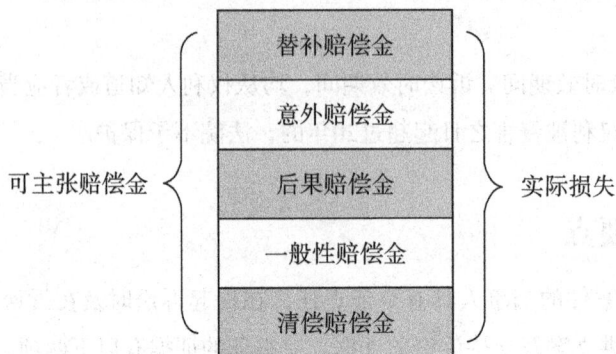

图8-3　赔偿金的类型

（1）替补赔偿金。企业可以从其他供应商处采购物品，并可以要求违约供应商补偿超出原合同的部分，但企业须认真寻求最合理的替代价格。

（2）意外赔偿金。意外赔偿金与纠正违约、试图重新工作或利用非一致性商品相关的开支。

（3）后果赔偿金。后果赔偿金与违约导致的间接损失相关的，并可能与因此损失的销售量、企业倒闭或者个体伤害相关。因为这种赔偿金可能很高，供应商会竭尽全力否认对此负有任何责任。

（4）一般性赔偿金。一般性赔偿金包括供应商在签约时本应了解，而且不可能以常用的方法补救的要求和需求。

（5）清偿赔偿金。清偿赔偿金条款是在双方认为将来可能的违约很难计算损失的情况下，用来提前决定赔偿金。清偿赔偿金条款适用于如服务反馈时期、设备检修停工期、延误的运货及未能运送某些关键材料等情况。清偿赔偿金与其他赔偿金一样，是为了归还而不是惩罚。

2. 赔偿范围

企业在计算赔偿金时，可以从以下四个方面进行考虑。

（1）订立合同的所有支出费用，包括交通费、通信费及住宿餐饮费等。

（2）准备履行或履行合同时产生的费用，如仓储费、运输费及保险费等。

（3）主张合同无效或撤销时的支出费用，如诉讼费或其他费用。

（4）其他间接损失，如丧失与他人签约机会等情况下产生的费用。

下面是某企业的采购合同纠纷起诉书，供读者参考。

【范本8-02】采购合同纠纷起诉书

采购合同纠纷起诉书

原告：××贸易中心，地址：＿＿＿＿＿＿＿＿＿。

法定代表人：王××，性别：男，年龄：42岁，职务：经理，住址：＿＿＿＿＿＿＿＿。

诉讼代理人：丁××，性别：男，年龄：30岁，职务：供销科长，住址：＿＿＿＿＿＿。

被告：××贸易有限公司，地址：＿＿＿＿＿＿＿＿。

请求事项：

请求人民法院根据《中华人民共和国经济合同法》的相关规定，追回××贸易有限公司欠我方货款14.5万元，赔偿所欠货款利息及有关损失，依法维护我方的合法权益。

事实和理由：

2014年1月23日、2月6日，我方采购员王××先后两次与××贸易有限公司经理李××签订购销合同。第一份合同系购买各种规格的圆钉共50吨，每吨单价0.22万元，合计人民币11万元。第二份合同系购买镀锌8号线200吨，每吨单价0.165万元，合计人民币33万元。我方严格按合同规定办事，合同签订后一个星期内，分别将两笔货款汇到××贸易有限公司的指定账号上，共计人民币44万元。

但是，××贸易有限公司却不按合同规定办事。我方第一批货款11万元汇出后一个月，××贸易有限公司才首次发出圆钉20吨，其余30吨再无音讯。第二批货款33万元汇出后，××贸易有限公司也未见将镀锌8号线发出。我方多次发出函电催货，××贸易有限公司都不予理会。4月份以来，我方两次派人专程去找××贸易有限公司经理李××面商，并主动提出，如无货物，可以退款。李××多方推脱责任、继续拖延。至今也未将货物发出，又不向我方退回货款。

两份合同都有规定：供方在货款到后10日内未将货物发出，处以货款10%的罚款。××贸易有限公司收到我方的货款已经有85天，仍未把货物发齐，实属严重违反合同规定。为此，我方经营活动受到了严重影响，直接经济损失估计近10万元。

为维护我方的合法权益，请求人民法院依法予以处理。

此致

××市中级人民法院

起诉人：××贸易中心

（盖章）

2014年8月1日

第3节　诉前调解及执行

合同纠纷调解是指双方当事人自愿在第三方（即调解的人）的主持下，在查明事实、分清是非的基础上，由第三方对纠纷双方当事人进行说明劝导，促使他们互谅互让，达成和解协议，从而解决纠纷的活动。我国调解制度包括法院调解、人民调解和行政调解三个部分。

3.1　诉前调解的特征

合同纠纷的调解一般具有以下三个特征。

（1）调解是在第三方的主持下进行的，这与双方自行和解具有明显的不同。

（2）主持调解的第三方在调解过程中只是说服劝导双方当事人。

（3）互相谅解，达成调解协议而不是做出裁决，这表明调解和仲裁不同。

3.2　诉前调解的种类

立案法官在征得被告同意立案审查前调解的，由立案法官进行调解，若需由人民调解、行政调解组织调解的，则法院应出具委托书，引导当事人到相关人民调解、行政调解组织进行调解（期限原则上不超过20日）。调解成功的，当事人撤诉；调解不成功的，符合立案条件的立案受理，立案后两日内移送审判业务庭；对进入司法程序的案件，相关业务庭仍须强化诉讼调解。诉前调解种类如图8-4所示。

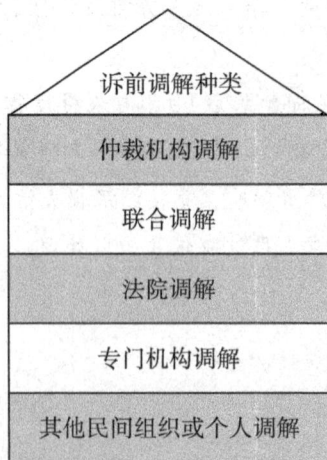

诉前调解种类

仲裁机构调解
联合调解
法院调解
专门机构调解
其他民间组织或个人调解

图8-4　诉前调解种类

诉前调解包括两种情形：一是不具有法院审理性质，即由在法院立案庭设立的人民调解工作室进行调解；二是具有法院审理性质，即由法院立案庭的法官来调解或法官与人民陪审员、人民调解员共同进行调解。人民调解流程如图8-5所示。

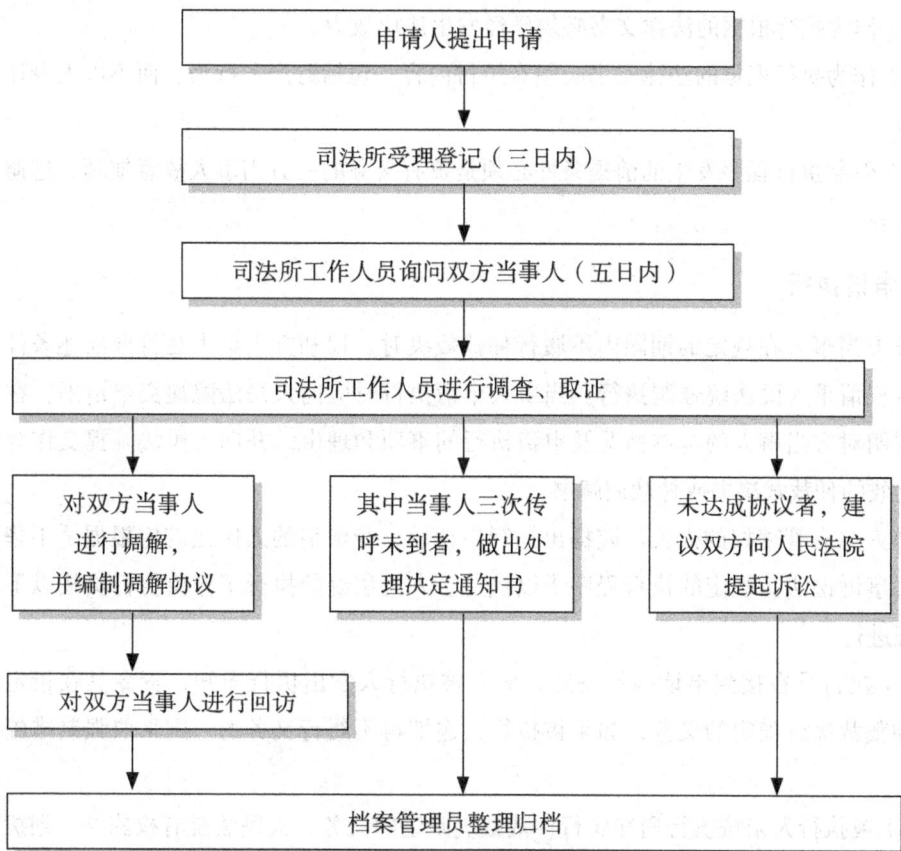

图8-5　人民调解流程

要点提示

　　对于起诉至法院而选择诉前调解的，法院可比照诉讼预收费用。但诉前调解一旦达成，应当减免收费，以此鼓励当事人在诉前达成调解。

3.3　仲裁执行

　　仲裁执行是指由法定组织和人员适用国家的强制力量，根据法院判决、裁定及其他法律文书的规定，强制民事诉讼当事人履行所负义务的程序。

1．仲裁执行条件

仲裁执行条件有以下四个。

（1）民事执行必须有法律文书作为执行根据。

（2）作为执行根据的法律文书必须已经发生法律效力。

（3）作为执行根据的法律文书必须有给付内容，包括财产和行为，而不以人身作为执行对象。

（4）引起执行程序发生的前提条件必须是负有义务的一方当事人故意拖延，逃避或拒绝履行义务。

2．申请执行

义务方当事人在规定的期限内不履行仲裁裁决时，权利方当事人在符合前述条件的情况下，有权请求人民法院强制执行。当事人申请执行时应向人民法院递交申请书，在申请书中应说明对方当事人的基本情况及申请执行的事项和理由，并向人民法院提交作为执行依据的生效的仲裁裁决书或仲裁调解书。

当事人向有管辖权的人民法院提出执行申请后，受申请的人民法院应根据《中华人民共和国民事诉讼法》规定的执行程序予以执行。人民法院的执行工作由执行员按以下四项工作流程进行。

（1）执行员在接到申请执行书后，应向被执行人发出执行通知，责令其在指定的期间履行仲裁裁决所确定的义务，如果被执行人逾期再不履行义务的，则采取强制措施予以执行。

（2）被执行人未按执行通知履行仲裁裁决确定的义务，人民法院有权冻结、划拨被执行人的存款；有权扣留、提取被执行人应当履行义务部分的财产；有权强制被执行人迁出房屋或者退出土地；有权强制被执行人交付指定的财物或票证；有权强制被执行人履行指定的行为。

（3）被执行人未按仲裁裁决书或调解书指定的期间履行给付金钱义务的，应当加倍支付迟延履行期间的债务利息；未按规定期间履行其他义务的，应当支付迟延履行金。人民法院采取有关强制措施后，被执行人仍不能偿还债务，应继续履行义务。即申请人发现被执行人有其他财产的，可以随时请求人民法院予以执行。当被申请人因严重亏损，无力清偿到期债务时，申请人可以要求人民法院宣告被执行人破产还债。

（4）在执行程序中，双方当事人可以自行和解。如果达成和解协议，被执行人不履行和解协议的，人民法院可以根据申请执行人的申请，恢复执行程序。被执行人向人民法院提供担保，并经申请执行人同意的，人民法院可以决定暂缓执行的期限。被执行人逾期仍不履行的，人民法院有权执行被执行人的担保财产或担保人的财产。

下面是某企业的合同纠纷处理办法，供读者参考。

【范本8-03】合同纠纷处理办法

合同纠纷处理办法

_____年__月__日发布（   ）法合同纠纷字第__号

1. 目的

为维护本企业的合法权益，依法加强对企业的合同管理，根据本企业的合同管理办法，特制定本办法。

2. 管理

合同纠纷由本企业法律顾问室统一管理。

3. 登记

3.1 合同履行发生纠纷后，主办部门应在三日内将合同编号、合同纠纷情况等通报企业法律顾问室。法律顾问室应当统一编号、登记，并指定专人负责本案。

3.2 案件登记后，法律顾问应在三日内通知原合同经办人，并将有关材料送交至法律顾问室。

4. 处理

合同纠纷可分为对方不履行、己方不履行或者双方都有责任三种情况。根据不同情况，由负责本案的法律顾问提出处理意见。

4.1 属于对方不履行合同或者不正确履行合同的，在对方违约行为发生后，法律顾问应在两日内提出法律意见书，并由经办人以企业的名义起草致对方的信函，经总经理批准盖章后，以传真或者特快专递的方式通知对方，并应取得对方收到信函的确认件。

4.2 属于己方未能正确履行合同的，应当积极与对方取得联系，提出解决问题的建议，做好协调工作。同时，要注意收集相关证据，为应诉做好准备。

4.3 对于双方都有责任的，企业要注意收集证据材料，并做好起诉或者应诉的准备。

5. 时效

法律顾问一定要注意案件的诉讼时效，必须保证时效的有效性。

6. 起诉

对方违约给企业造成损失的，如果双方协商不成，则企业应做好诉讼准备。经办人要根据法律顾问的要求，将相关材料交给法律顾问，由法律顾问决定是否聘请律师、向法院提起诉讼、计算诉讼标、组织证据材料等。一旦进入诉讼程序，法律顾问直接出庭的，有关部门要予以积极配合；聘请外部律师的，由法律顾问与律师进行沟通，并协助律师做好诉讼工作。

7. 仲裁

根据合同中的仲裁条款，向仲裁机构申请仲裁的，由法律顾问负责起草申请书及组织相关材料证据。是否需要聘请律师，由法律顾问室决定。

8. 应诉

本企业作为案件的被告或者仲裁的被申请人时，法律顾问要做好应诉工作。在规定的期限内提出答辩状，不得无故拖延、延误胜机。答辩状要与经办人所在部门会签后上报主管领导决定。但作为代理人的代理意见则由法律顾问室决定。

9. 责任

因为法律顾问或者经办人的故意行为导致诉讼或者仲裁败诉的，法律顾问或者经办人应当承担相应的责任。

10. 通报

案件审理过程中，一切重大事项均应及时向有关部门和主管领导汇报，需要集体研究决定的事项要提出建议，由主管总经理决定研究的时间、地点和参加人员。一旦集体做出决定以后，法律顾问室必须执行。

11. 本办法由本企业董事会讨论通过，由总经理颁布实施。

12. 本办法自颁布之日起实施。

学 习 笔 记

通过学习本章内容，想必您已经掌握了不少学习心得，请仔细记录下来，方便继续巩固学习。如果您在学习中遇到了一些难点，也请如实写下来，方便今后重复学习，彻底解决这些学习难点。

同时，本章列举了大量的实战范本，方便您边学边用。以下所列栏目，请您认真填写，这有助于您进一步地思考，从而对本章知识有更好的掌握。

我的学习心得：

1. _____
2. _____
3. _____

我的学习难点：

1. _____
2. _____
3. _____

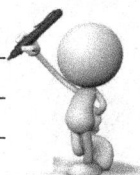

我的运用计划：

1. _____
2. _____
3. _____

第 **9** 章

供应商评估与改善管理

天键指引

企业要维持正常生产，就必须要有一批可靠的供应商为其提供物资。因此，供应商对企业的物资供应起着非常重要的作用，采购员就是直接与供应商打交道而从供应商采购获得各种物资的。因此，采购员的重要工作就是要做好供应商管理。供应商评估与改善是指企业将持续不断地对现有供应商实施监督与控制，看其能否达到采购精益管理的预期目标。

第1节 建立供应商评估体系

情景导入

作为地产界的龙头企业，恒大地产2012年累计实现销售额900余亿元，销售面积位居全国第一。在这样一个庞大的数据背后是恒大集团具有发展战略的眼光和严格的企业管理制度。中山亚萨合莱是恒大建筑五金类供应商之一。在合作的两年中，中山亚萨合莱通过自身不断地调整、加强学习、提升产能、深化合作，在恒大2013年第三季度供应商综合能力评选中获得了五金类供应商第一名的可喜成绩。

恒大2013年第三季度供应商综合能力考评内容包括供货次数、按期到货率、物流配合、沟通、服务、信息传递、配合项目，以及原材料、生产情况、设备情况、检测制度、质量问题处理等科目，涵盖了从原材料采购、生产管理、出货检测、订单跟进、物流和服务配合等全方面。中山亚萨合莱安防科技有限公司以总分第一的优势在数十家竞争对手中脱颖而出，说明了中山亚萨合莱的综合实力水平和在与其公司各层恒大项目合作中的配合力度；同时在备货完成率稍有欠缺也将是中山亚萨合莱今后提升的主要方向。

中山亚萨合莱表示非常感谢恒大做出的客观评估，这不仅是对其生产运营机制的认可，也是对其公司全体人员的监督和鼓励。中山亚萨合莱坚信，每一次的评估都会是其下一个阶段的起点，是其不断改善自身、提升自身的推动力。

企业通过各项合理措施与供应商建立长期、紧密的业务关系，可降低采购成本，最终实现企业与供应商的双赢。其中，一个最重要的措施就是定期对供应商进行评估，并根据评估结果来改善对供应商实施的精益管理。

1.1　供应商评估的目的和范围

1．评估的目的

通过对供应商的评估，企业可以达到如图9-1所示的三项目的。

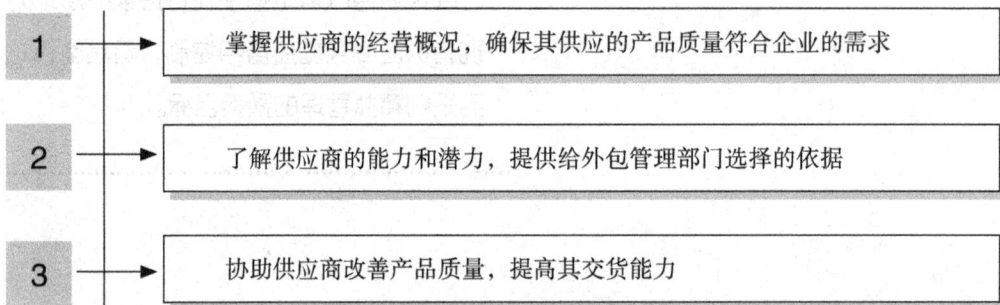

1	掌握供应商的经营概况，确保其供应的产品质量符合企业的需求
2	了解供应商的能力和潜力，提供给外包管理部门选择的依据
3	协助供应商改善产品质量，提高其交货能力

图9-1　评估的目的

2．评估的范围

企业可以从以下三个方面对供应商进行评估，具体内容如图9-2所示。

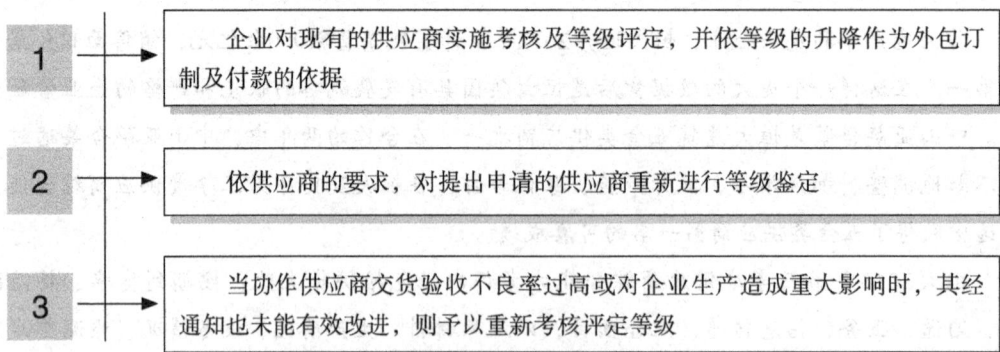

1	企业对现有的供应商实施考核及等级评定，并依等级的升降作为外包订制及付款的依据
2	依供应商的要求，对提出申请的供应商重新进行等级鉴定
3	当协作供应商交货验收不良率过高或对企业生产造成重大影响时，其经通知也未能有效改进，则予以重新考核评定等级

图9-2　评估的范围

1.2　供应商的评分体系

供应商评分体系是指对供应商各种要求所达到的状况进行计量评估的评核体系，同时也是为了综合考核供应商的品质与能力的体系。不同的企业对供应商的评分体系也不同，企业对不同行业供应商的要求也不尽相同。

1. 划分供应商类型

供应商的分类通常以行业特点来分，可分为工业基础原料、简单电子元器件、电子组装业、五金小部件、化工原料及辅助原料等，还可以根据企业产品的复杂程度把某些原料进一步划分为更多个小类别。

2. 供应商评分总体架构

不同企业、不同行业的供应商的评分体系不尽相同，但通常都有交货品质评分、配合状况评分和供应商管理体系评分这三个主项，再加一个可能的其他项目评分组成供应商评分总体架构，具体内容如图9-3所示。

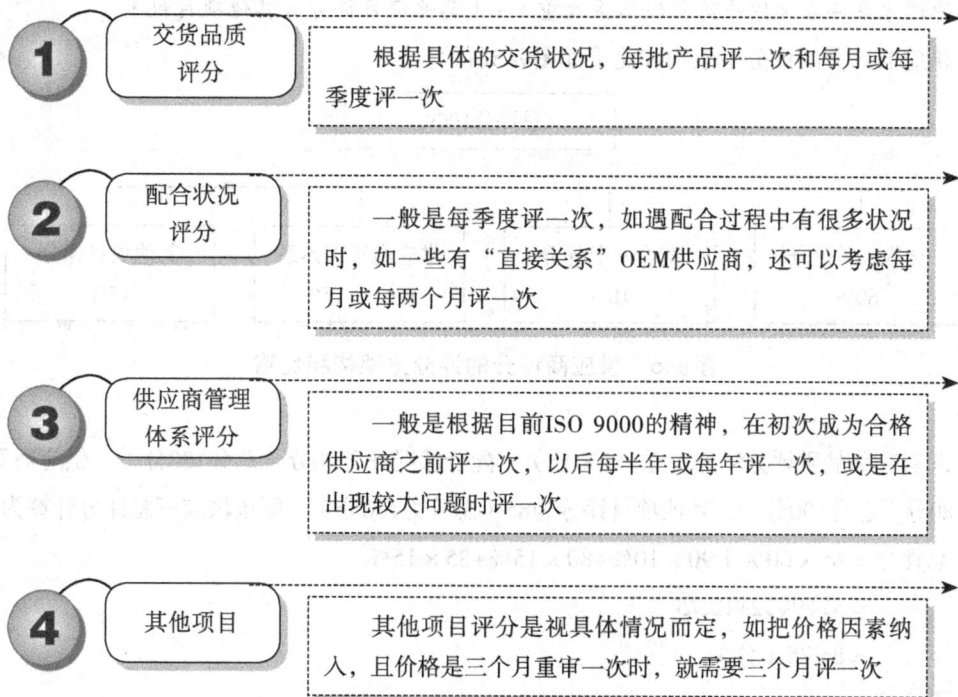

1 交货品质评分 　根据具体的交货状况，每批产品评一次和每月或每季度评一次

2 配合状况评分 　一般是每季度评一次，如遇配合过程中有很多状况时，如一些有"直接关系"OEM供应商，还可以考虑每月或每两个月评一次

3 供应商管理体系评分 　一般是根据目前ISO 9000的精神，在初次成为合格供应商之前评一次，以后每半年或每年评一次，或是在出现较大问题时评一次

4 其他项目 　其他项目评分是视具体情况而定，如把价格因素纳入，且价格是三个月重审一次时，就需要三个月评一次

图9-3 供应商评分体系架构

3. 供应商评分权重设定

每个评审项目的权数，在评选小组各组员之间，必须按其专业程度进行分配，如对技术能力而言，生产人员所占的该项权数的分配比率，应该比其他组员要高。

为了管理和运算的方便，在总体评分架构上，一般都采用设定总分100分，各主项的权重（或称为比重）用百分比来设定，具体内容如图9-4所示。

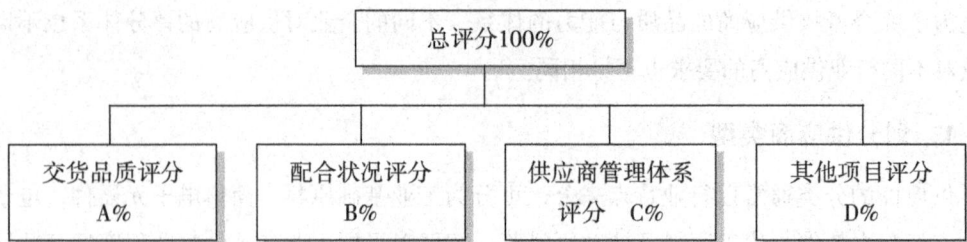

图9-4　供应商评分权重

进料检验供应商总评分，应先设定交货品质评分、配合状况评分、供应商管理体系评分和其他项目评分的权重，然后在计算评分时，按各项的得分状况加权计算评分。

其计算公式为：

总评分=（交货品质评分×交货品质权重）+（配合状况评分×配合状况权重）+（供应商管理体系评分×供应商管理体系权重）+（其他项目评分×其他项目权重）

供应商评分的评分主架构和比重如图9-5所示。

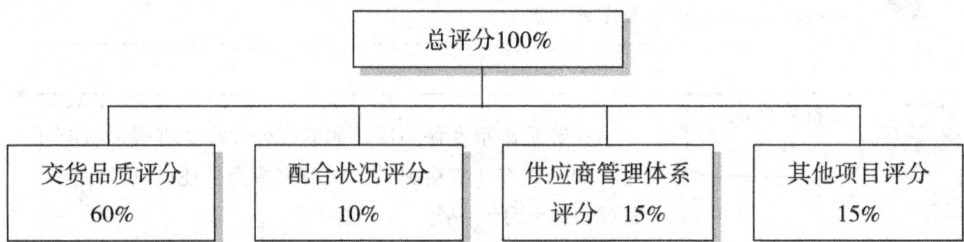

图9-5　供应商评分的评分主架构和比重

现有交货品质评分85分（总分100分），配合状况评分90分（总分100分），供应商管理体系80分（总分100分），其他项目评分为85（总分为100分），则该供应商总评分计算为：

总评分 = 85×60%十90×10%+80×15%+85×15%

　　　= 51+9+12+12.75

　　　= 84.75（分）

4．评分体系的变更

对于一个企业来说，供应商评分体系的评分主体框架通常是不会变化的。否则，对供应商和企业将是一个较长期的隐性浑浊状态。而变化一般只会根据企业发展变化而调整各主体框架的比重变化和细部评分的增减。评分体系会发生变动或调整的变更情况如图9-6所示。

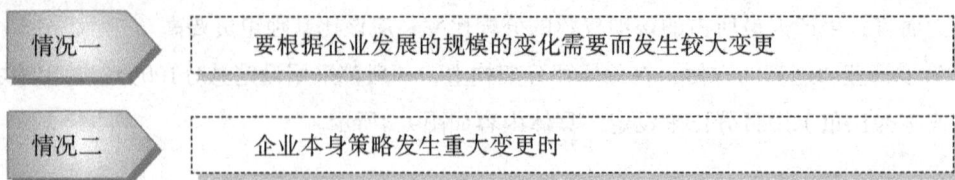

| 情况三 | 企业产品发生较大转型，如供应关系由买方市场转为卖方市场时，对于配合状况评分比重就应相对下降，且一些交货品质评分的内容也会发生变化 |

| 情况四 | 大多数供应商交货品质发生较大变化时，需要调整比重，如品质变化时，交货品质评分比重就需要调高，而品质变好时，交货品质评分比重就应相对降低 |

图9-6　评分体系的变更情况

下面是某企业的供应商供货情况历史统计表，供读者参考。

【范本9-01】供应商供货情况历史统计表

供应商供货情况历史统计表

货品名称							
供应商名称							
序号	批送月份	交货期信用记录				交货质量状态记录		其他事项
		合同数量（份）	按时完成数量（份）	尚未完成数量	完成合格率（%）	验收合格（批）	验收不合格（批）	备注
1	月							
2	月							
3	月							
…	…							

第2节　进行供应商评审管理

供应商评审是指持续不断地对现有供应商保持监督与控制，看其能否实现预期绩效；对新供应商进行甄别，看其潜力能否达到企业未来发展所需水平的过程。现有供应商是指已经通过了供应商甄别分析程序，并接受过至少一次订货的供应商。供应商评分实施的基本流程如下所示。

2.1　成立供应商评审小组

供应商的评审，第一步应该是成立评审小组，对合格供应商的各项资格或条件进行评审。小组成员可包括采购部、工程部、生产部、品质保证部、财务部及公共关系部等相关人员。考评指标多元化及增加考评人员数量，可以防止出现月晕效应。必要时企业还可以成立供应商评审委员会。

2.2　供应商评审项目的评分

由于供应商之间的条件，可能互有雷同。因此，企业必须有客观的评审项目，并根据确定的标准对供应商进行评分。供应商的评审项目及评分标准有以下七项。

1．品质投诉回复状况

供应商提供的原料到达企业，在规定时间内按标准的检验方法及判定方法发现品质不合格项目，企业将投诉供应商。若供应商对企业投诉有一次未回复，则从此项得分中扣除5分；两次未回复则此项扣除10分；三次以上未回复，则此项得0分。

2．供应商改善程度

供应商被投诉或有联络需供应商改善问题时，企业将根据第二次到货情况进行评分。如果需改善项目已得到彻底改善（100%），则此项得满分20分；改善较为完全（80%）得17分；改善大部分（60%）得12分；改善小部分（30%）得5分；完全未改善得0分。以上按每次供应商的改善情况评出该次得分。（如供应商该季度提供的货未被投诉，则此项得满分）

3．供应商协调能力

当有关供应商和企业协调解决问题发生时，企业将根据供应商的协调能力评出该项得分，总协调评分为5分。协调解决速度快（好）得满分；协调解决能力一般（中）得3分；无协调解决能力得0分。

4．相关质量检查报告（出货报告）

供应商提供的原材料，都必须有自检报告（或出货报告）。该项评分总分为5分。若供应商该季度提供的货物有一次无自检报告，则从总分中扣除两分；两次到货无自检报告，则扣除4分；三次无自检报告，则此项得0分。

5．原料包装的合理性

供应商提供的原材料须有确保品质和安全的包装。该项评分总分为5分，包括以下五项。

（1）有无安全标识 1 分。

（2）有无不同型号明显区分标识 1 分。

（3）包装有无令品质变异隐患 1 分。

（4）有无不同型号错装 1 分。

（5）有无不同型号混装 1 分。

6．解决问题能力

供应商被投诉或有需供应商改善项目发生时，企业将按供应商被投诉或需改善项目的解决能力评分，该项评分总分为 10 分。若解决问题能力速度快（好）得满分；解决问题能力速度较快（较好）得 7 分；解决问题能力速度一般（中）得 4 分；无解决问题能力得 0 分。

以上4、5、6 项如果供应商未按企业要求，有欠缺项目或每次解决问题都不完善，企业将会投诉供应商，供应商对此投诉的实际改善程度，企业将在"品质改善程度"项目中予以评价。

7．IQC的评价

（1）IQC根据企业要求评价的供应商名单，收集所有关于该供应商的供应商评价细则所要求的数据。

（2）根据供应商评价细则及数据分类进行评分。

（3）每月汇总各个供应商得分，评价三类供应商，即最佳供应商、进步最快供应商和最差供应商。

（4）每月提供一份合格供应商评分表给采购部。

2.3　发放供应商评审问卷

评审小组决定了供应商的评审项目及权重后，可将供应商调查问卷送交相关供应商填写。然后进行访谈或实地考察，对供应商进行价值链分析，并定期召开评选会议，按照供应商资格评分表做好评定工作。

问卷调查是企业对供应商调查的主要方式之一。一般来说，一份调查表是由向被调查者提问并请他（她）回答的一组问题所组成。调查表需要认真、仔细地设计、测试和调整，然后才可大规模使用。

1．问卷的设计

在设计调查问卷时，采购人员必须精心地挑选所要提问的问题、问题的形式、问题的用词和问题的次序。问卷的设计要点如图9-7所示。

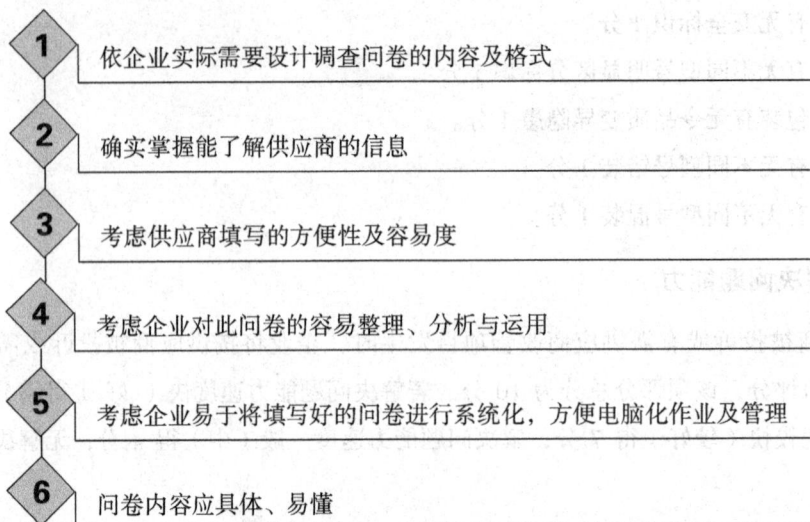

图9-7 调查问卷的设计要点

2．调查问卷的运用

调查问卷的运用有以下四个方面。

（1）作为供应商评价前的参考依据。

（2）作为印证供应商提供信息的真实性。

（3）了解供应商的实力及潜能。

（4）作为制定企业采购政策的参考依据。

2.4 提交供应商评审报告

评审小组对供应商审核完毕后，需要对审核结果做出评判，并编制供应商评审报告。

1．评审报告的主要内容

评审报告的主要内容如图9-8所示。

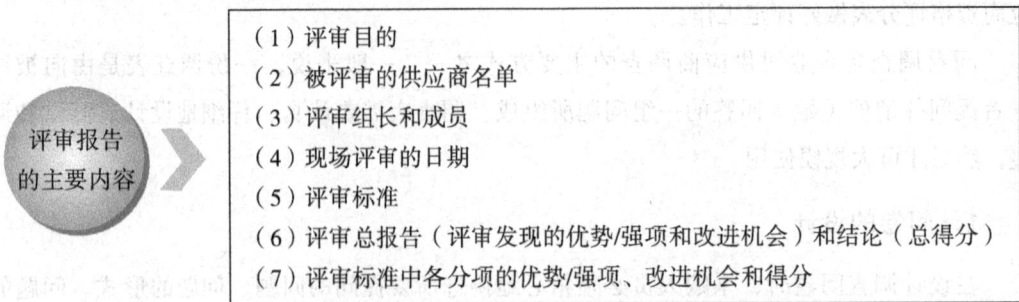

图9-8 评审报告的主要内容

2. 评审报告的编写要点

评审报告的编写要点有以下八个。

（1）供应商交付业绩（包括到货合格率和准时交货率）。

（2）供应商质量体系开发（现有多少供应商通过ISO 9001认证？对未通过认证的供应商应采取哪些相应措施？供应商质量体系的开发计划执行情况如何？）

（3）对供应商的考核评分。

（4）企业的采购信息。

（5）采购过程：采购输入、采购活动、采购输出。

（6）附加运费：附加运费的统计情况及相关改善措施。

（7）采购文件的管理。

（8）企业内部以往对供应商的审核结果。

3. 提出改进建议

在提交的评审报告中，企业可以对实施采购精益管理提出改进建议，不只局限于本部门，可涉及企业组织结构、体系、产品、服务、资源配置及培训教育等方面。一般主要从以下四个方面提出改进建议。

（1）是否需要提高采购及时率、采购成本、采购资料的完整性？

（2）对采购程序有哪些改进建议？目前的采购程序是否合理？

（3）对供应商的控制有哪些改进建议？

（4）对人员配置、设备、方法、资金、信息流转方面有哪些建议？

下面是某企业的供应商年度综合评价表，供读者参考。

【范本9-02】供应商年度综合评价表

供应商年度综合评价表

供应商名称	供货业绩						其他业绩			评分结果	
	供货批	合格批	合格率（%）	评分	交货准时率(%)	评分	服务态度	价格合理	供货经验	综合评分	标记

备注：
1. 供货批=供应商全年交货总次数；
2. 合格批=单次交货合格率95%以上的总次数；

（续表）

3. 合格率=合格批/供货批×100%; 4. 标记栏中"*"表示优秀供应商；"√"表示继续保留其供应商资格；"×"表示取消其供应商资格						
统计		审核		批准	日期	__年__月__日

第3节 实施供应商激励

企业对供应商实施有效的激励，有利于增强供应商之间的适度竞争。这样企业可以维持对供应商的动态管理，提高供应商的服务水平，降低企业采购的风险。

3.1 供应商激励的标准

激励标准是对供应商实施激励的依据，采购主管人员在制定供应商激励标准时需要考虑以下六项因素。

（1）企业采购物资的种类、数量、采购频率、采购政策及货款的结算政策等。

（2）供应商的供货能力，可以提供的物资的种类及数量。

（3）供应商所属的行业进入壁垒。

（4）供应商的需求，重点是现阶段供应商最迫切的需求。

（5）竞争对手的采购政策及采购规模。

（6）是否有替代品。

3.2 供应商激励的方式

按照实施激励的手段不同，可以把激励分为两大类：正激励和负激励。正激励是指根据供应商的绩效考核结果，向供应商提供的奖励性激励，其目的是使供应商受到这样的激励后，能够"百尺竿头，更进一步"。负激励则是对绩效考核结果较差的供应商提供的惩罚性激励，其目的是使供应商"痛定思痛"，或者将取消该供应商的合作。

1．正激励的方法

（1）延长合作期限，可以增强供应商业务的稳定性，降低其经营风险。

（2）增加合作份额，提高供应物资的数量，有利于提高供应商的盈利能力。

（3）增加物资类别，增加合作的物资种类，可以降低供应商的送货成本。

（4）提升供应商级别，能够增强供应商的美誉度和影响力，提高其市场竞争力。

（5）书面表扬，能够增强供应商的美誉度和市场影响力。

（6）颁发证书或锦旗，为供应商颁发优秀合作证书或者锦旗，有助于提升其美誉度。

（7）现金或实物奖励，此激励方式比较直观。

要点提示

对于同类型供应商，企业可以按照交货期的准确率，选择排名第1~3名的供应商给予正激励，排名倒数第1~3名的供应商予以负激励（一般被激励的供应商不宜超过同类型供应商总数量的30%）。

2．负激励的方法

由于负激励是一种惩罚性激励手段，因此一般用于评估不佳的供应商。企业实施负激励的目的在于提高供应商的积极性，改进合作效果，维护企业利益不受损失。负激励的方法有以下六个。

（1）凡因供应商品质不良或交期延误而给企业造成损失的，由供应商负责赔偿。

（2）C等和D等供应商应接受订单减量、各项稽查及改善辅导措施。

（3）E等供应商即予停止交易。

（4）D等供应商三个月内未能达到C等以上供应商的标准，视同E等供应商，予以停止交易。

（5）因上述原因停止交易的供应商，若欲恢复交易，则须接受重新考评，并采用逐步加量的方式交易。

（6）信誉不佳的供应商酌情作延期付款的惩处。

3.3　供应商激励的时机

企业对供应商的激励一般在对供应商绩效考核之后进行，并以考核结果为实施依据。当然，出现下列情况之一时，企业也可实施激励。

（1）市场上同类型供应商的竞争较激烈，而现有供应商的绩效不见提升时。

（2）供应商之间缺乏竞争，物资供应相对稳定时。

（3）供应商缺乏危机感时。

（4）供应商对企业利益缺乏高度关注时。

（5）供应商业绩有明显提高，对企业效益增长贡献显著时。

（6）供应商的行为对企业利益有损害时。

（7）按照合同规定，企业利益受到影响时。

（8）供应商与企业出现经济纠纷时。

（9）企业需要提升供应商级别时。

（10）其他需要对供应商实施激励的情况。

要点提示

企业在对供应商实施负激励之前，须了解该供应商是否有款项尚未结清，是否存在法律上的风险，是否会对企业的生产经营造成重大影响，以避免因负激励而给企业带来麻烦。

3.4 实施供应商扶持计划

供应商扶持针对的是所有类型的优秀供应商，重点是针对战略型供应商。企业扶持优秀供应商的核心是探讨双赢模式，致力于与供应商发展长期合作关系，最终实现共赢。

1. 扶持的时机

对于大中型企业来说，通常在出现以下四种状况时应启动扶持计划。

（1）为使本企业产品更高端，计划在品质上要有较大的提升。

（2）企业在做策略转移地点时，也使成本下降。

（3）企业本身已有一批低价低品质的供应商，并且这些供应商都已有长期合作的强烈愿望和基本条件。

（4）一批长期配合且配合较好的供应商在近一段时期内品质有大幅度下降时。

2. 扶持的条件

企业扶持计划中的供应商必须同时满足以下六项条件。

（1）企业需要采购该供应商的产品是长期大量或是潜在大量的。

（2）企业本身品质不够好，在目前同类供应中的交货品质中为中下。

（3）该供应商的价格水准等级较低，若价格水准分为5个等级，则通常选择的价格水准为第3或第4等级。

（4）该供应商与企业的长期配合意愿程度很高。

（5）该供应商不能为家庭作坊形式，也不能是贸易商。

（6）该供应商今后的价格水准可以在一个相对较低的水准上。

3．供应商扶持的步骤

供应商扶持的步骤如图9-9所示。

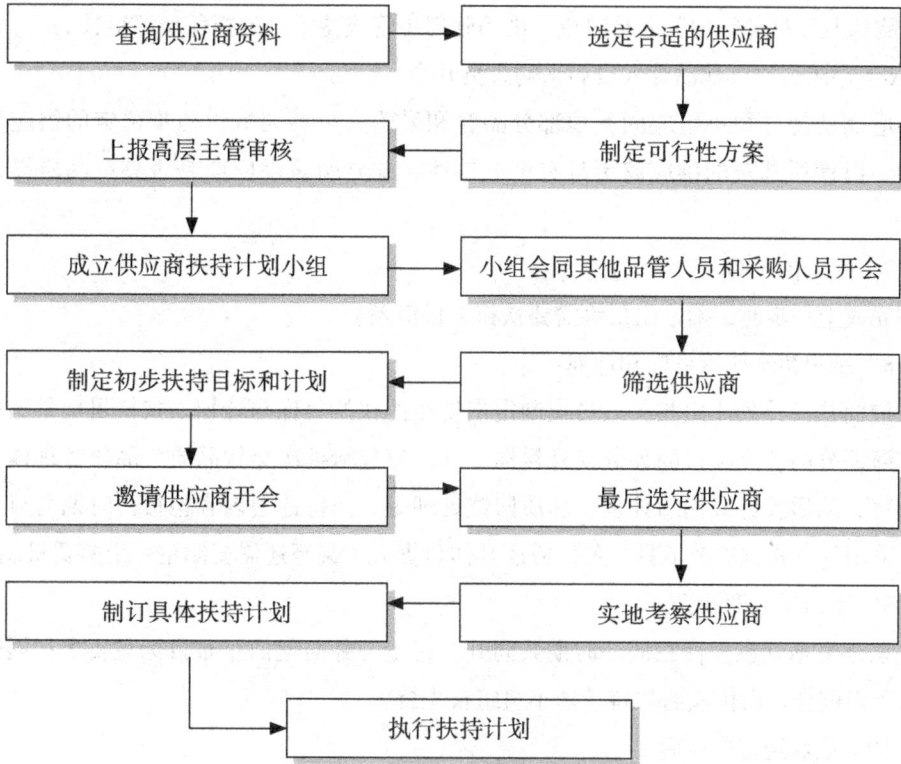

图9-9　供应商扶持的步骤

（1）查询供应商资料

品管部相关人员从所有供应商中选出一些可以长期供货、品质较好且能长期供货的供应商。通常由品管主管指定1～2名品管工程师，从供应商基本数据库、交货记录及交货品质中查询。

（2）选定合适的供应商

品管工程师将查询后的供应商清单及资料交由品管主管进行初步选择。

（3）制定可行性方案

品管主管选择出所需扶持的供应商后，制定出"供应商扶持可行性方案"，其内容包括原材料使用状况、对应各供应商的品质和配合状况、所选供应商的潜力、扶持可带来的直接影响和需要的资源。

（4）上报高层主管审核

品管主管将制定好的供应商扶持可行性方案上报高层主管审核。高层主管在审核供应商扶持可行性方案时，需要对供应商成本潜力和企业自身成本潜力进行分析，以判定是否需要作供应商扶持。

（5）成立供应商扶持计划小组

在经高层主管核准的基础上成立供应商扶持计划小组。该小组成员由品管部、工程部、采购部及资材部等相关人员组成，由品管部主管或特定专员担任小组组长。

（6）小组会同其他品管人员和采购人员开会

供应商扶持计划小组应同其他部分品管和采购人员共同探讨初步选定的供应商背景及状况，以使所选定的供应商更具有可扶持性，并判断该供应商是否具有品质提升的潜力等。

（7）筛选供应商

在完成上一步时，确定出最终需要扶持的供应商。

（8）制定初步扶持目标和计划

供应商扶持计划小组相关人员应制定出初步的扶持目标与计划。扶持目标是指供应商在供应商评分的各个项目的评分提升目标，其内容包括批次交货品质、品质管理体系、成本、效率、品质投诉或抱怨处理、品质回馈处理等。扶持计划内容包括：时期与目标达成效果、采用的方式方法及工具、各供应商具体负责人，甚至还需要制定一个奖罚机制。

（9）邀请供应商开会

采购部需通知供应商在同一时期共同开会讨论，并向他们宣布目标与要求；同时要求供应商予以配合，由供应商扶持计划小组组长主持。

（10）最后选定供应商

企业根据供应商在会议上的表现状况，确定最后的扶持对象。此时需要选定3～4家供应商，其中还必须有1家以上非常有潜力的供应商。若仅有1~2家供应商，则就可以解散供应商扶持计划小组，改由品管部相关人员负责。

（11）实地考察供应商

对最后选定的供应商，供应商扶持计划小组相关人员应到每一个供应商处进行实地考察以了解状况，从而制订出针对每一个供应商的具体扶持计划。

（12）制订具体扶持计划

在了解各供应商状况之后，由供应商扶持计划小组成员共同制订具体的扶持计划。

（13）执行扶持计划

根据已制订好的供应商扶持计划，由品管部相关人员负责具体执行。在扶持计划执行过程中，企业须对各阶段进展状况需要召开扶持小组会议。

下面是某企业的供应商考核与奖励细则，供读者参考。

【范本9-03】供应商考核与奖励细则

供应商考核与奖励细则

1. 目的

为激励供应商在品质、交货期与成本方面的改善意愿，以提高其经营绩效与竞争力，也可作为企业考核与奖励的依据，特制定本细则。

2. 适用范围

本细则适用于本企业供应商考核与奖励的管理工作。

3. 考核标准与项目

3.1 月评价

月评价总分为100分。

3.1.1 品质50分。

3.1.2 交货期35分——以误期率评价。

3.1.3 协调15分——即品质、交货期及其他业务方面的配合度。

以上评价项目及权数可由各供应商类别及现实需要调整，但需事先公告。

3.2 年度评价

3.2.1 月评价平均值占75%。

3.2.2 年评价努力度占25%。

4. 审查方式

4.1 月评价

4.1.1 每月由进料检验部统计进料不良率、出货检查正确率、预防品质协调率及整洁度后，交由品质部计算生产现场不良率得分，加总后由品质部经理核准、发布供应商的品质评价结果及重点品质改善项目。

4.1.2 每月由采购部分别对交货期与协调两项进行评分，再合并品质分数制作成"供应商综合评价月报表"，经企业核定后予以公布，并向供应商发出通知要求其改善。

4.2 年评价

4.2.1 年评价应配合年度表扬及年度计划的检讨进行，统计时间为上年度9月至本年度8月止。

4.2.2 年度评价应由采购部统筹评分，交付供应商管理中心会议讨论定案，呈请事业部最高主管核定后予以公布。

5. 考核分级

各企业视需要弹性调整并公告。

6. 奖罚方式

6.1 奖励

参与评价考核，成绩优秀的供应商享有以下奖励。

6.1.1 参加企业举办的各项培训与研习活动。

6.1.2 经选为企业优秀供应商的可优先取得交易机会。

6.1.3 对价格合理化及提案改善制度、品质管理制度、生产技术改善推行的成果显著的供应商，企业将另行奖励。

6.1.4 代工类供应商评核成绩优秀时，企业可择优给予公布额度内的现金付款或缩短票期的奖励。

6.2 罚则

6.2.1 凡属供应商责任的品质不良及交货延期给企业造成的损失，须由供应商负责赔偿（赔偿办法另定）。

6.2.2 月考核成绩连续三个月评定为C级的供应商，应接受减量交易、各项稽查、改善辅导等惩戒办法。

6.2.3 考核成绩连续三个月评定为D级，又未在企业要求期限内改善的供应商，可以停止交易。

学 习 笔 记

通过学习本章内容，想必您已经掌握了不少学习心得，请仔细记录下来，方便继续巩固学习。如果您在学习中遇到了一些难点，也请如实写下来，方便今后重复学习，彻底解决这些学习难点。

同时，本章列举了大量的实战范本，方便您边学边用。以下所列栏目，请您认真填写，这有助于您进一步地思考，从而对本章知识有更好的掌握。

我的学习心得：

1. _____
2. _____
3. _____

我的学习难点：

1. _____
2. _____
3. _____

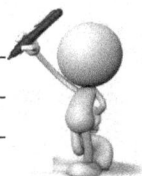

我的运用计划：

1. _____
2. _____
3. _____

第 10 章

招投标流程管理

………………………………… 关键指引 ………

随着电子招标、无标底招标及集团集中招标等新采购模式的出现，极大地提高了企业采购的质量和效率。企业采购部须根据物资需求计划，确定是否需要招标采购及招标方式。凡在招标采购范围之内的，采购部应向企业管理层提出招标采购申请。

第1节　制订招标计划

情景导入

　　F电子科技有限公司为进一步做好物资供应商管理工作，提高供应商管理水平，建立良性竞争环境，公司从2013年下半年起对供应商评估工作实施精益招标管理。在每次公告的采购物资范围内，对供应商进行包括企业产品基本情况、资质、技术、生产、管理、服务等的全方位的评估，评估合格的供应商才能取得下一阶段参加投标资格。公司为提高工作效率，评估工作实行常态化管理，日常接受各供应商提交的评估申请，并定期集中开展评估工作。

　　F电子科技有限公司从健全公司监督制约机制、提高经济效益入手，根据《中华人民共和国招标投标法》，在遵循公开、公平、公正原则的基础上，制定了《招标管理办法》。公司在推行精益管理的过程中，制定了招标工作流程图，从招标申请开始，经过发标、开标、评标、定标阶段，直到项目主管部门与中标供应商签订合同，招标办收集汇总招标资料为止，整个招标过程衔接有序，各个阶段工作明确、具体，构成一个完整的体系。

　　F公司还同时对招标关键环节强制实行规范化管理，制定了一系列规范化表格，其中评标阶段有四项规范表格，整个招标过程涉及规范表格共10项，实现了招标过程的可控与受控，做到每个环节都有记录可查，进一步增强了招标管理的可操作性，提高了工作效率。据统计，自《招标管理办法》实行以来，共组织招标12次，其中招标项目预算金额在100万元以上的有7个；组织设备材料招标10次，工程招标两次，共涉及招标金额1,330多万元，通过招标，最终合同确认金额为1,260万元，节约资金近80万元，从而有效控制了产品单价，降低了成本，促进了经营管理工作，提高了企业效益。

F电子科技有限公司在采购物资时采用了招标的形式进行，这样做不仅有效控制了成本、提高了公司效益，而且还让公司的精益管理工作得到了进一步完善。F公司采取招标方式进行采购，能一定程度地预防权钱交易等不良行为的发生。但企业同时又要面临一些新的问题，如招标过程中出现围标、串标、抬标及虚假招标等违法行为、招标文件编制规则不统一，电子招标缺乏必要的制度保障等。因此，企业在进行招标工作时，须重点注意如图10-1所示的招标流程实施精益管理。

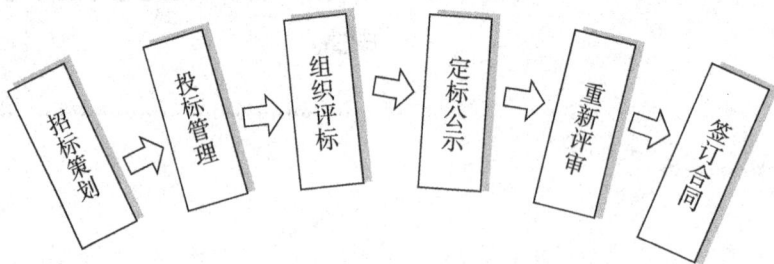

招标策划 → 投标管理 → 组织评标 → 定标公示 → 重新评审 → 签订合同

图10-1　招标流程

为了有序、有效地组织实施招标采购工作，企业应根据招标项目的特点和自身需求，制订采购计划和招标方案，制定目标和任务，制订招标采购的管理流程计划及控制措施，协调各种资源并组织实施。企业可以依据招标方案确定招标内容范围、招标组织形式、招标方式、标段划分、合同类型，投标人资格条件，安排招标工作目标、顺序和计划，分解招标工作任务，落实需要的资源、技术与管理条件。

1.1　收集采购相关信息

企业在招标策划阶段须先收集招标工作的相关信息，这样才有利于制定招标方案。企业需要收集的信息内容如图10-2所示。

1　采购品的资料信息

科技的不断进步使产品品种、生产技术不断更新，产品的功能结构与成本也在不断变化。因此，企业应按照产品的类别、功能、成本、发展状态等内容进行统计和记录，并建立产品跟踪信息系统，以便及时掌握各种产品变化的动态信息

2 与招标采购活动相关的国家相关法律法规资料

世界各国、国际性组织及我国政府为规范招标采购的行为，制定了招标采购的相关法律法规，如《中华人民共和国招标投标法》《中华人民共和国政府采购法》等

3 供应商的信息

供应商的经营资格、提供货物和服务的履约能力及市场资信程度等，都直接关系到招标采购工作的成效。因此，企业为了保障项目采购的良好效果，需要建立供应商信息库，信息库应包括供应商分类、供应商实力调查、供应商资产、供应商资信记录等信息

4 采购案例信息

项目采购过程同时也是一个经验积累的过程。通过对各种类型项目采购案例建立档案，企业可以不断从案例中汲取成功经验，避免不必要的失误

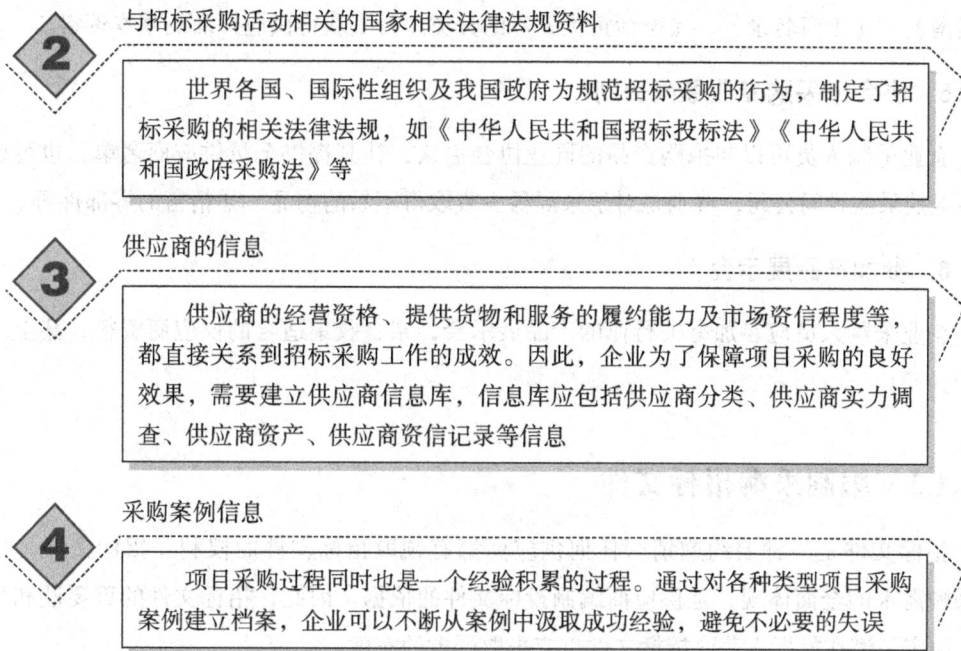

图10-2　需要收集的相关信息

1.2　收集采购的信息方式

选定最适当的供应商，是企业采购部最重要的职责之一。采购信息收集工作应由专门人员负责，充分利用采购业务活动机会和现代化技术收集相关采购信息。企业可通过以下六种途径寻找供应商。

1．利用现有资料

由于大多数企业会建立合格供应商的档案或名册，因此采购人员应甄选现有供应商，分析或了解它们是否符合企业的要求，即适当的品质、准时交货、合理的价格及必需的服务等。

2．公开征求的方式

一般企业偏好以公开招标的方式来寻找供应商，使符合企业要求的供应商均有参与投标的机会。不过企业通常比较少用此种方式，因为这是被动地寻找供应商，换言之，若最适合的供应商不主动来投标，恐怕就会失去公开征求的意义。

3．通过同业介绍

企业采购人员可通过同业者的介绍，从而获得供应商的参考名单。

4．阅读专业刊物

企业采购人员可从各种专业性的报纸、杂志上，获悉许多产品的供应商，也可从《采

购指南》、《工商名录》、《电话黄页》等的分类广告上获得供应厂商的基本资料。

5．协会或采购专业顾问公司

企业采购人员可以与拟购产品的同业协会洽谈，让其提供会员供应商名单，也可以联系专业的采购顾问公司，特别是对于来源稀少或取得不易的物品，如精密的零部件等。

6．参加产品展示会

企业采购人员应参加有关行业的产品展示会，亲自收集适合的供应商资料，甚至当面洽谈。

1.3　编制采购招标文件

招标文件是一种要约邀请。任何供应商都有领取招标文件的权利。招标文件是招标人采购需求的全面体现，是供应商编制投标文件的依据。因此，招标文件的重要性和严肃性，决定了潜在投标人获取招标文件也应采取严肃的态度。

企业在编制采购招标文件时，主要涉及招标公告、投标邀请书、投标人须知、评标办法、合同条款及格式、工程量清单等内容。企业在编制招标文件时，要注意以下两个方面内容。

1．封面格式

招标文件的封面格式内容包括：项目名称、标段名称（如有）、标识出"招标文件"字样、招标人姓名和单位印章、时间。

2．招标文件

招标公告与投标邀请书是招标文件的重要组成部分。对于未进行资格预审项目的公开招标项目，招标文件应包括招标公告；对于邀请招标项目，招标文件应包括投标邀请书；对于已经进行资格预审的招标项目，招标文件应包括投标邀请书（代资格预审通过通知书）。招标文件内容如图10-3所示。

招标公告	招标公告包括项目名称、招标条件、项目概况与招标范围、投标人资格要求、招标文件的获取、投标文件的递交、发布公告的媒介和联系方式等内容
投标邀请书	投标邀请书包括项目名称、被邀请人姓名、招标条件、项目概况与招标范围、投标人资格要求、招标文件的获取、投标文件的递交、确认和联系方式等内容

投标人须知	投标人须知不是合同文件的组成部分，投标人须知包括投标人须知前附表、正文和附表格式等内容

图10-3　招标文件内容

> **要点提示**
>
> 　　招标人根据招标项目的特点和需要可以自主决定招标是否编制标底。为了防止串标、围标和低于成本价竞争，并为评标分析对比提供参考依据，企业可以根据招标采购项目的特点、要求、市场价格及竞争情况，依据招标文件和相关定额规定编制招标项目标底。标底信息和编制过程应当保密。

1.4　招标采购工作审查

　　招标采购工作审查是对招标工作的各个方面进行深入系统的审查。审查内容包括招标采购工作的程序、招标采购工作进行过程中的各种记录、招标采购工作的预算和实际开支状况、招标采购工作的完成程度等。招标采购工作审查要点如表10-1所示。

表10-1　招标采购工作审查要点

审查内容	审查要点	审查结果
封面	项目名称、文件编号、编制人与审核人、编制日期及业主与代理机构盖章是否齐全	齐　全□ 不齐全□
前附表	质量要求、交期要求、招标范围、投标人资质等级要求、投标担保方式与金额、答疑时间、投标截止日期与地点、开标会日期与地点及履约担保方式的填写是否齐全	齐　全□ 不齐全□
招标范围	招标范围的界定、工作界面及性质是否完整	完　整□ 不完整□
合格的投标人	经资格审查合格的潜在投标人、资质是否符合企业要求	符　合□ 不符合□
招标日程安排	公告、投标文件发售、答疑、补疑、投标截止及开标等日期是否正确	正　确□ 不正确□
投标文件的组成	投标函部分、商务部分和技术部分组成的文件份数、格式、各具体包含的内容及证明资料的原件的审查是否齐全	齐　全□ 不齐全□

（续表）

审查内容	审查要点	审查结果
投标报价	报价方式、付款方式、费用计算及措施等是否完整	完 整 □ 不完整 □
投标文件的 密封和标记	投标文件密封要求、技术标的编写及密封是否符合企业 要求	符 合 □ 不符合 □
评标组织 和评标	评标委员会的技术、经济专家组成是否符合法定数量要求	符 合 □ 不符合 □
定标原则	评标的商务部分、技术部分分值设置是否合理	合 理 □ 不合理 □
主要合同 条款	合同条款的质量等级、交期、合同价款组成、货款支付方 式及补充条款等是否齐全	齐 全 □ 不齐全 □

1.5 预估招标采购的费用

招标采购费用是指预估完成招标采购所需资源（人力、物力、设备等）费用的近似值。当招标采购在一定的约束条件下实施时，价格的估计是一项重要的工作，招标采购费用估计应该与招标工作质量的结果相联系。

招标采购费用预估的主要依据有以下五个。

（1）采购工作分解结构（WBS）。

（2）资源需求计划。

（3）资源价格。

（4）工作的延续时间。

（5）历史信息，包括项目文件、可共用的项目费用估计数据库等。

下面是某企业的采购招标工作的成本费用计划表，供读者参考。

【范本10-01】采购招标工作的成本费用计划表

······

采购招标工作的成本费用计划表

类别	分类别	数量 （人／天）	单价 （元／天）	小计 （元）	备注
人力资源	项目经理	140	500	70,000	工资小计：234,500元
	技术人员	82	350	28,700	
	造价工程师	153	400	61,200	

（续表）

类别	分类别	数量 （人／天）	单价 （元／天）	小计 （元）	备注
人力资源	招标人员	277	200	55,400	工资小计：234,500元
	辅助人员	192	100	19,200	
社保福利费				93,800	按工资的40%
专家评标		50	500	25,000	
办公费	差旅费			5,000	办公费合计： 44,800元
	汽车费			20,000	
	开标室租赁费			15,000	
	标书制作费			4,800	
管理费				55,860	（工资+办公）× 20%
税金				60,000	按合同的10%
总成本				513,960	
合同收入	合同			605,000	673,600元
	标书发售			68,600	
利润	利润=总收入－总成本　利润率=利润/收入			159,640	利润率23.7%

下面是某企业的投标邀请函，供读者参考。

【范本10-02】投标邀请函

· ·

投标邀请函

_____公司就_____设备进行邀请招标，现邀请承包该采购项目的企业按本招标文件的规定提交投标文件。

（1）项目名称：_____。

（2）项目内容：_____。

（3）供货周期：_____。

（4）招标文件售价：人民币_____元/份，售后不退。

（5）发标、现场考察、答疑及开标时间：详见"投标资料表"。

（6）购买招标文件地点：＿＿＿＿＿＿＿＿。

（7）递交投标文件截止日期及地点：详见"投标资料表"。

（8）开标日期及地点：详见"投标资料表"。逾期递交投标文件或递交不符合本企业规定的投标文件恕不接受。届时请参加投标的授权代表出席开标仪式，并在开标现场查验法定代表人授权书和身份证（原件）。

招标人：＿＿＿＿＿＿＿＿＿＿＿＿

日　期：＿＿＿年＿＿＿月＿＿＿日

第2节　投标流程管理

2.1　投标资格审查

企业在招标过程中，为了保证所有投标人都能公平的竞争，同时为了避免招投标双方不必要的资源浪费，企业在招标时应注意加强对投标工作的精益管理，对投标人资格组织审查。

1．资格预审

资格预审主要包括以下七项内容。

（1）编写资格预审文件和公告，确定资格审查方法、审查内容和标准。

（2）在规定媒体发布资格预审公告。

（3）按照资格预审公告规定的时间和地点发售资格预审文件。

（4）投标申请人按资格预审文件要求的内容、格式及时间，编制并递交资格预审申请文件。

（5）组建资格审查委员会。

（6）审查投标申请人的投标资格，确定通过资格预审的申请人名单。

（7）在规定的时间内以书面形式将资格预审结果发送给申请人。

2．资格审查方法

企业在对供应商进行资格审查时，根据不同的情况，可以选择合格制或有限数量制的资格审查方法，具体内容如图10-4所示。

合格制

一般情况下，企业应采用合格制的资格审查法，即满足条件的投标申请人均获得投标资格

优点

（1）投标竞争性强，有利于获得更多、更好的投标人和投标方案
（2）对满足资格条件的所有投标申请人都能做到公平、公正的对待

缺点

投标人较多，从而增加了投标和评标工作量，浪费社会资源

有限数量制

只有当潜在投标人数量过多时才采用。在资格预审文件中应明确通过资格预审的投标申请人数量

优点

有利于降低招标投标活动的社会综合成本

缺点

在一定程度上限制了潜在投标人的范围

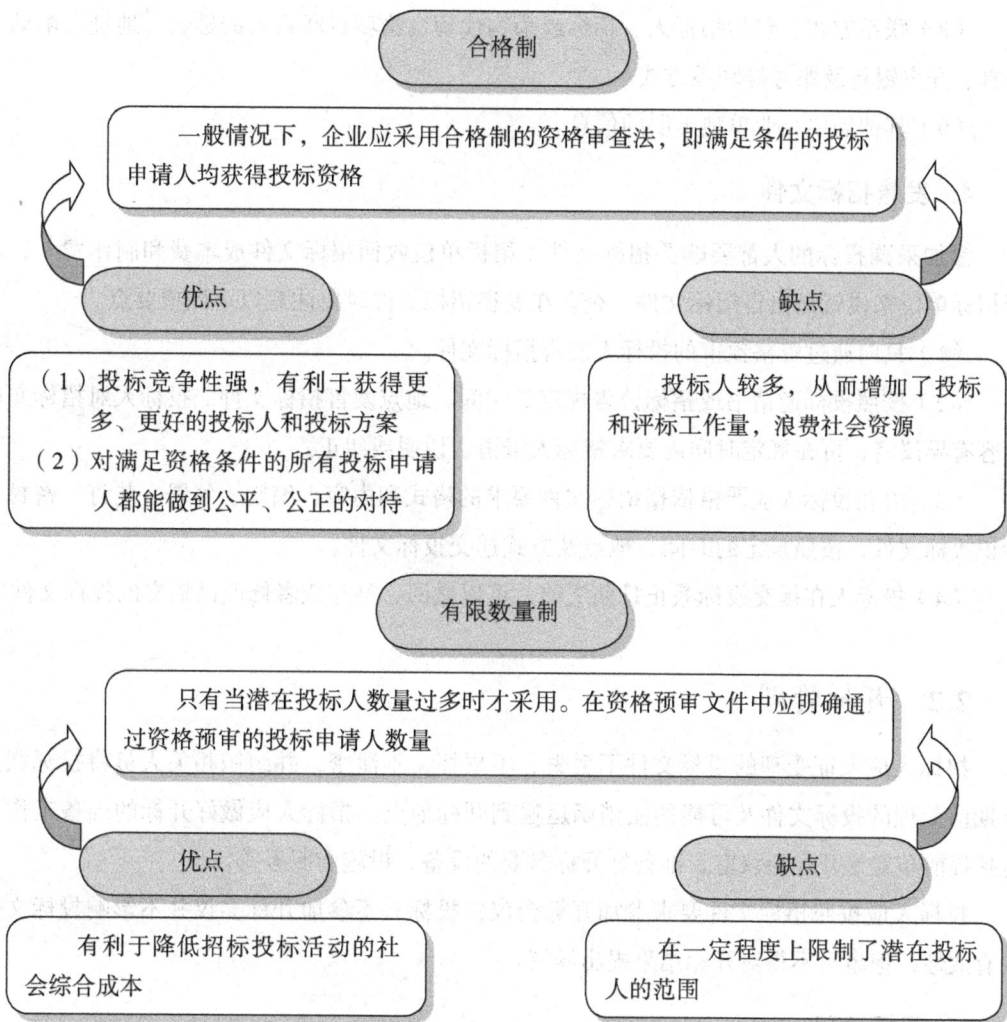

图10-4　资格审查方法

3．发布招标公告

招标公告基本内容包括以下九个方面。

（1）招标条件，包括招标项目名称，项目审批、核准或备案机关名称，资金来源，简要技术要求及招标人姓名等。

（2）招标项目的规模、招标范围、标段或标包的划分或数量。

（3）招标项目的实施地点，即交货地点。

（4）招标项目的实施时间，即货物交货期或提供服务时间。

（5）对投标人，即供应商的资质等级与资格要求。

（6）获取招标文件的时间、地点、方式以及招标文件售价。

（7）递交投标文件的地点和投标截止日期。

（8）联系方式，包括招标人、招标或采购代理机构项目联系人的姓名、地址、电话、传真、开户银行及账号等联系方式。

（9）其他需要企业单独声明的信息。

4．发售招标文件

参加采购投标的人都要购买招标文件（招标单位收回招标文件成本费和制作费），对于招标单位来说就是出售招标文件。企业在发售招标文件时要注意以下四项要点。

（1）只向通过资格预审的投标人发售招标文件。

（2）按照投标邀请书或招标公告规定的时间、地点发售招标文件。投标人对招标文件内容有异议者，可在规定时间内要求招标人澄清、说明或纠正。

（3）潜在投标人应严格依据招标文件要求的格式和内容，编制、签署、装订、密封、标识投标文件，按照规定的时间、地点及方式递交投标文件。

（4）投标人在提交投标截止日期之前，可以撤回、补充或者修改已提交的投标文件。

2.2　开标管理

招标人应保证受理的投标文件不丢失、不损坏、不泄密，并组织相关人员将投标截止日期前受理的投标文件及可能的撤销函运送到开标地点。招标人应做好开标的准备工作，包括提前布置好开标会议室，准备好开标需要的设备、设施和服务等。

投标人应按照招标文件要求参加开标会议，投标人不参加开标会议并不影响投标文件的有效性，但事后不得对开标结果提出异议。

1．开标流程

招标人应按照招标文件中规定的程序开标，开标流程如图10-5所示。

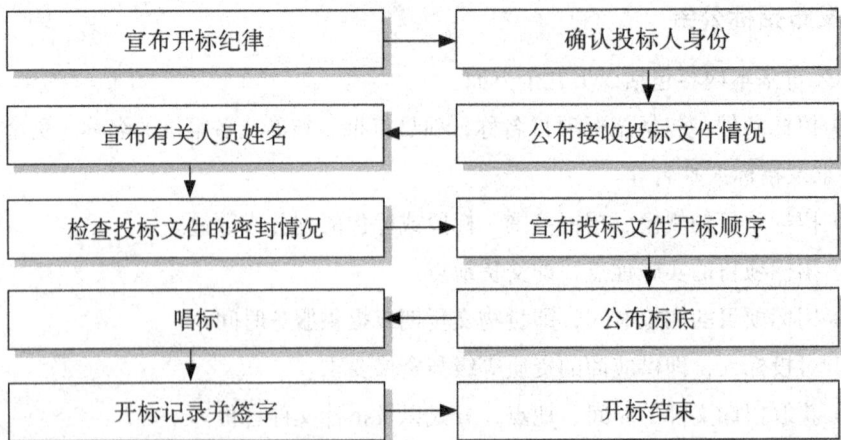

图10-5　开标流程

（1）宣布开标纪律

开标会主持人宣布开标纪律，并对参与开标会议的人员提出会场要求。

（2）确认投标人身份

招标人按照招标文件的规定，当场核验参加开标会议的投标人授权代表的授权委托书和有效身份证件，确认授权代表的有效性，并留存授权委托书和身份证件的复印件。投标人的法定代表人出席开标会时要出示其有效证件。

（3）公布接收投标文件情况

招标人当场宣布投标截止日期前递交投标文件的投标人姓名及时间等信息。

（4）宣布有关人员姓名

开标会主持人介绍招标人代表、招标代理机构代表、监督人代表或公证人员等，并依次宣布开标人、唱标人、记录人及监标人等有关人员的姓名。

（5）检查投标文件的密封情况

依据招标文件规定的方式，组织投标文件的密封检查。由投标人代表或招标人委托的公证人员检查，其目的在于检查开标现场的投标文件密封状况是否与招标文件规定和受理时的密封状况一致。

（6）宣布投标文件开标顺序

开标会主持人宣布开标顺序。若招标文件未约定开标顺序，则按照投标文件递交的顺序或倒序进行唱标。

（7）公布标底

招标人设有参考标底的应予以公布。招标人也可以在唱标后公布标底。

（8）唱标

按照宣布的开标顺序当众开标。唱标人应按照招标文件规定的唱标内容，严格依据投标函（或包括投标函附录，或货物、服务投标一览表），并当即做好唱标记录。唱标内容包括投标函及投标函附录中的报价、备选方案报价（如有）、完成期限、质量目标及投标保证金等。

（9）开标记录并签字

开标会议记录人员应如实记录开标会的全部内容，包括开标日期、地点及开标程序，出席开标会的单位和代表，开标会程序、唱标记录、公证机构和公证结果（如有）等。投标人代表、招标人代表、监标人、记录人等应在开标记录上签字确认，并存档备查。投标人代表对开标记录内容有异议的可以注明。

（10）开标结束

完成开标会议全部程序和内容后，开标会主持人宣布开标会议结束。

2．开标注意要点

开标现场一般由招标小组组织，招标单位、投标单位、评标小组参加，招标企业管理人员到场监督、见证。企业在开标时要注意以下五个要点，具体内容如图10-6所示。

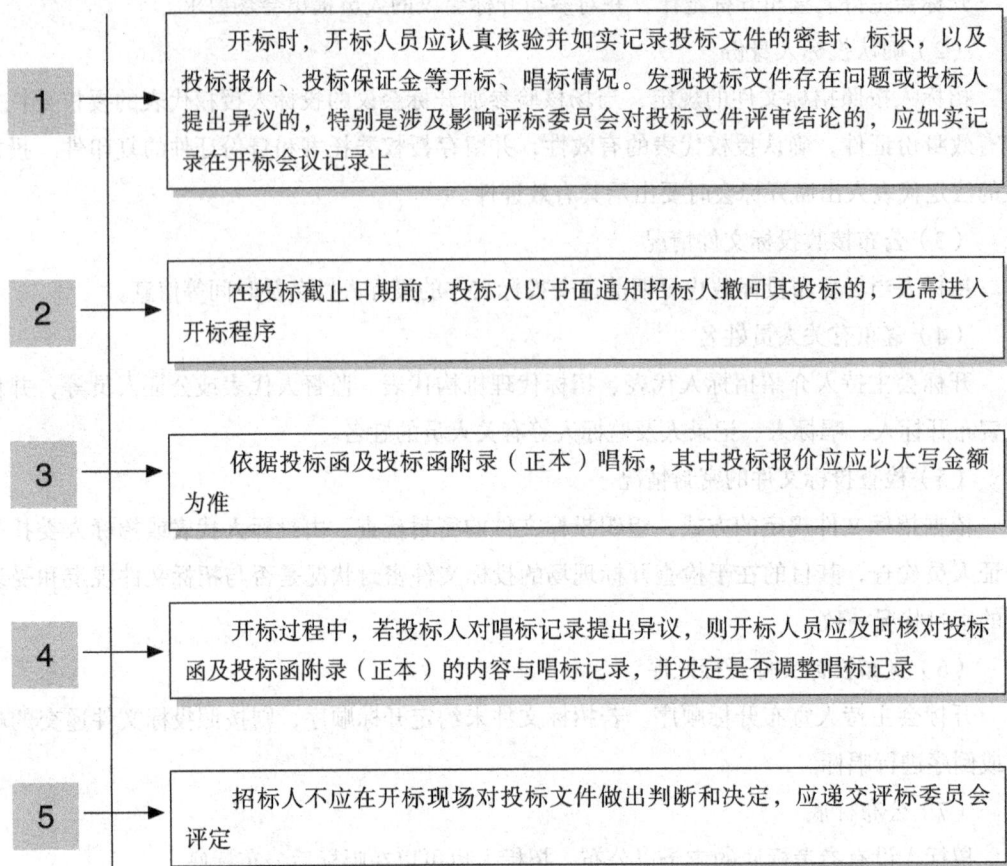

1	开标时，开标人员应认真核验并如实记录投标文件的密封、标识，以及投标报价、投标保证金等开标、唱标情况。发现投标文件存在问题或投标人提出异议的，特别是涉及影响评标委员会对投标文件评审结论的，应如实记录在开标会议记录上
2	在投标截止日期前，投标人以书面通知招标人撤回其投标的，无需进入开标程序
3	依据投标函及投标函附录（正本）唱标，其中投标报价应应以大写金额为准
4	开标过程中，若投标人对唱标记录提出异议，则开标人员应及时核对投标函及投标函附录（正本）的内容与唱标记录，并决定是否调整唱标记录
5	招标人不应在开标现场对投标文件做出判断和决定，应递交评标委员会评定

图10-6 开标注意要点

2.3 组织评标

采购招标中的评标工作包括初步评审、详细评审、投标文件的澄清、说明及评标结果等具体程序。

1．评标流程

（1）初步评审。按照初步评审内容和标准评审投标文件，进行废标认定和投标报价算术错误修正。

（2）详细评审。按照详细评审内容和标准分析评定投标文件。

（3）投标文件的澄清、说明。在初步评审和详细评审阶段，评标委员会可以以书面形式要求投标人对投标文件中不明确的内容进行书面澄清和说明。

（4）评标结果。对于最低投标价法，评标委员会按照经评审的评标价格由低到高的顺序推荐中标候选人；对于综合评估法，评标委员会按照得分由高到低的顺序推荐中标候选人。评标委员会按照招标人授权，可以直接确定中标人。评标委员会完成评标后，应向招标人提交书面评标报告。

2．确定初步评审内容和标准

初步评审内容和标准主要有以下八个方面。

（1）投标内容及范围。

（2）交货期。

（3）采购品质量。

（4）投标有效期。

（5）投标保证金。

（6）报价范围、数量及算术错误。

（7）合同权利与义务。

（8）技术标准和要求。

上述初步评审的内容和标准属于定性评审，其评审内容和标准的设立十分审慎、严谨。投标文件的任何一项内容不符合评审标准均构成废标，不能进行详细评审。

3．确定详细评审内容和标准

企业在确定详细评审内容和标准时，首先要科学设置评审内容，然后再结合招标产品的技术管理特点和投标竞争情况来合理设置评审内容的权重和标准，最后采用评分或货币量化的方法对投标人及其投标文件进行综合评审。

评标委员会依据综合评估结果，推荐1～3名中标候选人，或者根据招标人的授权直接确定中标人。企业通常从以下四个方面进行详细评审和量化评价，具体内容如图10-7所示。

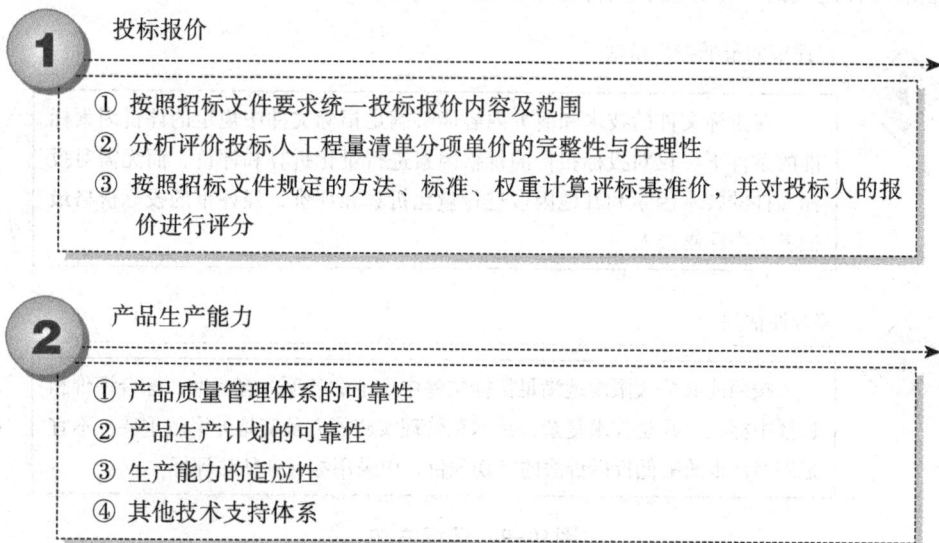

1 投标报价

① 按照招标文件要求统一投标报价内容及范围
② 分析评价投标人工程量清单分项单价的完整性与合理性
③ 按照招标文件规定的方法、标准、权重计算评标基准价，并对投标人的报价进行评分

2 产品生产能力

① 产品质量管理体系的可靠性
② 产品生产计划的可靠性
③ 生产能力的适应性
④ 其他技术支持体系

3 供应商管理层资格与业绩

① 生产经理任职资格与业绩
② 技术负责人任职资格与业绩
③ 其他人员的任职资格、业绩与专业结构

4 其他因素

① 企业注册资本、净资产、资产负债、现金流量及银行授信状况等财务能力
② 企业已有类似项目业绩的数量、规模和质量评价、企业信誉、政府或行业的诚信评价等

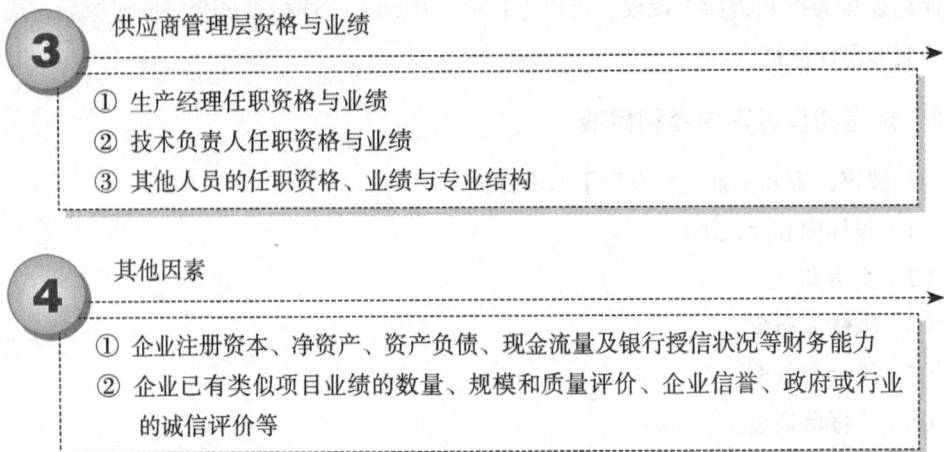

图10-7 评审与量化标准

要点提示

　　基准价的计算方法应根据产品的技术要求特点和市场竞争情况合理设置，既要防止恶性低价竞争，也要防止投标人串标、抬标，损害招标人的利益。

4. 选择评标方法

　　评标方法包括经评审的最低投标价法和综合评估法两种。招标人应根据采购招标项目的特点来选择适当的评标方法，具体内容如图10-8所示。

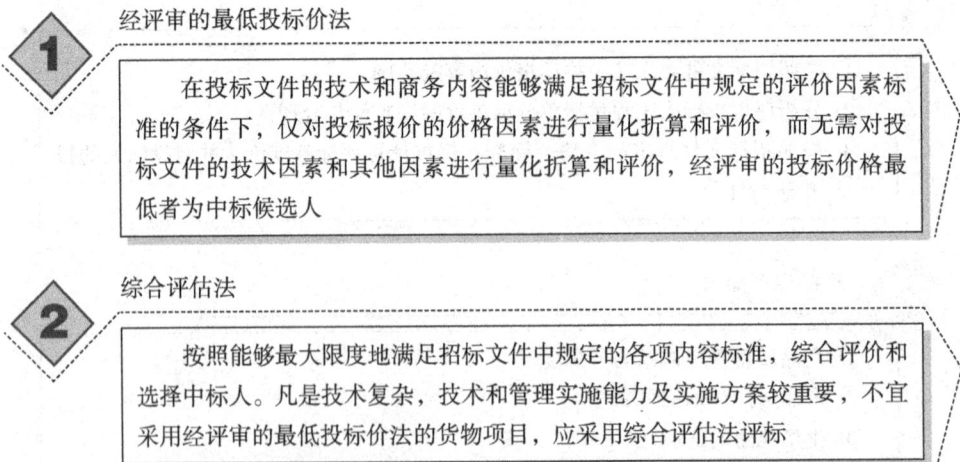

1 经评审的最低投标价法

　　在投标文件的技术和商务内容能够满足招标文件中规定的评价因素标准的条件下，仅对投标报价的价格因素进行量化折算和评价，而无需对投标文件的技术因素和其他因素进行量化折算和评价，经评审的投标价格最低者为中标候选人

2 综合评估法

　　按照能够最大限度地满足招标文件中规定的各项内容标准，综合评价和选择中标人。凡是技术复杂，技术和管理实施能力及实施方案较重要，不宜采用经评审的最低投标价法的货物项目，应采用综合评估法评标

图10-8 评标方法

下面是某企业的投标人须知，供读者参考。

【范本10-03】投标人须知

投标人须知

一、说明

1. 资金来源

1.1 本项目所需资金已经到位，招标人计划将资金的一部分用于支付本次招标后所签订的合同项下的款项。

1.2 本招标文件有关条款由招标人负责解释。

2. 招标人

2.1 招标人及联系方式详见投标邀请。

3. 合格的投标人

3.1 除"投标资料表"及本招标文件另有规定，凡是有能力提供本项目相关货物和服务，符合并承认和履行本招标文件中的各项规定者为合格的投标人。

3.2 投标人必须遵守《中华人民共和国招标投标法》的相关规定和其他相关的法律、法规、规章、条例及招标文件中的规定。

3.3 只有在法律上和财务上独立、合法运作并独立于招标人的投标人才能参加投标。

4. 合格的货物和服务

4.1 投标人提供的所有货物必须是全新的货物，所涉及的技术、设计、货物、技术培训和技术服务应来自于中华人民共和国或与中华人民共和国有正常贸易往来的国家或地区。

4.2 国产的货物及其有关服务必须符合中华人民共和国的设计和制造生产的相关标准或行业标准。

4.3 投标人应保证招标单位在本项目招标过程中以及招标结束后在使用该货物或货物的任何一部分时，免受投标人或第三方提出的侵犯其专利权、商标权、著作权或其他知识产权的起诉。

5. 投标费用

5.1 投标人在投标过程中的一切费用，不论中标与否，均由投标人自行承担。

6. 答疑会及现场考察

6.1 答疑会的目的是澄清、解答投标单位提出的问题及组织投标单位现场考察。

6.2 投标单位代表可于"投标资料表"中所述的时间和地点出席答疑会。

6.3 投标人可能被邀请对施工现场及周围环境进行考察，以获取有关编制投标文件及签订合同所需的资料。投标人考察现场所发生的费用由投标单位自行承担。

6.4 答疑会记录包括投标人于答疑会期间或之前提出的所有与投标有关的问题及其答

复，答疑会会议纪要提供给所有获得招标文件的投标单位。

6.5 各投标人需要由招标人澄清的问题，应在答疑会前以书面形式传真到招标人。

6.6 答疑会所产生的对招标文件的修改，由招标人以补充通知提供给所有获得招标文件的投标单位。

二、招标文件

7. 招标文件构成

7.1 要求提供的货物和服务、招标过程、合同条件和技术要求在招标文件中均有说明。招标文件内容主要有以下六个方面。

（1）投标邀请。

（2）投标资料表。

（3）投标人须知。

（4）合同格式。

（5）附件。

（6）招标项目技术要求。

7.2 投标人应认真阅读招标文件中所有的须知、格式、条款、技术规格和其他资料。如果投标人没有按照招标文件要求提交全部资料，或者提交的资料没有对招标文件在各方面都做出实质性响应，可能导致其投标被拒绝，该风险由投标人承担。

8. 招标文件的澄清

8.1 任何要求对招标文件进行澄清的投标人，均应以书面形式通知招标人。招标人对其在"投标资料表"中所述投标截止日期七日以前收到的对招标文件的澄清均以补充通知的方式答复所有获得招标文件的投标人（答复中不包括问题的来源）。

9. 招标文件的修改

9.1 在投标截止日期两日或所有投标人同意的时间之前，招标人都可以以补充方式修改招标文件。

9.2 招标文件的修改将以书面形式通知所有获得招标文件的投标人，并对其具有约束力。投标人在收到上述通知后，应立即向招标人回函确认。

9.3 为使投标人准备投标时有充分时间对招标文件的修改部分进行研究，招标人可依照国家相关法律法规规定延长投标截止日期。

三、投标文件

10. 投标的语言

10.1 投标人提交的投标文件及投标人与招标人就有关投标的所有来往函电均应使用中文书写。

11. 投标文件构成

11.1 投标人编写的投标文件应包括以下三方面内容。

（1）投标文件包括投标函、投标人资格资料、授权委托书和投标报价书。

（2）招标文件要求的其他资料。

（3）按照本须知第17条规定提交的投标保证金。

12. 投标书

12.1 投标人应以招标文件指定的格式完整地填写招标文件中提供的"投标函""投标一览表"和"详细投标报价表"。

13. 投标报价和货币

13.1 投标报价应包含招标文件所有明示、暗示的一切风险。

13.2 投标人应在"详细投标报价表"上标明本合同拟提供货物的单价和合价，包含安装费、测试费等。

13.3 "详细投标报价表"上的货物价格应按以下两种方式分开填写。

13.3.1 从中华人民共和国境内提供的货物的报价应包括。

（1）所供货物的出厂价。

（2）要向中华人民共和国政府缴纳的增值税和其他税。

（3）货物运至最终目的地的运输、保险、伴随货物安装调试和交付及技术服务的有关费用。

13.3.2 从中华人民共和国境外提供的进口货物的报价应包括。

（1）所供货物的全部进口成本的价格。

（2）要向中华人民共和国政府缴纳的全部关税、增值税和其他税。

（3）货物运至最终目的地的内陆运输、保险、伴随货物安装调试和交付及技术服务的有关费用。

13.4 投标人所报的投标价在合同执行过程中是固定不变的，不得以任何理由予以变更。任何包含价格调整要求的投标，将被认为是非响应性投标而予以拒绝。

14. 证明投标人合格的文件

14.1 投标人应提交证明其有资格参加投标和中标后有能力履行合同的文件，并作为其投标文件的一部分。

14.2 投标人提交的证明文件应是合法、有效的。

14.3 投标人提交的资格证明文件应满足招标人的六项要求。

（1）具有独立承担民事责任的能力。

（2）具有良好的商业信誉和健全的财务会计制度。

（3）具有履行合同所必需的设备和专业技术能力。

（4）具有依法缴纳税收和社会保障资金的良好记录。

（5）参加其他采购活动前____年内，在经营活动中没有重大违法违律记录。

（6）投标供应商的注册资金要求：必须在_____万元以上（包含_____万元）。

15. 证明货物的合格性和符合招标文件规定的文件

15.1 投标人应提交证明文件证明其拟提供的合同项下的货物和服务的合格性符合招标文件规定。该证明文件作为投标文件的一部分。

15.2 证明货物和服务与招标文件的要求相一致的文件，可以是文字资料、图纸和数据，它包括以下三种材料。

（1）货物主要技术指标和性能的详细说明。

（2）货物从招标单位开始使用至设备设计使用年限内正常、连续地使用所必需的备件和专用工具清单，包括备件、易损件和专用工具的货源及现行价格。

（3）对照招标文件技术规格，逐条说明所提供货物和服务已对招标单位的技术规格做出了实质性的响应，或申明与技术规格条文的偏差和例外。特别对于有具体参数要求的指标，投标人必须提供所投货物的具体参数值。

16. 投标保证金

16.1 投标人应按"投标资料表"中规定的数额提交投标保证金，并作为其投标文件的一部分。

16.2 投标保证金采用"投标资料表"要求的形式。投标保证金账户详见"投标资料表"。

16.3 投标保证金是为了保护招标代理机构和招标单位免遭因投标人的行为而蒙受经济损失。招标代理机构和招标单位在因投标人的行为受到损害时，可根据本须知第16.6条的规定没收投标人的投标保证金。

16.4 凡没有根据本须知第16.1条和16.3条的规定附上有效投标保证金的投标文件，应按本须知第25.3条的规定视为非响应性投标予以拒绝。

16.5 未中标的投标人的投标保证金，于中标结果公布后____日内无息退还投标人。中标单位的投标保证金将在项目合同签订后无息退还。

16.6 下列任何情况之一发生时，投标保证金将被没收。

（1）投标人在招标文件中规定的投标有效期内撤回其投标文件。

（2）中标人在规定期限内未能根据本招标文件第33条规定签订合同。

（3）中标人在规定期限内未能根据本招标文件第35条规定交纳履约保证金。

（4）投标人提供虚假投标文件或虚假补充文件的。

（5）投标人不接受对其算术错误的修正。

17. 投标有效期

17.1 投标应在"投标资料表"中规定的时期内保持有效。

17.2 特殊情况下，在原投标有效期截止之前，招标人可要求投标人同意延长投标有效期。这种要求与答复均应以书面形式提交。投标人可拒绝招标人的这种要求，其投标保证金将不会被没收。接受延长投标有效期的投标人将不会被要求和允许修正其投标文件，而只会被要求相应地延长其投标保证金的有效期。在这种情况下，本须知第16条有关投标保证金的退还和没收的规定将在延长了的有效期内继续有效。

18. 投标文件的式样和签订

18.1 投标人应准备一份投标文件正本和一份投标文件副本。

18.2 投标文件需打印，并由法定代表人或授权代表在投标文件上签字，并加盖投标单位公章。授权代表须将法人授权委托书放在投标文件中。投标文件的副本可采用正本的复印件。

18.3 投标文件中任何行间插字、涂改和增删之处应由投标单位加盖公章。

四、投标文件的递交

19. 投标文件的密封和标记

19.1 投标文件应密封在不透明的封装中。

19.2 密封封装表面应注明"投标资料表"中指明的项目名称、招标编号和"在之前不得启封"的字样，并填入"投标资料表"中规定的开标日期。所有密封封装必须注明投标人姓名并加盖公章。

19.3 如果外层信封未按本招标文件第19.2条要求加写标记和密封，招标人对误投或过早启封概不负责。

19.4 投标文件未密封的，招标人将拒绝接收。

20. 投标截止日期

20.1 招标人收到投标文件的日期应不迟于"投标资料表"中规定的投标截止日期。

20.2 招标人可以按本招标文件第9条规定，由于修改招标文件而决定延长投标截止日期。在此情况下，招标人和投标人受投标截止日期制约的所有权利和义务均应延长至新的投标截止日期。

21. 迟交的投标文件

21.1 招标人将拒绝并退回在"投标资料表"规定的投标截止日期后收到的任何投标文件。

22. 投标文件的修改与撤回

22.1 投标人在递交投标文件后，可以修改或撤回其投标文件，但投标人必须在规定的投标截止日期之前将修改或撤回的书面通知递交到招标人。

22.2 在投标截止日期之后，投标人不得对其投标文件做任何修改。

22.3 从投标截止日期至投标有效期之间的这段时间内，投标人不得撤回其投标文件，否则其投标保证金将按照本招标文件第16.6条的规定被没收。

五、开标与评标

23. 开标一般规定

23.1 投标人应按"投标资料表"规定的日期及地点参加开标会议。

23.2 按规定提交合格的撤回通知的投标文件不予开封，并退回投标人。

24. 符合性确认

24.1 评标机构应于开标之前首先对投标人的投标资格及投标文件进行符合性确认。经评标机构确认具有有效投标资格及有效投标文件的投标人不足三家时将重新组织招标。

24.2 开启标书前，经评标机构确认存在下列情况之一的投标人将被取消投标资格并退回投标文件。

（1）投标人法人代表（或法人代表授权委托人）未按时参加开标会议（已明确不需要参加的除外）。

（2）投标文件未能于投标截止日期之前递交至指定地点。

（3）投标保证金未能足额按"投标资料表"的规定提交。

（4）投标文件未密封。

24.3 开启标书后，经评标机构确认有下列情况之一的视为无效投标文件。

（1）投标文件附件中任一附件未经法人代表（或法人代表授权委托人）签署、未加盖投标单位公章。

（2）投标文件不符合招标文件规定的报价、工期、质量标准、技术规格、技术标准或其他实质性要求。

（3）投标文件未按招标文件规定格式编制，重要内容或关键字迹模糊不清。

（4）投标文件中存在招标人不能接受的其他条件或提供虚假文件。

24.4 无效投标文件将被作为废标处理。

25. 投标文件的澄清

25.1 开标以后，招标人可要求投标人对其投标文件进行澄清，但不得寻求、提供或允许对投标价格等实质性内容做任何更改。有关澄清的要求和答复均应以书面形式提交。

26. 开标程序

26.1 开标会议由招标人主持。

（1）主持人宣布开标会议注意事项。

（2）主持人宣布参加开标会议人员组成情况。

（3）主持人宣布参加开标会议的投标人和《投标文件》送达情况。

（4）招标人代表对投标人到会的法人代表或法人代表授权委托人身份进行验证，并宣布验证结果。

（5）招标人代表或工作人员宣布各投标人投标保证到账情况，并宣布验证结果。

（6）招标人代表或工作人员对各投标人《投标文件》的密封情况进行检查，并宣布检查结果。

（7）确定验标人、唱标人、监标人和记录员名单。

（8）招标人公布投标报价上限等数据，并请投标人退场。

（9）招标人和每个投标人单独开启相应投标人的《投标文件》。

（10）招标人评标委员会逐一对各投标人的《投标文件》进行符合性检查，并宣布检查结果。

（11）招标人逐项公布符合要求的各投标人的投标总报价和质量标准等。

（12）按"投标资料表"中确定的评标办法确定中标候选人排名顺序。

（13）评标委员会编制评标报告，评标委员会成员签字。

27. 投标文件的有效性

27.1 开标时，投标文件出现下列情形之一的，应视为无效投标文件，不得进入评标。

（1）投标文件未按照本须知第18条的要求装订、密封和标记的。

（2）投标文件的关键内容字迹模糊、无法辨认的。

（3）投标人未按照招标文件的要求提供投标保证金的。

（4）投标文件提交的资格资料名称与资格预审申请书所提供的资格资料不符或在投标中弄虚作假或与其他投标单位串通投标的。

（5）两个以上的投标报价的。

（6）未经法定代表人或授权委托人签署和未加盖投标人公章的。

（7）投标截止日期以后送达的投标文件的。

28. 评标一般规定

28.1 评标委员会由招标人按"投标资料表中"确定的评委数量和评委确定方式组建。

28.2 评标委员会须按"投标资料表"中所述评标办法，公平、公正、择优确定中标人。

28.3 在评标过程中，出现各类带有争议性或不明确性问题均由评标委员会共同研究确定。若各评委意见不一致时，则须经评标委员会全体人员独立表决并按少数服从多数的原则形成最终书面决议。书面决议须经评标委员会全体人员签字确认并对所有评委具有约束力。

28.4 参加评标会议的人员应对评标全过程的一切相关资料及信息进行保密，不得向任何人员泄露（国家相关法律法规另有规定的情形除外）。

28.5 在投标文件的审查、澄清、评价、比较过程中，投标人对招标人或评标委员会施加任何影响的行为，都将导致被取消投标资格。

28.6 开标后，投标文件概不退还。

29. 详细评标办法

29.1 评标委员会将按照本招标文件第25条的规定，只对确定为实质上响应招标文件要求的投标进行评价和比较。

29.2 评委按本项目"投标资料表"中操作程序进行评标，并按《评标管理办法》独立对各投标人投标文件进行评审。

六、授予合同

30. 授标及废除授标

30.1 招标人将把项目合同授予经法定程序确定的中标人。

30.2 中标通知书发出之前及发出之后，招标人若查实中标人存在下列行为之一时，均可废除授标。

（1）经查实弄虚作假或与其他投标人串通骗取中标的。

（2）于投标有效期终止之前撤回投标文件的。

（3）因中标人过错而未能按照规定与招标人签订施工合同的。

（4）因中标人过错而未能按照规定向招标人提交履约保证金的。

（5）国家相关法律法规规定的其他明显损害招标人利益和社会公共利益的情形。

30.3 中标人因上述原因被废除授标，招标人可以按照招标文件规定或评标委员会确定的排列顺序，以该中标人的中标价依次选择排名第二、第三的中标候选人作为中标人，或重新招标。

30.4 中标人因上述原因被废除授标，至少将要承担以下三项违约责任。

（1）将被没收全部投标保证金。

（2）按本须知第29.3项的规定，重新确定中标人的中标价若高出弃标人的中标价，其差价部分视为弃标人违约给招标人造成的损失，弃标人应予以赔偿。

（3）承担因此可能给招标人造成的其他损失。

31. 中标通知书

31.1 中标人确定后，招标人向中标人发出中标通知书。

31.2 中标通知书是合同的组成部分。

32. 设备设计、制造和安装方案的优化

32.1 中标结果确定后，中标人应当与招标人进行充分沟通与协商，并按招标文件要求进行项目设计。如为充分满足招标文件的要求而对中标方案提出的合理变更或优化设计，中标人须在不提高报价的基础上完全接受。

33. 签订合同

33.1 中标人应按中标通知书指定的时间、地点与招标单位签订合同。

33.2 中标通知书、招标文件、中标人的投标文件及其澄清文件等，均为签订合同的依据。

33.3 招标人和中标人若无法按中标通知书规定签订施工合同时，双方应协商解决。协商无效时应按国家相关法律法规解决。

34. 履约保证金

34.1 中标人在接到中标通知书后七个工作日内，并在签订合同前，将履约保证金转账至招标人账户。金额和账户详见"投标资料表"。

34.2 履约保证金在项目验收合格后30日内由招标单位无息退还。

第3节　签订中标合同

招标人从评标委员会推荐的中标候选人中确定中标人后，要向中标人发出中标通知书，并同时将中标结果通知所有未中标的投标人。招标经办人填写中标（交易成交）通知书后报送企业领导签证，企业领导对中标（交易成交）通知书核准后加盖签证章，发还招标单位。

3.1　签订采购合同

招标人和中标人应当自中标通知书发出之日起30日内，按照招标文件和中标人的投标文件订立书面合同。招标人和中标人不得再行订立背离合同实质性内容的其他协议。签订合同时应注意以下四项要点。

1．签订时限

招标人和中标人应在自中标通知书发出之日起30日内，按照中标通知书、招标文件和中标人的投标文件订立书面合同。

2．履约担保

中标通知书发出后，招标人与中标人订立合同。订立合同前，中标人应提交履约担保。合同附件格式包括合同协议书格式、履约担保格式及预付款担保格式。

3．签订采购合同的内容要求

签订采购合同时，应按照招标文件和中标人的投标文件确定合同内容。招标文件与投标文件应当包括合同的全部内容。所有的合同内容都应当在招标文件中有所体现。

（1）一部分合同内容是确定的，不允许投标人变更的，如技术要求等，否则就构成重大偏差。

（2）一部分合同内容是要求投标人明确的，如报价。投标文件只能按照招标文件的要求编制。

（3）如果出现合同应当具备的内容，招标文件没有明确，也没有要求投标文件明确，则责任应由招标人承担。

4．退还投标保证金

（1）招标采购单位应在中标通知书发出后规定时间内退还未中标供应商的投标保证金。

（2）招标采购单位应在采购合同签订后规定的时间内退还中标人的投标保证金。

（3）投标人在投标阶段存在违反承诺行为，招标人按照招标文件的规定不予退还其投标保证金，以维护自身利益的行为。

3.2 未签订采购合同的后果

（1）中标人无正当理由拒签合同的，招标人取消其中标资格，其投标保证金也不退还。

（2）给招标人造成的经济损失超过投标保证金数额的，中标人还应当对超过部分予以赔偿。

（3）发出中标通知书后，招标人无正当理由拒签合同的，招标人向中标人退还投标保证金。

（4）投标人给中标人造成经济损失的，应予以赔偿。

> **要点提示**
>
> 按照国家相关法律法规规定，部分招标项目在确定中标候选人和中标人之后还应当依法进行公示。中标既是竞争结果的确定环节，也是发生异议、投诉、举报的环节，有关方面应当依法进行处理。

3.3 受理投诉举报

根据《中华人民共和国招标投标法》第65条的规定，投标人和其他利害关系人认为招标投标活动不符合法律规定的，有权依法向有关行政监督部门投诉。另外，其他任何单位和个人认为招标投标活动违反有关法律规定的，也可以向有关行政监督部门举报。有关行政监督部门应当依法受理和调查处理。

若有效投标不足，以致投标明显缺乏竞争、不能达到招标的目的，则可以依法否决所有投标。发生投标人不足三个或所有的投标被否决等法定情况的，招标人应依法重新招标。

1. 废标情况

（1）投标书未按招标文件中规定密封。

（2）逾期送达的标书。

（3）未加盖法人或委托授权人印鉴的标书。

（4）未按招标文件的内容和要求编写、内容不全或字迹无法辨认的标书。

（5）投标人不参加开标会议。

2．重新招标

根据《评标委员会和评标办法暂行规定》第27条的规定，有下列情形之一的，招标人应当依法重新招标：投标人少于三个或评标委员会否决所有投标。评标委员会否决所有投标包含了两层意思：所有投标均被否决和有效投标不足三个，评标委员会经过评审后认为投标明显缺乏竞争，从而否决全部投标。

下面是某企业的评标管理办法，供读者参考。

【范本10-04】评标管理办法

评标管理办法

一、评标原则与标准

1．《中华人民共和国招标投标法》、《评标委员会和评标办法暂行规定》（12号令）的强制性规定均适合本评标办管理法。

2．评标原则：公平、公正、科学、择优。

3．评标标准：招标文件中所规定的各项标准，可分为商务标准和技术标准两种。

（1）商务标准，即对投标人自身合格性的要求，包括技术标准以外的全部招标要素。

（2）技术标准，即招标文件中所规定标的物的技术要求。

二、评标办法

1．评标小组遵循评标原则与标准以外，根据招标的具体情况，采用综合评价法（百分制打分法）对所招标内容进行具体的评审。

2．综合评价法是以《招标文件》和本《评标管理办法》为依据，由评标小组成员对投标人的投标文件进行综合评价并量化打分，依据投标人得分高低确定其排名顺序。

3．招标人有权拒绝被确定为非实质性响应的投标，投标人不能通过修正或撤回不符之处而使其投标成为实质性响应的投标。

三、评标组织

招标人根据招标项目的特点，依照《中华人民共和国招标投标法》的相关规定组建评标小组。评标小组由五人以上单数组成，其中技术经济方面专家不少于总人数的2/3，纪委监督。

四、评标程序

（一）评标准备

1．评标工作小组收集和准备各类评标过程中所需的文件、资料，并编制相关评标表格。

2．组建评标小组，并选出评标小组组长。

3．评标小组专家阅读招标文件，了解招标的范围和性质，熟悉本《评标管理办法》。

4．招标人负责介绍项目的相关背景情况。

5．评标小组熟悉评标过程中使用的表格。

（二）初审

1．投标人的合格性：投标人必须符合《招标文件》中规定的对合格的投标人的各项要求。

2．投标文件的有效性：投标有效期；法人委托授权书的有效性，投标文件的签署和签章的有效性。

3．投标文件的完整性：检查每个投标人的投标文件内容齐备性，即是否包含了《招标文件》中规定的各项文件及各项文件应具备的全部内容；投标文件正副本数量是否满足《招标文件》中的要求。

4．根据《招标文件》判定投标文件是否有投标偏离与非实质响应。

5．初步审查的各项内容中，如有一项没有合格，则视为无效标书。

6．评标小组将根据初步审查的结果，对通过的投标文件进行详细评审。

（三）详细评审

评标小组将根据本《评标管理办法》中的"评分办法说明"的具体规定对所有合格投标文件的综合商务、投标报价及技术性能进行具体的评审和量化打分。

（四）评标结论

评标小组将汇总投标人的各项得分，并根据评标总得分排列中标人顺序。若出现得分相同的情况，则以投标报价低者居先。

五、评分办法说明

对各投标文件进行详细评审打分的满分为100分，设备招标主要考评因素包括综合商务部分（10%）、投标报价（80%）和技术性能（10%）三个方面，各投标人三方面的所有评价指标的得分之和就是该投标人的综合得分。对于采购技术规格简单的初级商品、原材料、半成品以及其他技术规格简单的材料招标，则以最终报价最低者中标。详细评分标准如下表所示。

详细评分标准

评价因素	权重 （100分）	具体说明
一、商务部分（满分 10 分）		
综合商务		
企业综合实力	4分	包括企业注册资金，资质，银行资信证明等，综合实力突出得3~4分；一般得2~3分；较差得0~2分

（续表）

评价因素	权重 （100分）	具体说明
经营业绩	2分	业绩突出得1~2分；一般得0~1分；业绩较差得0分
售后服务措施及培训	2分	完善、合理，可行得2分；一般得1~2分；较差得0~1分
产品保修承诺	2分	产品全部保修得1~2分；主要部件保修得0~1分
二、投标报价（满分80分）		
投标报价、备件价格	80分	以所有经评审合格的投标人的最终投标报价的算术平均的0.9倍为基准价，按（最终报价−基准价）/基准价×100%计分；比基准价每多1%或少1%扣两分。而对于采购技术规格简单的初级商品、原材料、半成品及其他技术规格简单的货物，则以最终报价最低者中标
三、技术性能（满分10分）		
技术性能、维修、运行	10分	技术性能好得8~10分；一般得6~8分；较差得5分以下。技术性能包括：产品配置；投标文件对招标文件"货物需求一览表及技术需求"的响应程度；投标货物的先进性；投标货物的可靠性；性能指标等。

六、其他

1. 投标文件的澄清

为了方便评标小组更加全面、有效地对所有投标人的投标文件进行审查、评估和比较，评标小组在评标的过程中随时有权向投标人质疑，请投标人澄清其投标内容。投标人有效书面澄清文件将被理解为其投标文件的一部分，但任何澄清均不得改变投标人的实质内容，否则在评标中不予考虑。

2. 在评标过程中专家出现分歧，或需进行讨论形成决议时，应由评标小组组长组织并主持，评标专家在充分讨论、沟通的基础上，进行投票表决，决议必须有不少于评标专家总数的2/3的专家赞成方可通过。决议一经通过，评标小组成员应遵照执行。

3. 评标小组成员对于无效标的判定应慎重考虑，并依据有关招标投标法律规定和招标文件做充分说明。

4. 评标期间，评标小组成员及工作人员不得私下与投标人单独接触，评标资料不得向外扩散。

5. 各种评标文件资料由专人负责收发，评标结束后所有文件资料须由工作人员收回。

学 习 笔 记

通过学习本章内容，想必您已经掌握了不少学习心得，请仔细记录下来，方便继续巩固学习。如果您在学习中遇到了一些难点，也请如实写下来，方便今后重复学习，彻底解决这些学习难点。

同时，本章列举了大量的实战范本，方便您边学边用。以下所列栏目，请您认真填写，这有助于您进一步地思考，从而对本章知识有更好的掌握。

我的学习心得：

1. _____
2. _____
3. _____

我的学习难点：

1. _____
2. _____
3. _____

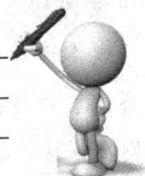

我的运用计划：

1. _____
2. _____
3. _____

第 11 章

政府采购管理

天键指引

近年来，我国政府采购有力支持了国内相关产业和行业的发展。但由于目前对政府采购的法律规定主要限于购买环节，监管重点主要在政府采购中心，因此，导致其他环节配套制度还不够完善。政府采购作为架构政府与市场、公共部门与个人之间的桥梁，应当不断完善采购运行机制和监管体制，进一步提高采购效率，切实提升政府采购公信力。

第1节　招标管理

情景导入

R市环卫专用设备政府采购工作圆满完成，一大批环卫设备陆续交付使用部门，为R市创建全国卫生城市效劳出力。

此次政府采购共涉及设备12种，共146台，包括垃圾压缩站、密封式垃圾转运车、清扫车、装载机及路面养护车等。采购数量大、设备种类多、技术要求高，对政府采购工作提出了更高、更严格的要求。政府采购中心接到任务后高度重视、认真对待，严格依照《中华人民共和国政府采购法》的规定程序步骤开展工作，确保每一环节都做细、做好。一是积极与使用部门进行沟通，了解掌握此次采购设备的工作环境、技术要求、R市市场状况、以往使用过程中容易出现的问题等信息，做到心中有数、准备充分。二是在正式招标文件确定之前，采购中心将该项目的技术参数、资质条件及付款方式等招标内容在国家、省、市三级政府采购网上进行公示，接受全国范围内潜在投标单位的咨询、意见及建议，并邀请专业技术人员组成评审小组，对反馈的信息进行分析、论证，形成专家意见，并据此对招标文件进行修订与完善，最大限度地做到"参数无倾向性、资质设定合理"，确保了投标单位在公开、公正的政府采购平台上进行公平竞争。

从项目完成的效果来看，经过对设备性能、技术实力、售后服务等方面的评审，确定Q重工有限公司为中标候选单位。此外，项目最终中标金额为2,708万元，较预算金额3,820万元节约了1,112万元，资金节约率达到29.1%，这充分体现出了政府采购"少花钱，办好事"的工作理念。

政府采购是以《中华人民共和国政府采购法》（以下简称《政府采购法》）等国家的相关法律法规为依据，根据国家和自治区有关政府采购的政策规定，结合本地区、本部门实际，组织实施政府采购。R市政府在采购过程中，由于严格依照《政府采购法》的流程步骤开展工作，因此采购活动不但圆满完成，还积累了丰富的经验。一般来说，政府采购流程如图11-1所示。

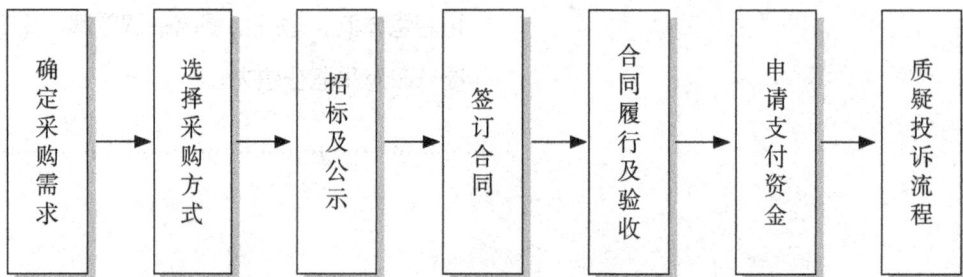

确定采购需求 → 选择采购方式 → 招标及公示 → 签订合同 → 合同履行及验收 → 申请支付资金 → 质疑投诉流程

图11-1 政府采购流程

1.1 政府采购预算管理

根据《中华人民共和国政府采购法》的规定，采购人采购货物或者服务应采用公开招标的方式，其具体数额标准，属于中央预算的政府采购项目，由国务院规定；属于地方预算的政府采购项目，由省、自治区、直辖市人民政府规定。具体可以参见《中央预算单位政府集中采购目录及标准》规定的政府采购货物和服务项目公开招标数额标准。

1. 编制政府采购预算

政府采购预算是政府在一个年度内，为各预算单位实施采购的计划。它反映了各预算单位年度采购项目及资金使用计划，是部门预算的组成部分，是开展政府采购的前提。

政府预算编制部门在编制下一财政年度部门预算时，应单独列出该财政年度政府采购的项目及资金预算，并作为财政预算的一部分上报本级财政部门汇总。编制政府采购预算包括审批采购项目、落实采购资金、采购项目数量、规格及采购项目时间等内容，具体如图11-2所示。

1	审批 采购项目	采购项目本身是否按现行项目审批管理制度办理了手续、取得了批准
		对依法必须招标项目是否按规定申报了招标事项的核准手续
2	落实 采购资金	落实招标项目需要的相应资金
		采购资金来源落实是指资金虽然没有到位，但其来源已经落实，如银行已经承诺贷款
3	采购组织 形式	根据《政府集中采购目录及标准》的规定，集中采购项目必须统一委托依法设立的集中采购代理机构采购
		根据《政府集中采购目录及标准》的规定，部门集中采购项目由中央部门或地方部门实行部门集中采购
		中央部门和地方部门的集中采购可以自行组织采购，或委托采购代理机构采购
		分散采购是指《政府集中采购目录及标准》规定的以外，且政府采购限额以上的采购项目。分散采购项目可由采购人员自行采购，也可委托采购代理机构采购

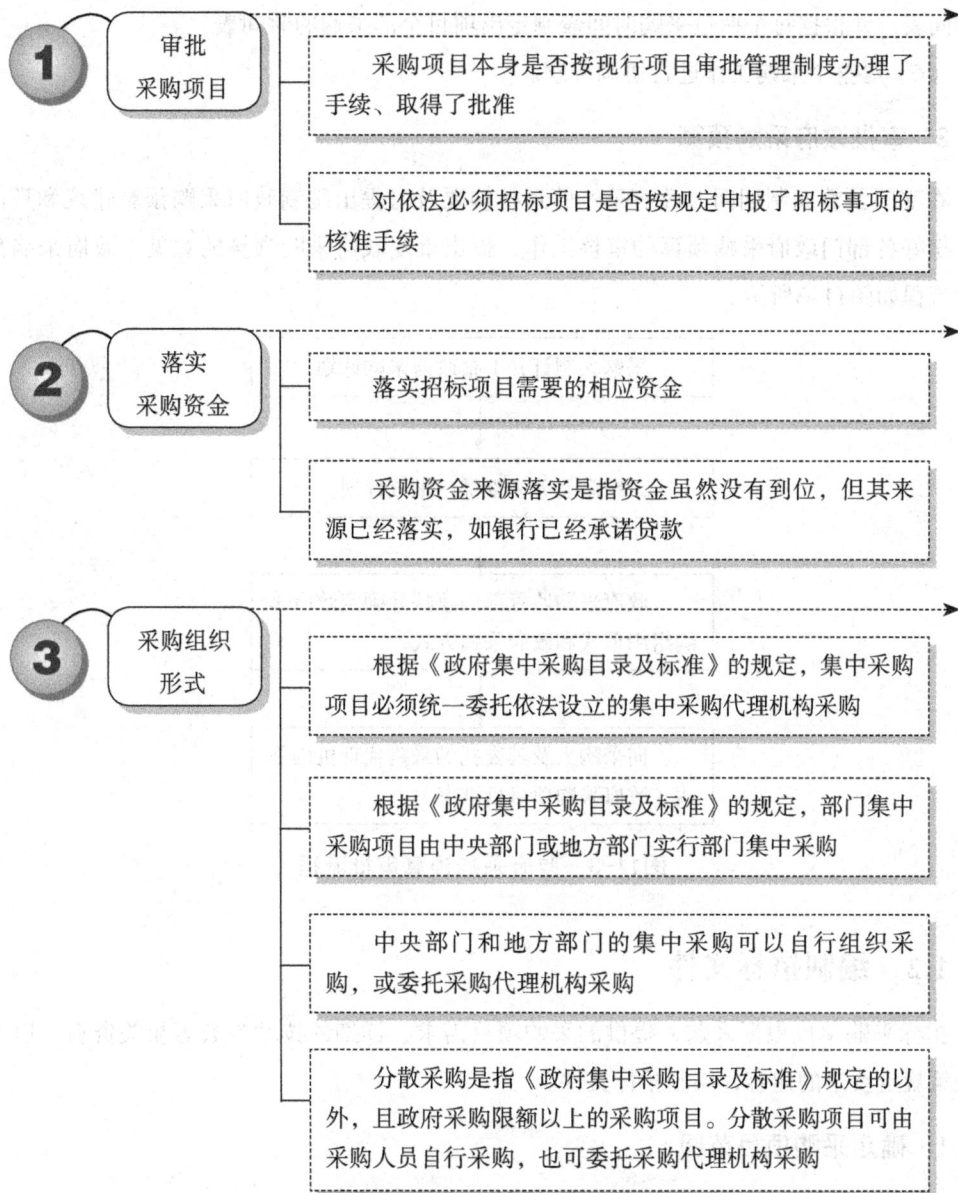

图11-2 政府采购预算编制内容

2．编制采购预算应考虑的内容

企业在编制采购预算时，需要考虑以下六个方面的内容。

（1）采购的货物或服务的数量、技术规格、参数和要求。

（2）所采购的货物或服务在整个项目实施过程中的哪一个阶段投入使用。

（3）每一项采购彼此间的联系。

（4）全部采购如何分别捆包，每个捆包应包括哪些类目。

（5）每个捆包从开始采购到到货的所需花费的时间，从而制定出每个捆包采购过程阶段时间表，并根据每个捆包采购时间表制定出项目全部采购的时间表。

（6）对整个采购工作进行协调管理。

3. 审批政府采购预算

在部门预算编制期间，政府采购管理机构要及时提出编制政府采购预算建议和具体需求，做好各部门政府采购预算的审核工作，提出批复政府采购预算的意见。政府采购预算审批流程如图11-3所示。

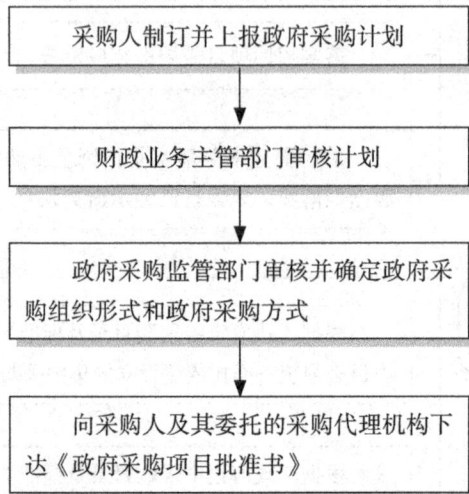

图11-3　政府采购预算审批流程

1.2　编制招标文件

招标采购单位根据采购人提供的采购项目需求、详细的技术参数等相关资料，以及相关政策规定要求的内容，编制招标文件。

1. 确定采购项目范围

按照《政府采购法》的规定，政府采购必须确定招标项目的范围。采购项目范围是指使用财政性资金采购依法制定的集中采购目录以内的或者采购限额标准以上的货物、工程和服务。属于中央预算的政府采购项目，其集中采购目录由国务院确定并公布，属于地方预算的政府采购项目，其集中采购目录由省、自治区、直辖市人民政府或者其授权的机构确定并公布。具体目录请参见《中央预算单位政府集中采购目录及标准》，其中详细规定了这两年度集中采购项目的范围。

2. 制定评标办法和评标标准

招标采购单位根据政府采购相关规定和采购项目情况，制定评标办法和评标标准，并将评标办法和评标标准及加分或减分内容在招标文件中予以说明。

3．委托代理采购协议

根据政府采购监督管理部门下达的《政府采购项目批准书》，采购人与其委托的采购代理机构签订委托代理采购协议，并在委托事项范围内办理政府采购有关事宜。

4．招标公告

招标采购单位须在政府采购信息发布指定媒体上发布招标公告。招标公告内容包括以下五个方面。

（1）招标采购单位的名称、地址和联系方式。

（2）招标项目的名称、数量或者招标项目的性质。

（3）投标人的资格要求。

（4）获取招标文件的时间、地点、方式及招标文件售价。

（5）投标截止日期、开标日期及地点。

5．招标文件的基本要求

（1）合同包的界面完整、清晰、准确、合理。

（2）能清晰、完整、准确地体现出招标人的价值观。

（3）技术及商务条款描述完整、专业、准确、星号（否决）条款与一般条款的设置恰当。

（4）符合国家相关的法律法规，适用相关的贸易规则和国际惯例。

（5）技术及商务条款既适合业主的要求又能形成适度的市场竞争。

（6）评标规则标准、明确、客观、公正、可操作性强。

1.3 选择采购方式

我国政府采购方式可分为公开招标、邀请招标、竞争性谈判、询价、单一来源采购，以及国务院政府采购监督管理部门认定的其他采购方式。区别于通常的采购，这些采购方式都具有特定的含义和专门的程序，不仅适用于特殊资金和特定部门的采购方式，还适用于一般资金和主体的采购项目。政府采购方式如图11-4所示。

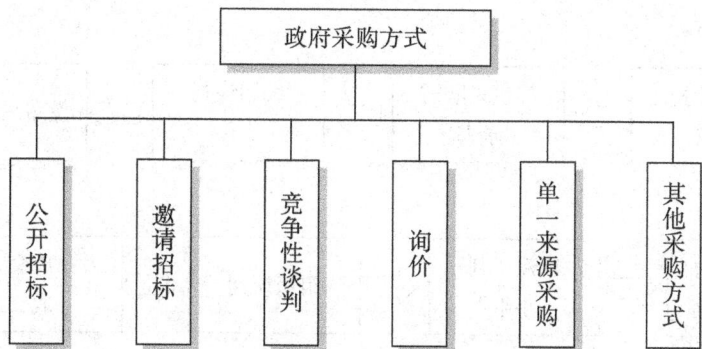

图11-4 政府采购方式

1．公开招标

公开招标是指采购人以招标公告的方式广泛邀请不特定供应商（或承包商，下同）参加投标。公开招标是政府采购的主要采购方式。公开招标的工作流程如图11-5所示。

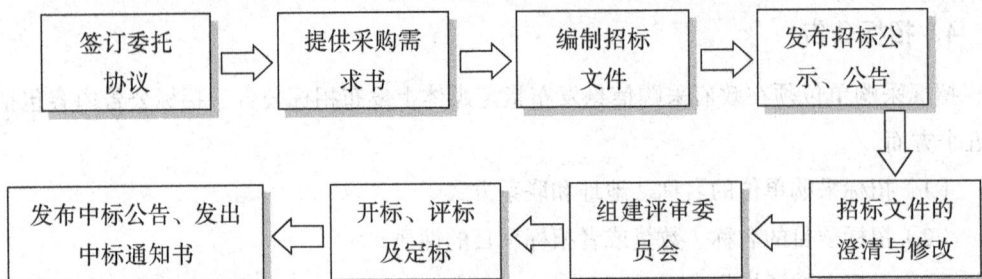

签订委托协议 → 提供采购需求书 → 编制招标文件 → 发布招标公示、公告

发布中标公告、发出中标通知书 ← 开标、评标及定标 ← 组建评审委员会 ← 招标文件的澄清与修改

图11-5　公开招标的工作流程

2．邀请招标

邀请招标是指采购人依法从符合相应资格条件的供应商中随机邀请三家以上供应商，并以投标邀请书的方式邀请其参加投标。邀请招标的工作流程如图11-6所示。

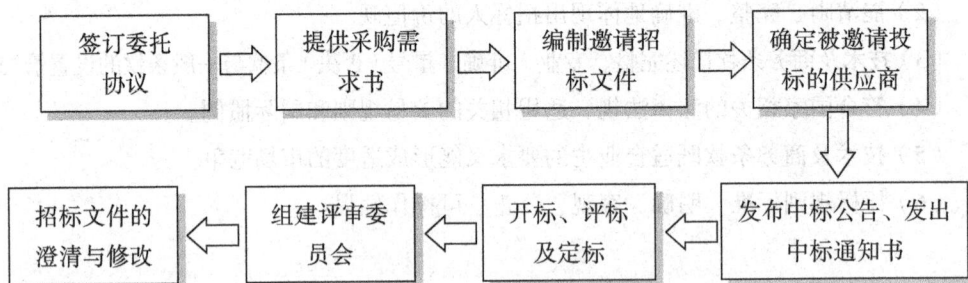

签订委托协议 → 提供采购需求书 → 编制邀请招标文件 → 确定被邀请投标的供应商

招标文件的澄清与修改 ← 组建评审委员会 ← 开标、评标及定标 ← 发布中标公告、发出中标通知书

图11-6　邀请招标的工作流程

3．竞争性谈判

竞争性谈判是指采购人通过与符合相应资格条件不少于三家的供应商分别进行谈判，商定价格、条件和合同条款，最后从中确定成交供应商的采购方式。竞争性谈判的工作流程如图11-7所示。

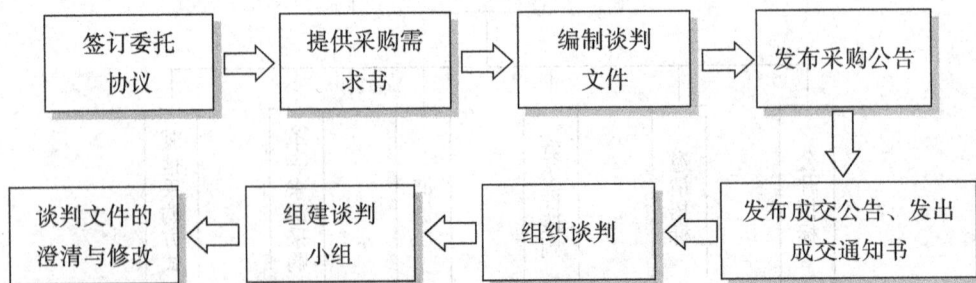

签订委托协议 → 提供采购需求书 → 编制谈判文件 → 发布采购公告

谈判文件的澄清与修改 ← 组建谈判小组 ← 组织谈判 ← 发布成交公告、发出成交通知书

图11-7　竞争性谈判的工作流程

4．询价

询价是指采购人员从符合相应资格条件的供应商名单中确定不少于三家的供应商，向其发出"询价通知书"让其报价，最后从中确定成交供应商的采购方式。询价的工作流程如图11-8所示。

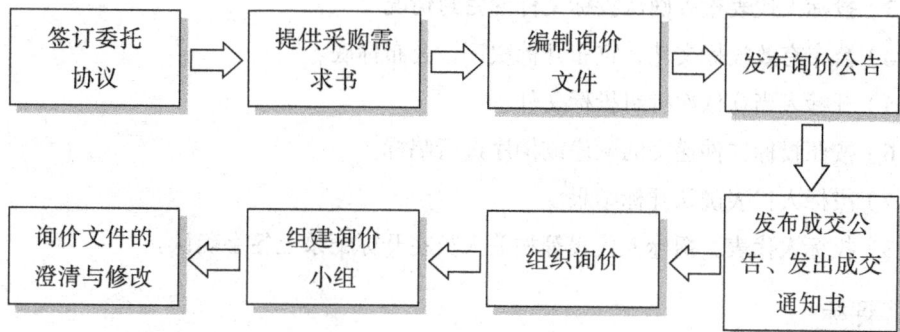

图11-8　询价的工作流程

5．单一来源采购

单一来源采购是指采购人直接与唯一的供应商进行谈判，最终签订合同的采购方式。单一来源的采购工作流程如图11-9所示。

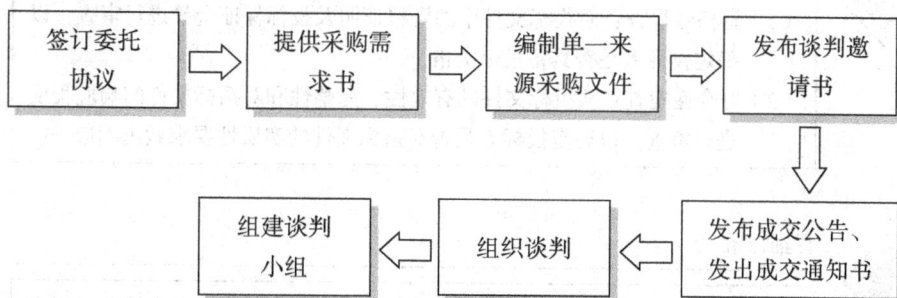

图11-9　单一来源采购的工作流程

6．其他采购方式

其他采购方式是指国务院政府采购监督管理部门认定的除以上五种采购方式以外的其他采购方式。

1.4　开标、评标和定标

1．开标

选择了合适的采购方式后，招标人及其招标代理机构应按招标文件规定的时间及地点主持开标，招标人应邀请所有资格预审过的投标人派代表参加，并通知监督部门。投标人应按招标文件要求参加开标会议，投标人不参加开标会议并不影响投标文件的有效性，但事后不得对开标结果提出异议。开标流程主要有以下八个步骤。

（1）宣布开标人、唱标人、记录人及监标人等相关人员姓名及开标纪律。

（2）招标人依次验证投标人代表的被授权身份。

（3）投标人代表检查确认投标文件的密封情况。

（4）公布有效投标文件，宣布开标次序，公布标底。

（5）开标人当众依次拆封投标文件。

（6）按照投标文件递交的顺序或倒序进行唱标。

（7）投标人代表确认开标结果。

（8）投标人代表、招标人代表等相关人员在开标记录上签字确认。

2．评标

评标由招标人依法组建的评标委员会负责。评标委员会应当充分熟悉、掌握招标项目的主要特点和需求，认真阅读研究招标文件及其评标方法、评标内容和标准、主要合同条款及技术规范等，并按照如图11-10所示的步骤进行评标。

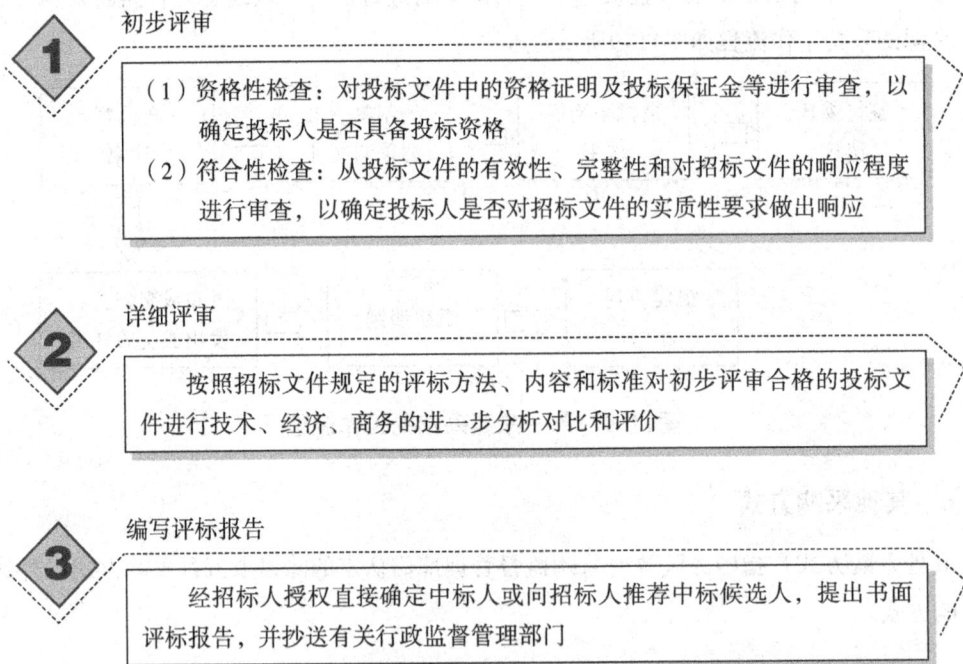

1　初步评审

（1）资格性检查：对投标文件中的资格证明及投标保证金等进行审查，以确定投标人是否具备投标资格

（2）符合性检查：从投标文件的有效性、完整性和对招标文件的响应程度进行审查，以确定投标人是否对招标文件的实质性要求做出响应

2　详细评审

按照招标文件规定的评标方法、内容和标准对初步评审合格的投标文件进行技术、经济、商务的进一步分析对比和评价

3　编写评标报告

经招标人授权直接确定中标人或向招标人推荐中标候选人，提出书面评标报告，并抄送有关行政监督管理部门

图11-10　评标流程

3．定标

采购人对评标结果的确认、发布结果公示、发布中标公告、发中标通知书有质疑、投诉的应处理完后再发布中标公告。招标人按照评标委员会推荐的中标候选人以及公示结

果，并根据国家相关法律法规和招标文件规定的定标原则确定中标人，其注意事项内容如图11-11所示。

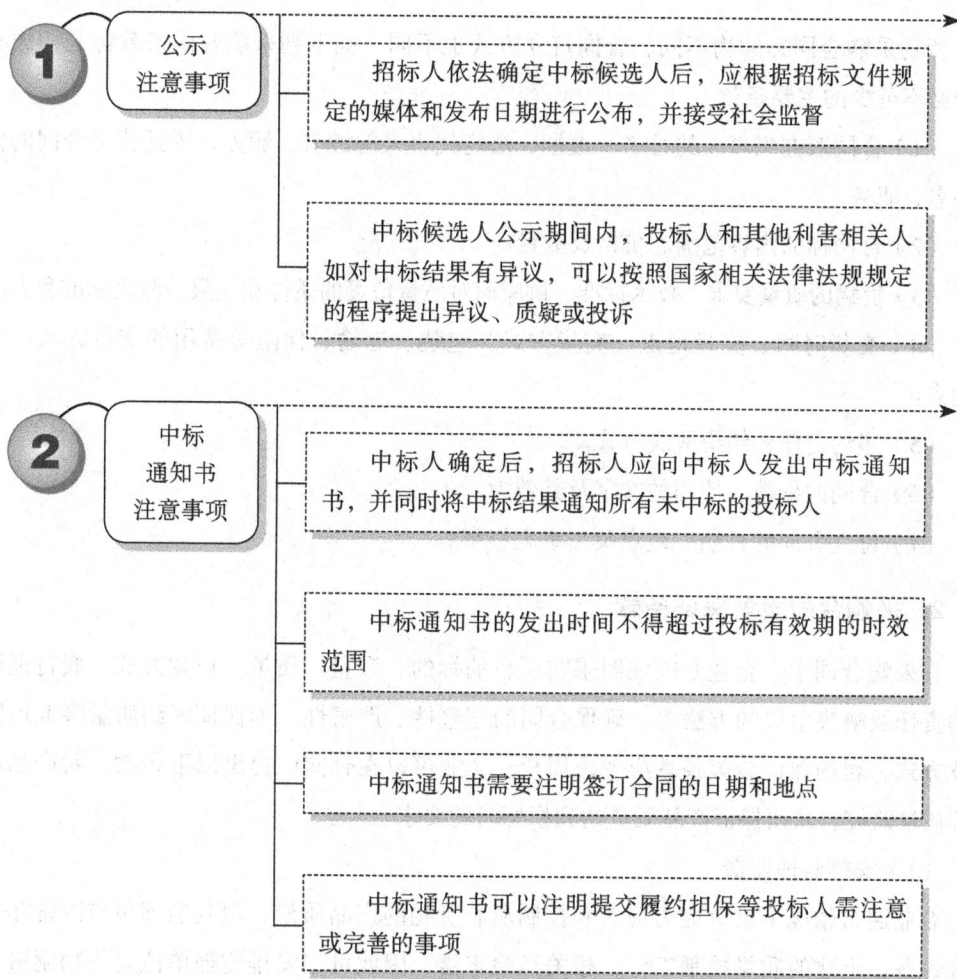

图11-11 中标公告注意事项

第2节 合同管理

采购人或采购代理机构与中标人应在中标通知书发出之日起30日内，按照采购文件确定的事项签订政府采购合同。在签订政府采购合同前，预算单位应认真审查中标人的全部采购响应文件。由于政府采购法规定政府采购合同适应合同法，因此预算单位应根据采购项目内容选择相应的合同文本。

2.1 采购合同的条款

1．签订采购合同主要条款

货物采购合同标的物不同，合同订立方式也不同，但下列采购合同条款都是构成买卖合同必不可少的主要条款。

（1）合同双方当事人的姓名、地址，法定代表人的姓名、职务，委托代订合同的代理人姓名、职务。

（2）合同标的内容范围、价格及数量。

（3）货物的质量要求、技术标准、供应商对质量负责的条件和期限、验收标准和方法。

（4）交货时间、交货地点、交货方式，包装、运输、保险等费用的支付方式、时间及地点。

（5）违约责任，纠纷解决方式。

（6）合同的份数、使用的文字及其效力。

（7）订立合同的日期、地点及当事人签字。

2．采购合同质量保证条款

在采购合同中，企业必须注明采购项目的标的、数量、质量、付款方式、履行期限、违约责任及解决争议的方法等，确保合同的完整性、严密性。为保证履约质量降低风险，付款方式、履约保证金等条款应考虑周全。企业可以在合同中提出以下条款，对产品进行过程质量监控，从而保证产品质量达到招标时的要求。

（1）安排监理监造

企业通常情况下没有能力应对和控制所有货物的产品质量，但其监理单位因常年负责重大设备、土建的质量控制工作，相关经验丰富，因此可以安排监理单位赴货物制造企业进行生产过程监控。监理单位赴制造企业的时间可以选取重要部件完工、产品整机完工包装（封装）前等重要制造结点，也可以在整个制造过程中进行全程监控。该项要求应在招标文件或者合同条款中列明。

（2）验收后付清款项

企业对于重大设备是相当重视和谨慎的，如要求产品质量好、付款条件苛刻等。而货物制造企业对于大型项目的风险控制力度很强，同时也需要资金进行经营周转。综合两方需求，企业一般会在合同中约定"提货时支付大部分货款、产品质量验收之后付清全部款项。"验收方式如图11-12所示。

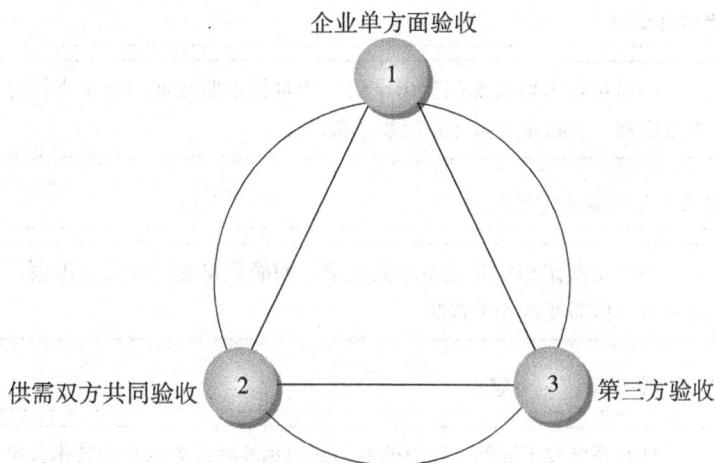

图11-12 验收方式

（3）质量付款保函

为了达到控制质量的目的，在银行保函中明确责任条款为质量要求，即形成质量付款保函。企业可以要求供应商提供质量付款保函，以此作为产品质量保证的一种手段。

> **要点提示**
>
> 政府采购合同自签订之日起七个工作日内，采购人应将合同副本上报同级政府采购监督管理部门和有关部门备案。

2.2 采购合同履行及验收

政府采购合同执行完毕后，采购人或受委托的采购代理机构应按照规定和要求组织合同履行情况的验收。采购人应组织验收小组，对供应商履约情况及合同执行结果进行检验和评估。需要区政府采购中心或政府采购代理机构组织验收的，采购人应当在委托时予以明确。大型或复杂的政府采购项目，采购人应邀请国家认可的质量检测机构参加验收工作。验收完成后，验收方成员应在验收书上签字，并承担相应的法律责任。

1. 货物质量鉴定

货物质量鉴定是指省级以上质量技术监督部门指定的鉴定组织单位，根据申请人的委托要求，组织专家对质量争议的货物进行调查、分析、判定，并出具质量鉴定报告。处理产品质量争议以按《产品质量仲裁检验和产品质量鉴定管理办法》出具的产品质量鉴定报告和产品仲裁检验报告为准。质量鉴定的工作流程如图11-13所示。

1 申请和受理

　　向质量技术监督部门提出申请。质量技术监督部门经审查符合条件的予以受理，并指定质量鉴定组织单位

2 签订产品质量鉴定委托书

　　与质量鉴定组织单位签订委托书，明确质量鉴定的委托事项，并提供质量鉴定所需要的相关资料

3 组成产品质量鉴定专家组

　　从有高级技术职称、相应的专门知识和实际经验的专业技术人员中聘任三名以上单数专家组成产品质量鉴定专家组，具体负责产品质量鉴定工作

4 进行产品质量鉴定

　　专家组负责制定产品质量鉴定实施方案，独立进行产品质量鉴定。需要做检验或者试验的，专家组应当选择符合条件的技术机构进行，并由其出具检验或试验报告

5 出具产品质量鉴定报告

　　产品质量鉴定报告内容包括：申请人的姓名、地址和受理产品质量鉴定的日期；产品质量鉴定的目的与要求；鉴定产品情况的必要描述；现场检验情况；产品质量鉴定检验、试验报告；分析说明；产品质量鉴定结论；鉴定专家组成员签名表；鉴定报告日期等

6 质量鉴定报告审查、交付和备案

　　产品质量鉴定组织单位对产品质量鉴定报告进行审查，并对产品质量鉴定报告负责。产品质量鉴定组织单位应及时将质量鉴定报告交付申请人。产品质量鉴定组织单位向省级以上质量技术监督部门备案

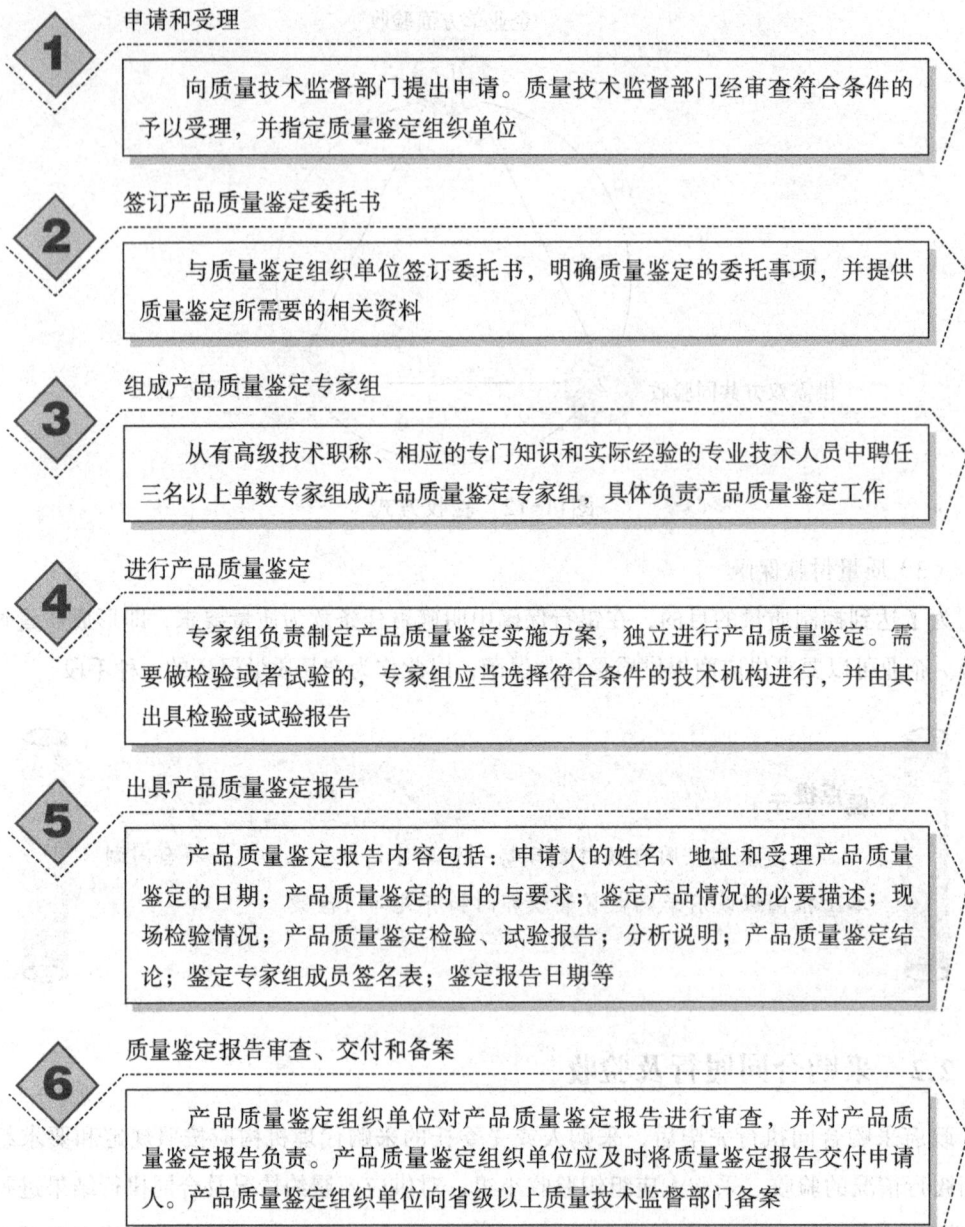

图11-13　质量鉴定的工作流程

2. 特种设备安全验收

　　特种设备是涉及生命安全、危险性较大的设备和设施的总称，包括锅炉、压力容器、压力管道、电梯、起重机械、客运索道、大型游乐设施和场（厂）内专用机动车辆。特种设备安全验收时要注意以下四个要点。

　　（1）明确使用单位的安全责任人

　　特种设备使用单位必须根据国家的相关法律法规，结合本企业的具体情况，建立健全

特种设备安全、节能管理制度和岗位安全责任制度。特种设备使用单位的主要负责人为本企业特种设备的主要责任人。

（2）特种设备出厂文件的归档

特种设备出厂时，应附有安全技术规范要求的设计文件、产品质量合格证明、安装及使用维修说明等文件。这些文件是产品用户、安全监督管理部门判断设计、制造质量是否符合要求的重要依据。使用单位应将出厂文件归档，并保证能够随时调阅。

（3）特种设备的使用

使用特种设备前，应向有关部门登记。使用单位应建立相应安全技术文档和日常使用状况记录，并且至少每月进行一次自行检查。

（4）特种设备的安装、改造与维修

特种设备的安装、改造与维修必须由取得许可的单位进行。特种设备安装、改造与维修前须将具体情况以书面的形式告知直辖市或设区的市级安全监督部门后方可施工。

电梯的安装、改造和维修活动必须得到电梯制造单位的委托或者同意，并由具备相应资质的单位实行。上述活动结束之后，使用单位必须经安全监督部门核准的检验检测机构进行监督与检验。

要点提示

锅炉、压力容器和压力管道在安全使用过程中应注意容器和管道的内部设计安全压力，并对内部实际压力进行监控，从而保证实际压力低于设计安全压力；对于储存或运送易燃、易爆、有毒或易腐蚀性液体、气体的压力容器和管道，应防止内部物质的泄漏或者爆炸。

2.3 申请支付资金

政府采购履约验收后，采购人应向财政部报送合同履行报告等相关资料，申请支付采购资金。财政部负责审核和支付资金。政府采购资金实行财政直接拨付和单位支付相结合，专款专用。政府采购资金财政直接拨付是指财政部按照政府采购合同约定，将政府采购资金通过代理银行直接支付给中标供应商的拨款方式。

1. 支付资金的审核

支付资金的审核内容包括以下六个方面。

（1）是否符合预算及用款计划。

（2）是否按规定程序申请使用资金。

（3）是否根据合同条款支付资金。

（4）是否按项目进度申请使用资金。

（5）是否按规定要求填写用款申请，手续是否完备，相关凭证是否齐全。

（6）是否符合项目概算（限于工程采购支出）。

2．政府采购资金财政直接拨付方式

政府采购资金财政直接拨付可分为财政全额直接拨付、财政差额直接拨付和采购卡支付三种方式，具体内容如图11-14所示。

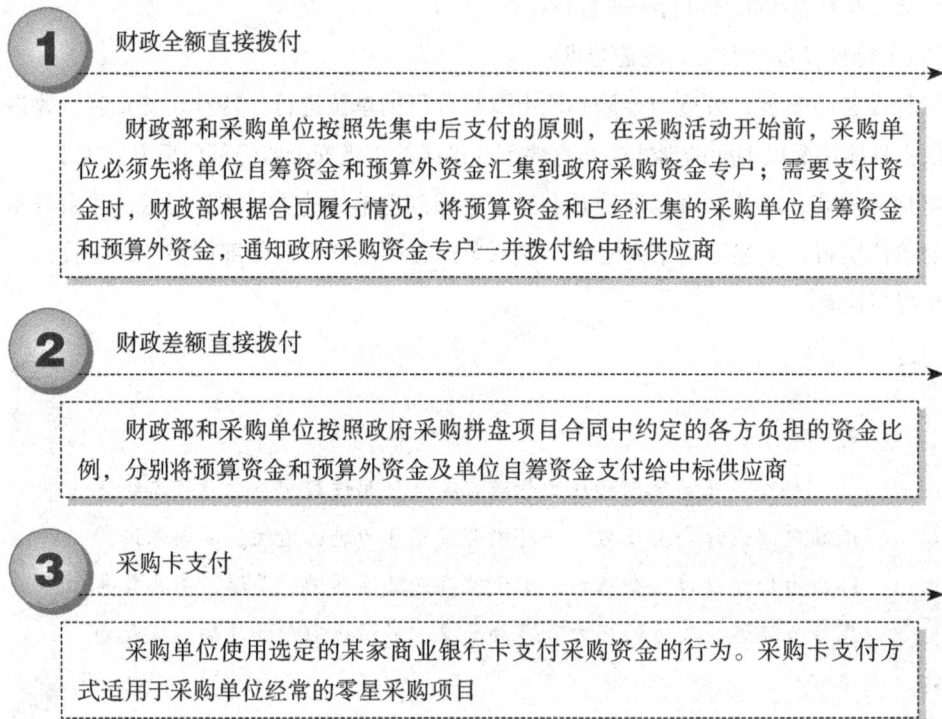

1 财政全额直接拨付

财政部和采购单位按照先集中后支付的原则，在采购活动开始前，采购单位必须先将单位自筹资金和预算外资金汇集到政府采购资金专户；需要支付资金时，财政部根据合同履行情况，将预算资金和已经汇集的采购单位自筹资金和预算外资金，通知政府采购资金专户一并拨付给中标供应商

2 财政差额直接拨付

财政部和采购单位按照政府采购拼盘项目合同中约定的各方负担的资金比例，分别将预算资金和预算外资金及单位自筹资金支付给中标供应商

3 采购卡支付

采购单位使用选定的某家商业银行卡支付采购资金的行为。采购卡支付方式适用于采购单位经常的零星采购项目

图11-14　政府采购资金财政直接拨付方式

3．申请时的凭证

采购单位在申请资金集中支付时要填写一式四联的《政府采购资金集中支付申请书》，并同时提供以下四项凭证。

（1）采购单位开具的收款收据。

（2）加盖采购单位公章的采购结果通知书复印件（指政府采购结果抄报函、中标通知书或评标结果通知书等）。

（3）采购合同原件（或加盖采购单位公章的复印件）。

（4）采购单位的验收报告。（供应商的采购发票由采购单位留存做账）。

第3节　质疑投诉管理

《政府采购法》对政府采购活动中质疑的提出和处理做出了规定。《政府采购法》中第52条的规定，供应商认为采购文件、采购过程和中标、成交结果使自身的权益受到损害的，可以在知道或者应知其权益受到损害之日起七个工作日内，以书面形式向采购人提出质疑。

3.1　投诉书内容

投诉人在投诉时，应提交投诉书。投诉书内容包括以下五个方面。

（1）投诉人的姓名、地址及有效联系方式。

（2）被投诉人的姓名、地址及有效联系方式。

（3）投诉事项的基本事实依据。

（4）相关请求及主张。

（5）有效线索和相关证明材料。

3.2　投诉的受理

行政监督部门收到投诉书后，应在五日内进行审查，决定是否受理投诉，并视情况分别做出以下处理决定。

（1）对于符合投诉处理条件并决定受理的，收到投诉书之日即为正式受理。

（2）对符合投诉处理条件，但不属于本部门受理的投诉，须书面告知投诉人向其他行政监督部门提出投诉。

（3）不符合投诉处理条件的，决定不予受理，并将不予受理的理由书面告知投诉人。有下列情形之一的投诉，不予受理。

① 投诉人不是所投诉招标投标活动的参与者，或者与投诉项目无任何利害关系的。

② 投诉事项不具体，且未提供有效线索，难以查证的。

③ 投诉书未签署投诉人的真实姓名和有效联系方式的。

④ 以法人名义投诉的，投诉书未经法定代表人签字并加盖公章的。

⑤ 超过投诉时效的。

⑥ 已经做出处理决定，并且投诉人没有提出新证据的。

⑦ 投诉事项已进入行政复议或者行政诉讼程序的。

3.3 投诉处理的程序

1. 对投诉进行调查取证

调查取证是对投诉进行处理的基础，行政监督部在进行调查取证时，应正确行使其权力。

（1）调取、查阅有关文件

行政监督部受理投诉后，应调取、查阅有关文件，并核实有关情况。对情况复杂、涉及面广的重大投诉事项，行政监督部可以会同其他相关行政监督部门进行联合调查。

（2）询问相关人员

行政监督部可以对相关人员进行询问，但应由两名以上行政执法人员负责，并做好记录，交由被调查人签字确认。

（3）听取被投诉人的陈述和申辩

在处理投诉过程中，行政监督部应听取被投诉人的陈述和申辩，必要时可通知投诉人和被投诉人进行质证。

（4）遵守保密规定

行政监督部负责处理投诉的相关人员应严格遵守保密规定，对于在处理投诉过程中所接触到的国家机密、商业机密应予以保密，并不得将投诉事项透露给与投诉无关的其他单位和个人。

（5）相关人员的配合义务

对行政监督部依法进行的调查，投诉人、被投诉人及评标委员会成员应与投诉事项有关的当事人予以配合，如实提供相关资料及情况，不得拒绝、隐匿或者伪报。

2. 对投诉人要求撤回投诉的处理

投诉人做出投诉处理决定前，投诉人要求撤回投诉的，应以书面形式提出并说明理由，由行政监督部门视以下情况，决定是否准予撤回。

（1）已经查实有明显违法行为的，不准撤回，并继续调查直至做出处理决定。

（2）撤回投诉不损害国家利益、社会公共利益或者其他当事人合法权益的，准予撤回，投诉处理过程终止。投诉人不得以同一事实和理由再次提出投诉。

3. 投诉处理决定

行政监督部门应依法对投诉做出处理决定，程序上也应当符合规定。

（1）投诉处理决定的时限和通知要求

负责受理投诉的行政监督部应自受理投诉之日起30日内，对投诉事项做出处理决定，并以书面形式通知投诉人、被投诉人和其他与投诉处理结果有关的当事人。情况复杂、不能在规定期限内做出处理决定的，经本部门负责人批准，可以适当延长受理期限，并告知投诉人和被投诉人。对情况复杂、涉及面广的重大投诉事项，行政监督部门可以会同其他相关行政监督部门进行联合调查，并由受理部门做出处理决定。

（2）投诉处理决定的结果

行政监督部应根据调查和取证情况，对投诉事项进行审查，并按照下列规定做出处理决定。

① 缺乏事实根据或者法律依据的，驳回投诉。

② 投诉情况属实，招标投标活动确实存在违法行为的，依据《中华人民共和国招标投标法》及其他相关法律规定做出处罚。

（3）投诉处理决定的主要内容

投诉处理决定应包括以下五个主要内容。

① 投诉人和被投诉人的姓名和住址。

② 投诉人的投诉事项及主张。

③ 被投诉人的答辩及请求。

④ 调查认定的基本事实。

⑤ 行政监督部的处理意见及依据。

（4）当事人申请行政复议

行政监督部做出的投诉处理决定不是最终的。因此，当事人对行政监督部的投诉处理决定不服或者行政监督部逾期未做处理的，当事人可以依法申请行政复议或者向人民法院提起行政诉讼。

（5）投诉处理的费用

行政监督部对投诉处理过程中需要的费用，全部由财政支出，行政监督部在处理投诉过程中，不得向投诉人和被投诉人收取任何费用。

下面是某企业的供应商投诉处理管理制度，供读者参考。

【范本11-01】供应商投诉处理管理制度

供应商投诉处理管理制度

一、为避免投诉处理失误，进一步规范政府采购投诉处理程序，切实做好投诉处理工作，根据《中华人民共和国政府采购法》和《政府采购供应商投诉处理办法》的规定，特制定本制度。

二、本管理制度处理政府采购供应商投诉的基本程序是：对口接待、审查受理、统一登记、领导批办、调查处理、处室会签、签发决定、发布公告、综合归档。

三、对口接待。各组分别负责接待本组联系部门和单位政府采购项目的供应商投诉。综合组负责投诉处理督办。接受投诉时，要坚持文明接待、热情和蔼、耐心细致、认真负责。

四、审查受理。工作人员接到投诉书后，应依照《政府采购供应商投诉处理办法》的相关规定，对投诉的形式要件进行符合性审核，并在三个工作日内决定是否受理。审查具体内容包括以下七项。

1. 投诉人是否为参与所投诉政府采购活动的供应商。

2. 提起投诉前是否已依法进行质疑。

3. 投诉书是否包括以下五项主要内容。

（1）投诉人和被投诉人的姓名、地址、电话等联系方式。

（2）具体的投诉事项及事实依据。

（3）质疑和质疑答复情况及相关证明材料。

（4）提起投诉的日期。

（5）投诉书署名。投诉人为自然人的，应由本人签字；投诉人为法人或者其他组织的，应由法定代表人或者主要负责人签字并加盖公章。

4. 是否在投诉有效期限内提起投诉。

5. 是否属于本财政部门管辖。

6. 是否为同一投诉事项未经财政部门投诉处理。

7. 国务院财政部门规定的其他条件。

对不符合投诉条件的，应按照《政府采购供应商投诉处理办法》的相关规定分别予以处理；对符合条件的，自财政部门收到投诉书之日起即为受理。

五、统一登记。综合组应设置"政府采购供应商投诉登记簿"，负责对各组经审核受理的投诉书进行统一登记编号。工作时限为即时办理。

六、领导批办。综合组登记投诉书后，应及时送办领导批办，再送分管主任阅示。领导批办时，原则上按各组的分工范围对口批示，谁联系谁办理。工作时限为一个工作日。

七、调查处理。工作人员接到批办件后，应在三个工作日内向投诉人和与投诉事项有关的供应商发送投诉书副本；在15个工作日内完成调查核实工作，并拟定书面处理意见。对于情况较复杂的投诉，经办人员应将拟定的书面处理意见提交办务会集体讨论，进一步审查投诉事实是否查清、定性是否准确、适用法律法规是否得当，做到集思广益，共同把关，避免失误。必要时，还可以提交厅法律顾问，在法律上把好关。

八、处室会签。投诉处理决定书在签发前，应会签厅相关部门预算管理处、法规处、办公室等有关处室，力求层层把关，尽量减少差错。工作时限为五个工作日。

九、签发决定。投诉处理决定书经处室会签后，应当及时送厅领导签发，并在三个工作日内以书面形式通知投诉人、被投诉人及其他与投诉处理结果有利害关系的政府采购当事人。

十、发布公告。投诉处理决定签发后，应在两个工作日内将处理结果公布在政府采购网站上。

十一、综合归档。投诉处理结果公告后，经办人应在一个工作日内将投诉处理决定书及相关资料提交综合组，登记备案，存档备查。

下面是某企业的政府采购投诉受理表，供读者参考。

【范本11-02】政府采购投诉受理表

政府采购投诉受理表

投诉人姓名			
投诉人地址		联络方式	
投诉代理人			
投诉代理人地址		联络方式	
被投诉人姓名			
被投诉人地址		联络方式	
投诉事项	1. 采购文件 □　　2. 采购过程 □　　3. 中标和成交结果 □		
投诉受理条件符合性情况			
投诉人是否为参与所投诉政府采购活动的供应商		是 □　　否 □	
提起投诉前是否已依法进行质疑		是 □　　否 □	
投诉书是否有投诉人和被投诉人的姓名、地址及联络方式		有 □　　无 □	
投诉书是否有具体的投诉事项及事实依据		有 □　　无 □	
投诉书是否有质疑和质疑答复情况及相关证明材料		有 □　　无 □	
投诉受理条件符合性情况			
投诉书是否有提起投诉的日期		有 □　　无 □	
投诉书是否有按规定署名		有 □　　无 □	
是否在投诉有效期限内提起投诉		是 □　　否 □	
是否属于本财政部门管辖		是 □　　否 □	
是否为同一投诉事项未经财政部门投诉处理		是 □　　否 □	
国务院财政部门规定的其他条件			
受理意见		受理 □　　不予受理 □	
不予受理的原因			
不予受理的处理			
备　注			
经办人		日期	___年___月___日

学 习 笔 记

通过学习本章内容，想必您已经掌握了不少学习心得，请仔细记录下来，方便继续巩固学习。如果您在学习中遇到了一些难点，也请如实写下来，方便今后重复学习，彻底解决这些学习难点。

同时，本章列举了大量的实战范本，方便您边学边用。以下所列栏目，请您认真填写，这有助于您进一步地思考，从而对本章知识有更好的掌握。

我的学习心得：

1. _____
2. _____
3. _____

我的学习难点：

1. _____
2. _____
3. _____

我的运用计划：

1. _____
2. _____
3. _____

第12章

网络采购管理

我国的地方经济正处于从工业化向信息化地转变，企业实施"以信息化带动工业化"的发展战略，关键在于企业信息化。网络采购作为一种先进的采购方式，其优势主要体现在价格透明、效率高、竞争性强、节约成本等方面。结合我国互联网经济迅猛发展的趋势来看，网络采购是企业采购在实施精益管理过程中值得大力推广的主要方式。

第1节　网络交易平台管理

情景导入

　　勘探南方分公司每年自采物资占全年采购物资的15%左右，主要是办公设备、劳保用品、办公用品和办公耗材等，其中90%以上的采购品种是非生产物资，品种繁多、金额较少，大部分不满足招标采购的条件，主要采取询比价的采购方式进行零星购置。

　　在自行组织招标有困难的情况下，勘探南方分公司委托总部物装部北京招标中心，组织了一批存储设备在电子商务网上的招标采购。此次设备招标采购是勘探南方分公司首次实现网上招标采购。为确保招标工作顺利开展，北京招标中心进行了充分的准备工作。招标开始前，他们从网上操作流程到现场开标安排，从现场硬件设备的准备到评委选择，再到计划员、采购员、招标人员等各岗位如何操作，所有与招标相关的工作都提前进行了周密的安排，保证了线上、线下招标工作的同步顺利进行。

　　北京某科技公司以716万元的投标价一举成功夺标，这比勘探南方分公司采购预算价低了23万元。此次网上招标采购的成功，加深了该公司物资采购业务人员对物资网络招标采购的认识和理解，使业务人员对网上招标流程和系统同步操作具有了更深刻的体验，为该公司开展更大范围的物资招标采购打下了基础。南方勘探分公司决定以后将更加科学地制定物资采购策略，进一步加强物资招标采购工作。凡是满足招标条件的物资，一律采取网上招标的方式进行采购。

　　企业通过电子采购交易平台进行竞价采购，可以使竞争更完全、更充分，获得更为合理的低廉价格。据统计，网络采购价格平均降幅为20%左右，可极大节省采购开支。勘探南方分公司通过对传统采购流程的信息化再造，摒弃了传统采购模式中影响采购效率的不利因素，因而极大降低了采购成本应考虑参与采购的各种因素。其中包括降低直接成本（如货品的总价等）、降低间接成本（完成采购工作所需要支出的费用，如减少了采购需要的书面文档材料）、缩短采购周期、降低后续成本等，进而达到了企业精益管理的目标。

　　网络采购相对于传统的采购方式，最主要的区别就是网络采购采取现代计算机网络技术、特别是互联网的应用为工具，把采购项目的信息公告、发标、投标报价、定标等过程放在计算机网络上来进行，采购相关的信息沟通甚至谈判实现了电子化方式。网络采购重构了传统的采购流程，网络采购流程如图12-1所示。

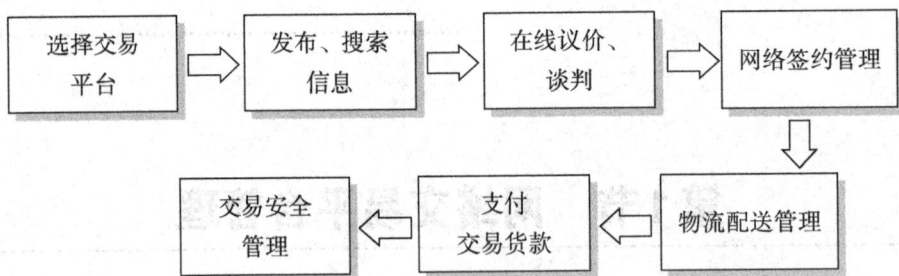

图12-1　网络采购流程

　　企业将自己的求购信息在网上发布，是进行网络采购的基本方式之一。它可以让更多的供应商找到对应的采购商，让用户得到更多的商品信息以供选择，同时提高了信息的曝光率，增加成交机会。

1.1　选择信息发布平台

　　企业可以自行搭建发布采购信息平台，也可以选择专业的网络交易网站平台，如中国政府采购网（www.ccgp.gov.cn）、中国制造网（cn.made-in-china.com）、阿里巴巴（www.1688.com）等。

1. 企业自建网站

　　企业根据自身特点独立设计开发网络采购交易系统，并利用该系统完成企业的采购任务。企业建立的这种网站是进行电子商务采购的基础平台，一般按照采购标准流程来设计组织网站的页面。中国石化、宝钢等一些大型集团公司，都建立了自己的电子商务系统，具体如图12-2所示。

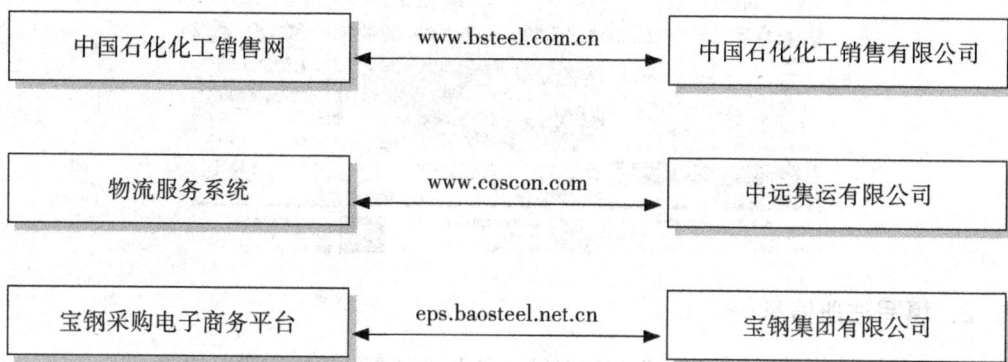

图12-2 电子商务系统示例

2．加入专业的采购平台

加入一些有实力的采购网站平台，通过它们的专业服务，可以享受到非常丰富的供求信息，起到事半功倍的作用。网络交易平台可分为传统的综合型门户网站和垂直门户网站两类，具体内容如图12-3所示。

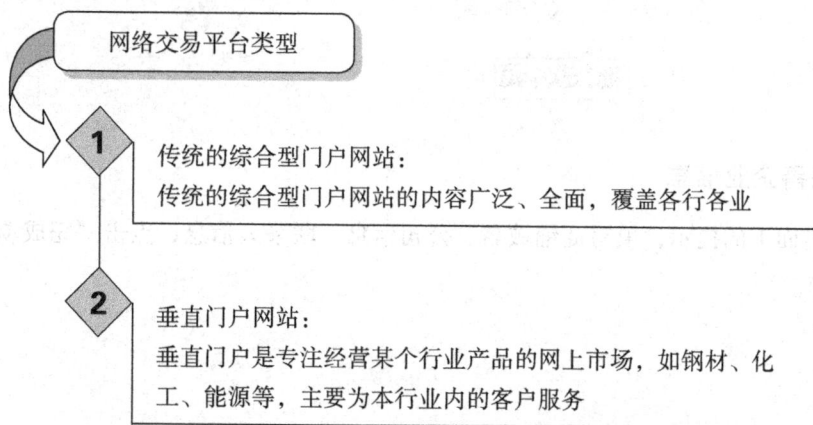

图12-3 网络交易平台类型

1.2 会员注册流程

企业要在专业的网络交易平台发布信息，需要先注册成为该平台的会员。注册会员的流程一般如下所示。

1．点击中国供应商首页的"免费注册"按钮

首先，根据界面上的提示，点击中国供应商首页上的"免费注册"按钮。

2．填写注册信息

根据界面上的提示，填写登录名和密码，点击"同意条款并注册"按钮。

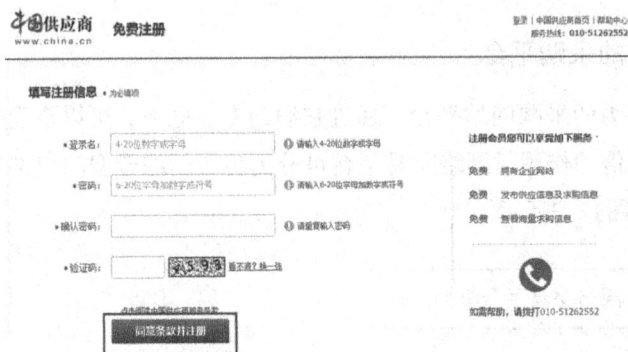

3．完善企业信息

根据界面上的提示，填写商铺域名、公司信息、联系人信息，点击"完成填写，提交审核"按钮。

4．上传营业执照

根据界面上的提示，上传企业的"营业执照"照片，点击"提交"按钮。

5．注册成功

"营业执照"照片上传后，界面上会提示"注册成功，您的信息已提交审核"。

1.3　发布与搜索信息

对于采购商来说，寻找供应信息是网络采购的重要途径。在很多交易平台网站的页面上都可以方便地找到分类目录和数据库搜索功能。

1．采购信息的发布

不同的网络交易平台信息发布的流程基本都是一样。下面以阿里巴巴网站采购信息发布举例说明。

诚信通会员（收费会员）可直接在阿里巴巴网站上发布信息，而普通会员（免费会员）必须通过邮箱验证或手机验证方可发布信息。发布采购信息的具体操作步骤有以下五个。

（1）登录阿里巴巴网站，进入"我的阿里助手"。

（2）单击左侧导航栏中的"供求信息"选项下的"发布供求信息"按钮，此时系统会出现"发布供求信息"窗口，在该窗口中，选择所需要的信息类别（如产品信息），单击

"发布产品求购信息"按钮进入产品基本信息填写页面。

（3）选择类目。

（4）填写产品信息详情。

（5）提交成功，等待审核。

2．供应信息的搜索

网络采购搜寻供应信息时的基本流程，以阿里巴巴网站为例，具体操作步骤有以下四个。

（1）打开阿里巴巴网站首页（china.alibaba.com），切换选择企业所需要的信息类型，可以选择："产品""公司""买家""资讯"等。然后在搜索栏处输入需要搜索的产品关键字（如工艺品）。

（2）点击界面上搜索栏右侧的"搜索"按钮，即可以浏览网站上所有包含工艺品关键字的产品供应信息。

（3）通过界面上显示的类目、省份、经营模式等选择来缩小供应商的查找范围。

（4）在选定好供应商之后，在每一条供应信息下都会有"站内留言"的按钮，点击之后会出现询价页面，在询价单中填入自己所需采购工艺品的信息，最后点击发送询价单的按钮，供应商将会收到此询价单。

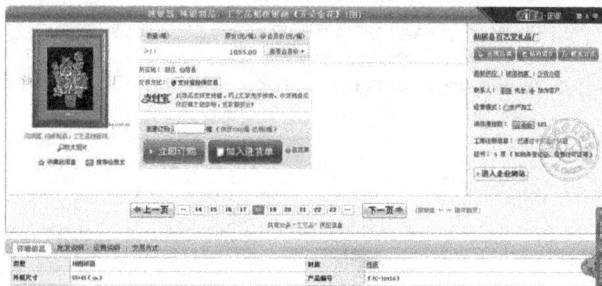

在搜索供应信息过程中，搜索结果页面将会出现成百上千条供应信息。如果觉得搜索结果内容繁多，建议根据产品所属的行业类目来精确锁定目标，找到自己所需要的供应商。例如，搜索"工艺品"供应信息，在搜索结果基础上，进一步通过选择类目，更快速、更准确找到您需要的内容。

第2节　网络采购流程管理

2.1　在线谈判议价

在线谈判议价是买卖双方在线沟通的主要方式，买卖双方可以对整个网上交易流程中双方所享有的权利、所承担的义务、对所购买产品的种类、数量、价格、交货期、交易方式和运输方式、违约和索赔等细节进行谈判。

1. 在线直接询价

（1）在网络交易平台选定好供应商之后，在每一条供应信息下都会有"点此询价"的按钮，点击之后会出现询价页面。

（2）在此询价单中填入自己所需采购产品的信息，点击"发送询价单"的按钮，卖方将会收到此询价单。

2. 留言给供应商

（1）在选定好供应商之后，点击"在线留言"的按钮之后会出现留言页面。

（2）在留言区域中填入自己所需咨询的问题，点击"发送留言单"按钮后，供应商将会收到此信息。

2.2　网上询价的问题

网络采购询价阶段存在以下三个亟待解决的问题。

1. 供应商之间压价竞争，高报低配

现行的网上询价实际上是经营相同品牌、相同型号产品的供应商之间的竞争，当价格竞争达到供应商没有利润或很少利润时，供应商就会降低产品质量，高报低配。

2. 供应商之间串通报价，垄断价格

采购中心回访小组在回访中发现，多家供应商（一般为三家）联合串通投标，垄断价格，中标后利润平分。

3．采购人和供应商之间串通，中标后改变需求，高报低配

有些采购人在购买办公用品时已预先在市场上询价，与某些供应商有过接触，使采购人所提需求与合作供应商所报价格不一致，低价中标后采购人却不按合同验收。

2.3 网络签约

在网络采购中，一般将签约界定为买卖双方或多方就商品交易而正式达成的口头、书面及点击合同等，实现商流。这是网络采购存在的核心及必需环节。

1．网络合同分类

不同合同类型适用于不同的情形，买方可根据具体情况进行选择。一般来说，其适用情况有以下五种。

（1）成本加成本百分比（CPPC）合同：由于不利于控制采购成本。

（2）成本加固定费用（CPFF）合同：适合于研发项目。

（3）成本加奖励费（CPIF）合同：用于长期的、硬件开发和试验要求多的合同。

（4）固定价格加奖励费用（FPI）合同：长期的高价值合同。

（5）固定总价（FFP）合同：买方易于控制采购总成本，风险最小；卖方风险最大而潜在利润可能最大，因而最常用。

> **要点提示**
>
> 　如果是通过政府采购网采购，还可以利用政府采购网之前调查或评标后的结果进行采购。

2．电子合同特点

通过磋商谈判阶段的讨价还价，双方达成一致意见后，需要将结果通过合法的合同、单证、文件、票据等形式固定下来，并签字盖章、交换，此阶段称为单证交换阶段。这些单证、合同等也可以在网络上形成。电子合同具有以下四个特点。

（1）电子合同的要约和承诺是以数据电文的方式通过计算机互联网进行的。

（2）电子合同交易主体的虚拟性和广泛性。

（3）电子合同的成立、变更和解除无需采用传统的书面形式，其具有电子化的特点。

（4）电子合同生效的方式、时间和地点与传统合同不同，勿需经过传统的签字。

3．供应商弃标现象管理

一段时间以来，网络采购在评标、定标阶段，供应商弃标次数较多。但无论供应商是因何种原因弃标，这都严重干扰了网络采购的正常进行。因此，政府应加强对网上供应商的监督管理，定期或不定期检查供应商履约情况，发现供应商有违规操作，要坚决处罚。

（1）对供应商的弃标，应根据不同情况进行批评或罚款，并记入不良记录。

（2）建立供应商诚信档案，把违规的供应商列入"黑名单"。

（3）加强对采购人的管理，制定采购人奖惩实施细则。

2.4 物流配送管理

传统意义上，配送是按照客户的订货要求，在物流据点进行分货、配货，并将配好的货送交至收货人处的活动。配送是流通加工、整理、拣选、分类、配货、运送等一系列活动的集合。配送是物流中一种特殊的、综合的活动形式，是商流与物流紧密结合，它包含了商流活动和物流活动，也包含了物流中若干功能要素的一种形式。

1．物流的分类

物流对象不同，物流目的也不同，物流范围、范畴也不同。按照所覆盖的范围，物流可被划分为国际物流和区域物流两种。

（1）国际物流是现代物流系统发展很快、规模很大的一个物流领域。国际物流是伴随和支撑国际间经济交往、贸易活动和其他国际交流所发生的物流活动。相对于国内物流来说，国际物流具有国际性、复杂性、风险大和技术含量高的特点。

（2）区域物流是相对于国际物流而言，一个国家范围内的物流，一个城市的物流，一个经济区域的物流都处于同一法律、规章、制度之下，都受相同文化及社会因素的影响，都处于基本相同的科技水平和装备水平之中。区域物流所处的政治、经济及技术与文化环境基本相同，没有国际物流所面临的环境复杂，相对来说风险小。

2．网络采购中物流的特点

网络采购时代的来临，给物流带来了新的发展，使物流具备了一系列新特点。

（1）物流信息化

网络采购时代，物流信息化是网络采购的必然要求。物流信息化表现为物流信息的商品化、物流信息收集的数据库化和代码化、物流信息处理的电子化和计算机化、物流信息传递的标准化和实时化、物流信息存储的数字化等。

（2）物流自动化

物流自动化的基础是物流信息化，物流自动化的核心是机电一体化，物流自动化的外在表现是无人化，物流自动化的效果是省力化，另外还可以扩大物流作业能力、提高劳动生产率、减少物流作业中的差错等。

（3）物流网络化

物流网络化是电子商务下物流活动的主要特征之一。这里指的网络化包括两层含义：一是物流配送系统的计算机通信网络，包括物流配送中心与供应商或制造商的联系要通过计算机网络；二是与下游顾客之间的联系也要通过计算机网络通信。

3. 配送进度管理

在进行网络采购时，须建立承运商数据库，并针对不同发货地点地承运商选优。对发出和收到货物跟踪记录、报关记录及分析。企业在订货后要注意以下两点。

（1）订货跟踪

订货跟踪是指订单发出后的进度检查、监控、联络等日常工作，其目的是为了防止到货延误或出现数量、质量上的差错。

（2）货到验收

企业在收到供应商送来的货后，应组织采购部人员验收货物。

4. 收货反馈

（1）买家对卖家的评价，包括对卖家信用、卖家服务等的评价。

（2）享受卖家随商品出售附加的售后服务，如上门服务、开通服务热线等。

（3）获得卖家提供的技术性服务，如网上升级、免费下载等。

（4）对卖家的不合理行为进行投诉。

要点提示

　　由于网络交易中客户是可以不受空间限制的，因此仅仅依赖企业内部固有的配送系统是远远不够的，应多与一些专业化的全球性的物流公司建立紧密的合作伙伴关系。

下面是某医疗机构网上采购中标药品操作范例，供读者参考。

【范本12-01】医疗机构网上采购中标药品操作范例

医疗机构网上采购中标药品操作范例

按照有关文件要求，全省非营利性医疗机构、医疗保险和新农合机构全部必须通过贵州省医药集中采购平台网上采购药品，具体操作流程如所示。

一、领取账号和密码

医疗机构领取贵州省药品集中采购服务中心为其设置的四个角色（分管院长、药剂科长、采购员和财务员）的账号和密码登录贵州省医药集中采购平台网上交易系统（基药或非基药）

二、登录网上药品交易系统

首先通过省卫生厅官网（www.gzwst.gov.cn）点击"药品集中采购"按钮或直接登录贵州省医药集中采购平台门户网站（www.gzyyjzcg.cn）进入贵州省医药集中采购平台，单击页面右边"*药品交易系统（基药）"按钮进入基药采购系统，再单击页面右边"*药品交易系统（非基药）"按钮进入非基药采购系统，最后用对应的账号和密码登录相应的系统，具体操作步骤如下图所示。

三、进入网上采购药品具体操作流程

1．医疗机构首先用药剂科长账号进入系统设置配送企业，编制本院采购目录。然后用采购员账号进入系统编制本院采购计划订单，再上报药剂科长初审，初审通过后上报分管院长复审。最后由采购员将复审通过后的订单发送给相应的配送企业，具体操作流程如下图所示。

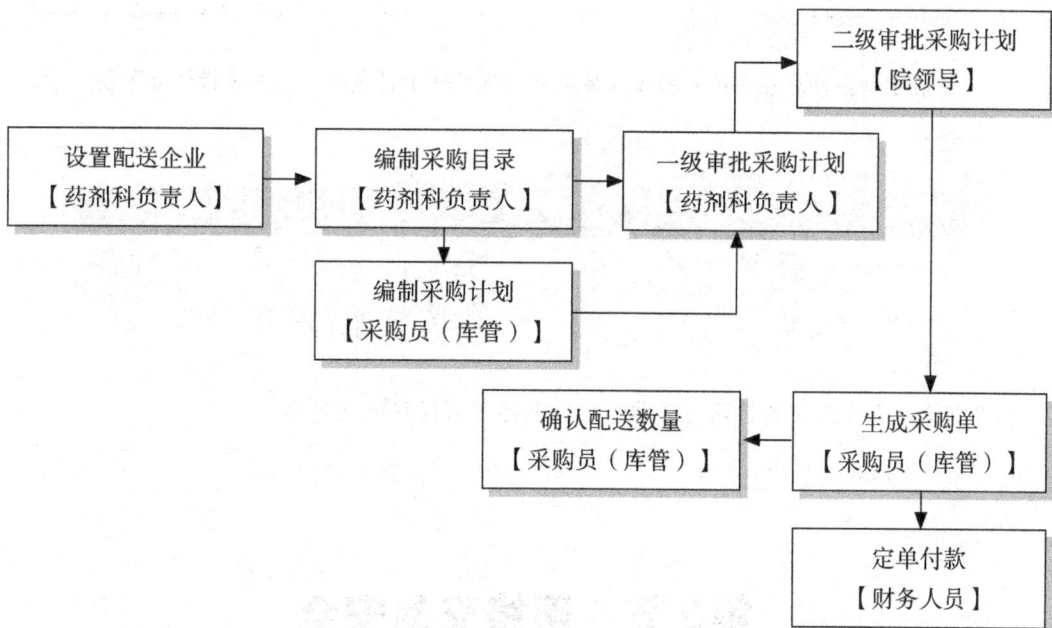

2．配送企业接收订单后在页面上点击"接收订单"的按钮，如不能配送医院所需的药品在页面上点击"拒绝订单"的按钮，配送企业接收订单后输入配送的药品批号和配送数量，完成该项操作后在页面上点击"配送"的按钮，具体操作流程如下图所示。

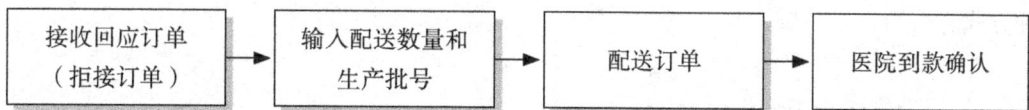

3．配送的药品达到医院后，医院须进行入库验收，在页面上点击"到货确认"的按钮并输入到货数量和到货生产批号即可完成到货操作，如果医院对配送企业配送的药品不满意，那么可选择退货操作，配送企业对医院退货进行确认，具体操作流程如下图所示。

```
          ┌──────────────────────┐
          │      编制采购目录      │
          │     【药剂科负责人】    │
          └──────────────────────┘
              ▲                  │
              │                  │
┌──────────────────────┐   ┌──────────────────────┐
│      设置配送企业      │   │     一级审批采购计划    │
│     【药剂科负责人】    │   │     【药剂科负责人】    │
└──────────────────────┘   └──────────────────────┘
```

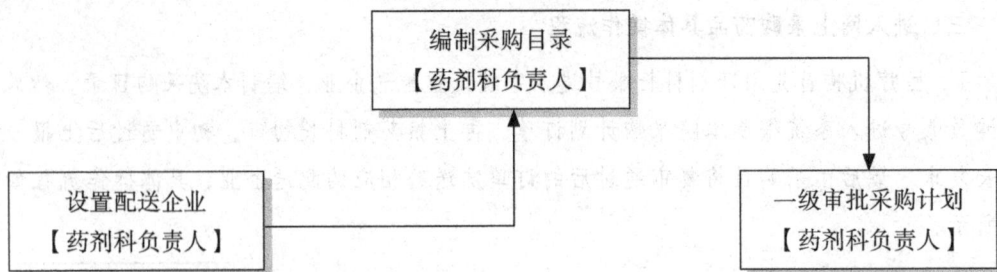

4．最后由财务员登录系统对验收入库的药品进行网上付款操作，具体操作如下图所示。

订单付款												
采购单编号	通用名	商品名	剂型	规格	包装数量	包装单位	包装中标价（元）	生产企业	收货数量	收货金额	配送企业	发票号	状态	操作
S000100440120081020130646123	阿莫西林	幸福林	粉针剂	0.5g	1	支	100.00	哈药集团制药总厂	98	9800.00	普宁市达康医药有限公司		未付款	付款 / 取消付款
S000100440120081020130646123	头孢噻钠	立健舒	粉针剂	2g	1	支	100.00	南昌立健药业有限公司	111	11100.00	江西南华医药有限公司	Z0002	已付款	付款 / 取消付款

以上操作即为医院通过网上采购，网采药品进入医院的全过程。

第3节　网络交易安全

传统的支付就是资金的转移。网上支付是指通过互联网为载体进行资金的转移。在电子商务中，支付方式包括网上银行支付、第三方平台支付、汇款、货到付款和手机支付五种方式。

3.1　网络采购支付的方式

企业在收到采购货物，经验收合格后，就可以向供应商支付货款了。一般来说，企业可采取第三方平台支付、货到付款或货运代收、银行汇款等支付方式，具体如图12-4所示。

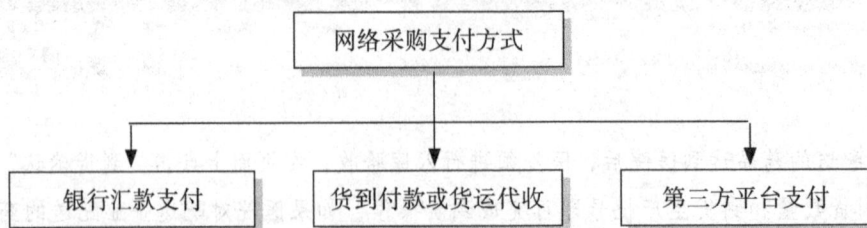

```
          ┌──────────────────────┐
          │     网络采购支付方式     │
          └──────────────────────┘
          │          │          │
  ┌────────────┐ ┌──────────────────┐ ┌────────────┐
  │  银行汇款支付  │ │  货到付款或货运代收  │ │  第三方平台支付  │
  └────────────┘ └──────────────────┘ └────────────┘
```

图12-4　网络采购支付方式

1. 第三方平台支付

第三方平台支付是指当买方选购商品后，使用第三方平台提供的账户进行货款支付。由第三方通知卖家货款到达并进行发货。买方检验物品无误后，就可以通知第三方平台付款给卖家，第三方再将款项转至卖家账户，此支付方式的优点和缺点如图12-5所示。

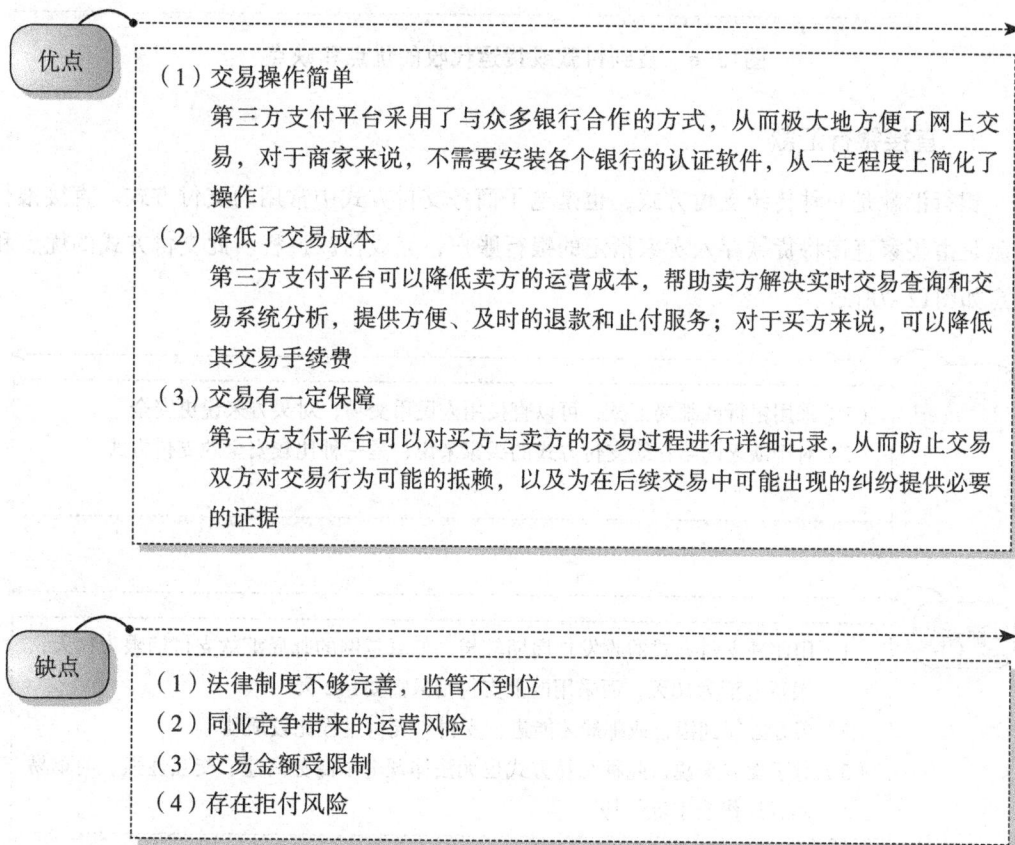

优点

（1）交易操作简单

第三方支付平台采用了与众多银行合作的方式，从而极大地方便了网上交易，对于商家来说，不需要安装各个银行的认证软件，从一定程度上简化了操作

（2）降低了交易成本

第三方支付平台可以降低卖方的运营成本，帮助卖方解决实时交易查询和交易系统分析，提供方便、及时的退款和止付服务；对于买方来说，可以降低其交易手续费

（3）交易有一定保障

第三方支付平台可以对买方与卖方的交易过程进行详细记录，从而防止交易双方对交易行为可能的抵赖，以及为在后续交易中可能出现的纠纷提供必要的证据

缺点

（1）法律制度不够完善，监管不到位

（2）同业竞争带来的运营风险

（3）交易金额受限制

（4）存在拒付风险

图12-5　第三方平台支付的优点和缺点

2. 货到付款或货运代收

货到付款或货运代收，即由快递公司代收买家货款。货先送到买方处，买方验货之后再把货款交给快递公司，再由快递公司将货款转到卖家账户里。此支付方式的优点和缺点如图12-6所示。

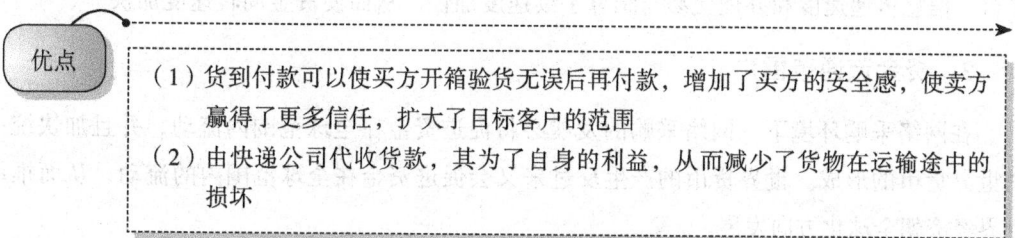

优点

（1）货到付款可以使买方开箱验货无误后再付款，增加了买方的安全感，使卖方赢得了更多信任，扩大了目标客户的范围

（2）由快递公司代收货款，其为了自身的利益，从而减少了货物在运输途中的损坏

| 缺点 | （1）货到付款，买家支付的快递费用相对较高
（2）卖家发货得不到保障，买家有可能拒绝收货
（3）货到付款采用现金付费，因此一般局限在小额支付上，对于大额交易则无法实现 |

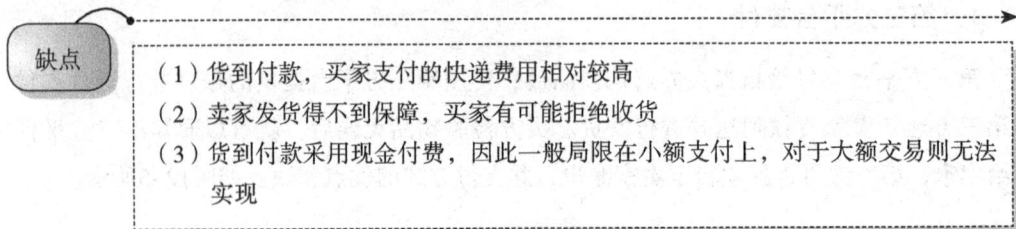

图12-6　货到付款或货运代收的优点和缺点

3．直接银行汇款

银行汇款是一种传统支付方式，也是电子商务支付方式中常用的支付方式。直接银行汇款是由买家直接将货款存入卖家指定的银行账户，完成付款过程。此支付方式的优点和缺点如图12-7所示。

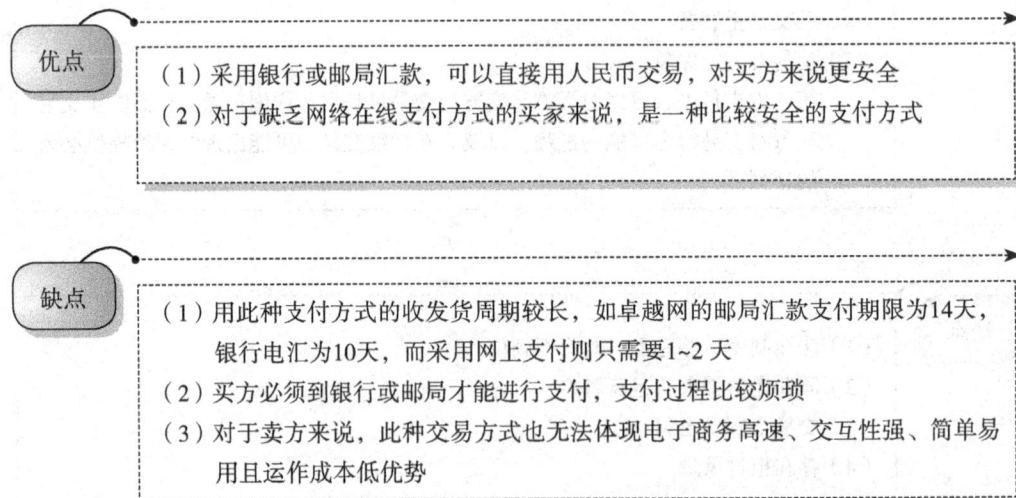

| 优点 | （1）采用银行或邮局汇款，可以直接用人民币交易，对买方来说更安全
（2）对于缺乏网络在线支付方式的买家来说，是一种比较安全的支付方式 |

| 缺点 | （1）用此种支付方式的收发货周期较长，如卓越网的邮局汇款支付期限为14天，银行电汇为10天，而采用网上支付则只需要1~2天
（2）买方必须到银行或邮局才能进行支付，支付过程比较烦琐
（3）对于卖方来说，此种交易方式也无法体现电子商务高速、交互性强、简单易用且运作成本低优势 |

图12-7　直接银行汇款的优点和缺点

3.2　电子采购支付的特点

1．资金周转速度快

在网络采购支付平台的支撑下，由于企业、银行、税务、消费者等都在网上有自己的平台，信息传递速度和办理交易与结算手续速度加快，从而使资金周转速度加快。

2．资金流通范围广

在网络采购环境下，网络采购的发展必将促进资金在全球范围内流动，并且加快统一的世界货币的形成。世界货币的产生反过来又会促进资金在全球范围内的流动，从而推动世界经济朝全球化方向发展。

3．资金支付轻便、成本低、安全性高

与网络采购下的电子货币相比，传统的货币，如纸质货币和硬币则愈发显示出其不足。网络采购的支付协议充分借用了尖端加密与认证技术，设计细致、安全可靠，交易双方不会被非法支付或冒名顶替。

3.3　网络交易的安全

网络采购交易的安全性是一个非常重要的问题，其中支付的安全问题尤为重要。从目前网上支付的发展水平和出现的网上支付案例来看，现行的网上支付安全技术和手段已经比较成熟，绝大部分网上支付安全事件更多的是由于支付者缺乏必要的安全防范意识和技能所致。网络交易安全可分为账户安全、支付安全、信息安全和信用安全四种。

1．账户安全

一旦账户被盗，不仅正常采购活动会受到严重影响，而且账户里的资金也可能被他人盗用。设置安全性较强的密码是账户安全的有效保障。

一般情况下，账户密码由6~16个字符组成。最好是使用英文字母、数字、标点符号这三种元素来进行自由组合。账户被盗的原因如图12-8所示。

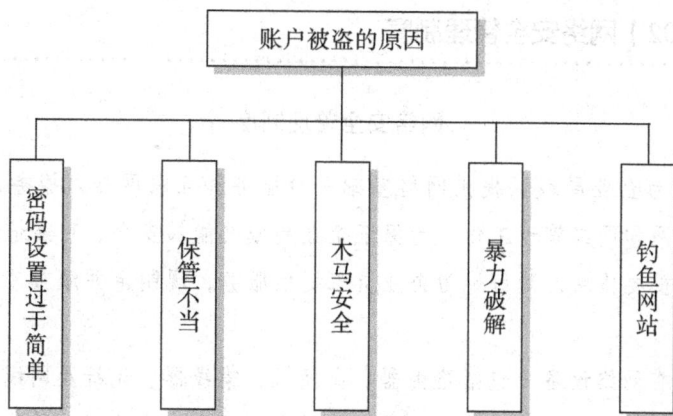

```
                    ┌──────────────┐
                    │  账户被盗的原因  │
                    └──────┬───────┘
    ┌──────────┬──────────┼──────────┬──────────┐
  密码设置      保管      木马       暴力        钓鱼
  过于简单      不当      安全       破解        网站
```

图12-8　账户被盗的原因

2．支付安全

第三方支付平台可以在付款到收货的期间保管交易资金，确保交易安全。在出现退货或者未收到货物的情况下，买方通过与卖方协商，可以向第三方支付平台申请退款。

（1）设置高安全级别的密码。

（2）使用数字证书、宝令、支付盾等安全产品。

（3）绑定手机号，使用手机动态口令。

（4）进行实名认证，享受快捷支付。

3．信息安全

由于网络交易存在一定的虚拟性，因此买家很难通过其网站界面或域名地址判断网站的真实性，从而给进行网上交易特别是买家带来信息泄漏的安全隐患。

（1）不要从来历不明的网页链接访问银行网站。

（2）任何情况下都不要透露账号、密码等重要信息。

（3）将网上银行的登录密码、银行卡密码及支付密码分设，提高安全度。

4．信用安全

在日常运营管理中，信用安全是买方需要特别关注的方面。网络采购中的失信行为主要表现有以下四个。

（1）网络商务信息的不真实，即产品的宣传信息与实际不符。

（2）信息的安全性得不到保障。

（3）物流质量得不到保证。

（4）产品的售后服务得不到保障。

下面是某企业的网络安全管理制度，供读者参考。

【范本12-02】网络安全管理制度

网络安全管理制度

计算机网络为企业局域网提供网络基础平台服务和互联网接入服务，由网络维护中心负责计算机连网和网络管理工作。为保证企业局域网能够安全、可靠地运行，充分发挥信息服务方面的重要作用，更好地为企业员工提供服务，现制定并颁布《网络安全管理制度》。

第一条　所有网络设备（包括路由器、交换机、集线器、光纤及网线等）均归网络维护中心所管辖，其安装、维护等操作由网络维护中心工作人员负责，其他任何人不得随意破坏或擅自维修。

第二条　所有企业内计算机网络部分的扩展必须经过网络网络管理员或者是领导批准后方可实施，未经许可任何部门不得私自连接交换机、集线器等网络设备，不得私自接入网络。网络维护中心有权拆除用户私自接入的网络线路并报告上级领导。

第三条　各公司的联网工作必须事先上报企业领导，由企业网络管理员做网络实施方案。

第四条　企业局域网的网络配置由网络维护中心统一规划管理，其他任何人不得私自更改网络配置。

第五条　接入企业局域网的客户端计算机的网络配置由网络维护中心部署的服务器统一管理分配，包括用户计算机的IP地址、网关、DNS和WINS服务器地址等信息。未经许可，任何人不得更改网络配置。

第六条　网络安全：严格执行国家《网络安全管理制度》。对在企业局域网上从事任何有悖网络法规活动者，将视其情节轻重给予经济处罚1,000元。

第七条　企业员工具有信息保密的义务。任何人不得利用计算机网络泄露企业机密、技术资料和其他保密资料。

第八条　严禁外来人员对计算机数据和文件进行复制或抄写以免泄露企业机密，对企业办公系统或其他企业内部平台账号不得相互知晓，每个人必须保证自己账号的唯一登录性，否则由此产生的数据安全问题由其本人负全部责任。

第九条　各部门人员必须及时做好各种数据资料的保密工作，保证数据资料的完整性、准确性和安全性。

第十条　任何人不得在局域网络和互联网上发布有损企业形象和员工声誉的信息。

第十一条　任何人不得扫描、攻击企业计算机网络和他人计算机，也不得盗用、窃取他人资料、信息等。

第十二条　为了避免或减少计算机病毒对系统、数据造成的影响，接入企业局域网的所有用户必须遵循以下三项规定。

（1）任何部门和个人不得制作计算机病毒；不得故意传播计算机病毒，危害计算机信息系统安全；不得向他人提供含有计算机病毒的文件、软件、媒体，情节严重的处以500元以下罚款。

（2）采取有效的计算机病毒安全技术防治措施。建议客户端计算机安装使用网络管理员部署发布的瑞星杀毒软件对病毒和木马进行查杀。

（3）定期或及时使用更新后的新版杀病毒软件检测、清除计算机中的病毒。

第十三条　各分公司、处（室）人员在下班离开前必须关闭计算机和电源插座，避免浪费电能和发生安全隐患，违纪者通报批评并进行相应的处罚。若有加班需要的工作人员，则须提前通知网络维护中心。

学习笔记

通过学习本章内容，想必您已经掌握了不少学习心得，请仔细记录下来，方便继续巩固学习。如果您在学习中遇到了一些难点，也请如实写下来，方便今后重复学习，彻底解决这些学习难点。

同时，本章列举了大量的实战范本，方便您边学边用。以下所列栏目，请您认真填写，这有助于您进一步地思考，从而对本章知识有更好的掌握。

我的学习心得：

1. _____
2. _____
3. _____

我的学习难点：

1. _____
2. _____
3. _____

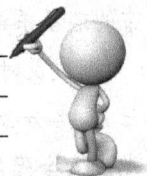

我的运用计划：

1. _____
2. _____
3. _____

第 13 章

采购谈判管理

········· **关键指引** ········

随着原材料价格的不断上涨，企业在实施精益管理过程中，需要从采购的各个环节降低成本。如果采购人员能提升自己的谈判能力，能够根据谈判对象与谈判结果的重要程度来决定谈判时所要采取的谈判策略，那么就可以确保采购工作高质量、高效率、低成本地完成。使企业具有最佳的供货状态，同时与供应商保持良好的战略合作伙伴关系。

第1节　采购谈判的组织实施

情景导入

2014年1月23日下午，联想集团宣布以23亿美元收购IBM x86服务器硬件及相关服务业务。联想与IBM的两次联姻能够成功撮合，不仅仅是主观上的意愿，也有其客观的必然性，是业界沙盘推演和商业博弈的必然结果。

IBM早有抛售其x86服务器业务的打算，除联想之外，富士康、戴尔也是其潜在买家。联想能独得头筹，IBM方面必定是经过了精打细算和全局博弈的考量。联想于2013年4月同IBM进行了第一轮谈判，由于IBM有意提高身价而导致谈判搁浅。在联想第一次谈判无果之后，富士康随即表现出对IBM这部分资产的兴趣。日企在对欧美企业谈判中有一种惯用手段，那就是他们表现得耐心十足，当美方将谈判事宜逐一介绍完毕之后，日方会不紧不慢地要求对方再说一遍，以消磨对方耐心促其降低要求速成交易。

在与富士康谈判的六个月里，IBM业绩持续低迷。一系列的冲击令IBM对慢条斯理的"日式谈判"失去耐心，此时联想方面则看准时机再次向IBM抛出橄榄枝。由于之前已有的谈判进程和2005年第一次联姻时保持至今的良好关系，联想终于再次获得与IBM的合作机会。联想凭借此次收购，将占有全球服务器市场14%的份额，成为全球第三大服务器厂商。如今的二次并购再次拓宽了联想的国际化之路。

联想在与IBM的谈判过程中，根据竞争对手的不同，而采取了不同的谈判策略。最终与IBM达成收购协议。采购谈判的精益管理就是要求谈判人员为达到预期目标，根据形势的发展变化而制定或采取的行动方针和谈判技巧，把握好谈判进程，以确保谈判双方能达成协议。

1.1 制定谈判方案

谈判是采购精益管理中最重要的环节之一。企业在谈判过程中，事前制定谈判方案是必不可少的。谈判方案的制定可根据谈判的规模、重要程度的不同而定。内容可多可少，可简可繁，可以是书面形式的也可以是口头交代。

1. 确定采购谈判目标

采购谈判目标可分为必达目标、中等目标和最高目标三个层次。采购谈判目标如表14-1所示。

表14-1 采购谈判目标说明

目标层次	具体说明
必达目标	满足本企业（地区、行业或单位）对原材料、零部件或产品的需求量、质量和规格方面等要求
中等目标	满足本企业价格水平、经济效益水平等
最高目标	考虑供应商的售后服务情况，如供应商的送货、安装、质量保证、技术服务活动等情况

2. 安排采购谈判议程

采购谈判议程是指谈判时间的安排和双方应就哪些内容进行谈判。安排采购谈判议程的主要事项如表14-2所示。

表14-2 安排采购谈判议程的主要事项

事项类别	具体说明
确定采购谈判主题	（1）要进行采购谈判，首先就要确定谈判主题。一般来说，凡是与本次谈判相关的、需要双方展开讨论的问题，都可以作为谈判主题 （2）对于采购谈判来说，最重要的就是采购产品的质量、数量、运输、固定成本和变动成本等方面的谈判

（续表）

事项类别	具体说明
安排采购谈判时间	谈判时间的安排，即要确定谈判时间。如果是一系列的谈判，需要分阶段进行，采购员还应对各个阶段的谈判时间做出安排。在安排谈判时间时，采购员要考虑以下三方面的因素。 （1）准备的充分程度：要注意给谈判人员留有充分的时间探讨、互做介绍、商议谈判议程 （2）要考虑对方的情况：不要把安排在对对方明显不利的时间进行谈判 （3）谈判人员的身体和情绪状况：要避免在谈判人员身体不适、情绪不佳时谈判
制定采购谈判备选方案	（1）通常情况下，在谈判过程中难免会出现意外状况，令谈判人员始料不及，从而影响谈判进程。在谈判前，采购员应对整个谈判过程中双方可能做出的一切行动进行预估，并据此制定采购谈判备选方案 （2）在制定谈判备选方案时，采购员可以注明在何种情况下，使用某备选方案，以及备选方案的详细内容、操作说明等

1.2 选择采购谈判队伍

选择采购谈判队伍是指在对谈判对手情况及谈判环境因素进行充分分析、研究的基础上，根据谈判的内容、难易程度选择谈判人员，组织高效的谈判队伍。

1．谈判小组规模

企业在确定谈判小组具体人员时，既要合理确定谈判小组的规模，又要兼顾谈判小组的工作效率。

（1）对于较小型的谈判，谈判人员可由2～3人组成，有时甚至可由1人全权负责。

（2）对于内容较复杂且较重要的大型谈判，谈判人员数量要比较小型谈判的人员数量多。

（3）遵循对等原则，即己方谈判队伍的整体实力应与对方谈判队伍的整体实力对等。

2．谈判人员能力

企业确定的谈判人员应具备以下九种能力。

（1）用语言表达想法的能力。

（2）说服别人的能力。

（3）思路清晰、判断准确、反应敏锐。

（4）灵活运用谈判策略的能力。

（5）情商高，对可觉察的感情具有自我表现和克制的能力。

（6）在遇到压力和不确定状况时的应对能力。

（7）赢得对方尊重和信任的能力。

（8）较强的心理平衡能力。

（9）扮演不同谈判角色的能力。

3．谈判人员的分工与合作

谈判小组成员除了必须具备相应的专业技术知识外，还必须具备一定的谈判经验。根据谈判小组成员的各自特长进行合理分工，明确职责范围，重要的是在解决分工的基础上，谈判小组成员之间形成默契的配合。在确定了具体谈判人员并组成谈判小组之后，就要对其内部成员进行分工，并确定主谈与辅谈。

（1）主谈是指在谈判的某一阶段，或者对某一方面或多个方面的议题，以某人为主进行发言，阐述己方的观点和立场。

（2）辅谈是指除主谈以外的小组其他成员及处于辅助配合的位置。

（3）辅谈人员应在主谈人员的指挥下，互相密切配合，既要根据谈判的内容和个人的专长进行合理分工，明确各自的职责，又要在谈判中按照既定的方案进行，彼此呼应，形成目标一致的有机谈判统一体。

1.3　确定谈判内容

由于采购谈判是围绕采购品而进行洽谈，因采购品的品种、规格、技术标准、质量保证、订购数量、包装、售后服务、价格、交货日期与地点、运输方式、付款条件等是采购谈判的主要内容。

1．物品品质

谈判双方应明确采购品的品质。在规定采购品品质时，可以用规格/型号、等级、标准、产地、商标、产品说明书和图样等方式来表达。同时，还可以用供应商向采购方提供样品的方式，向采购方表明对交易物品的品质要求。

2．物品价格

价格是所有采购谈判内容中最重要的项目。若采购员对其所拟采购的任何商品以进价加上本企业合理的毛利后，判断该价格无法吸引客户的购买时，就不应以该价格向供应商采购。

（1）采购员在进行采购谈判之前，应事先调查商品的市场价格。如果没有相同商品的市价可查，应参考类似商品的市价。

（2）采购员与供应商在谈判价格时，最重要的就是要能列举供应商的产品经由企业销售的好处。

3．物品数量

采购员与供应商在谈判物品数量条件时，谈判双方应明确计量单位和成交数量，必要时可订立数量的机动幅度条款。

4. 物品包装

物品包装可分为内包装（Packaging）和外包装（Packing）两种。内包装是用来保护、陈列或说明商品的，而外包装则仅用在仓储及运输过程中的保护。

采购员与供应商在谈判物品包装时，双方应协商出对彼此最有利的包装，否则不应草率订货。对于某些有销售潜力的商品，但却无合适的自选式量贩包装时，采购员应积极说服供应商制作此种包装，以供本企业销售。

5. 交货

对于采购方来说，交货期愈短愈好。因为交货期短，订货频率就会增加、订购的数量就会相对减少，存货压力也极大降低，仓储空间需求也相对减少。对于有长期承诺的订购数量，采购员应要求供应商分批送货，从而减少库存压力。

6. 保险条件

采购员与供应商应明确由谁向保险公司投保、投何种险别、保险金额如何确定、依据何种保险条款办理保险等事项。

7. 货款

货款的支付主要涉及支付货币和支付方式的选择。在国际货物买卖中使用的支付方式主要有汇付、托收、信用证等。不同的支付方式，买卖双方可能面临的风险不同。因此采购员在进行谈判时，须根据企业的实际情况恰当选择。在国内，一般供应商的付款条件是月结30～90天付清款项。因此，采购员应计算出对本企业最有利的付款条件。在正常情况下，单据齐全时买卖双方的付款作业可按买卖双方约定的付款条件进行结算。

8. 后续服务

后续服务有利于买卖双方预防和解决合同争议，保证合同的顺利履行，维护交易双方的权利。这也是国际货物买卖谈判中，必要商议的交易条件。

1.4 选择谈判地点

谈判地点的选择主要有三种情况：本企业所在地、对方所在地和双方之外的第三地。对于最后一种情况，往往是双方在参加产品展销会时进行的谈判。

1. 不同谈判地点的优缺点

不同谈判地点的优点和缺点说明如表14-3所示。

表14-3　不同谈判地点的优点和缺点

谈判地点	优点	缺点
本企业所在地	（1）以逸待劳，无需熟悉环境或适应环境这一过程 （2）随机应变，可以根据谈判形式的变化随时调整谈判计划、人员、目标等 （3）企业可以利用地利之便，通过热心接待对方、关心其谈判期间生活等方面，以显示出本企业的谈判诚意、营造融洽的谈判氛围，从而促使谈判成功	（1）要承担烦琐的接待工作 （2）谈判小组可能常受己方领导的制约，不能独立进行谈判
对方所在地	（1）不必承担接待工作，可以全身心地投入到谈判中去 （2）可以顺便实地考察对方的生产经营状况，取得第一手资料 （3）在遇到敏感性的问题时，可以以资料不齐全而委婉地拒绝答复	（1）需要有熟悉和适应对方环境的过程 （2）谈判过程中遇到困难时，难以调整自己，容易产生不稳定的情绪，进而影响谈判结果
双方之外的第三地	对于双方来说在心理上都会感到公平、合理，有利于缓和双方的关系	由于双方都远离自己所在地，因此在谈判准备上会不充分，谈判过程中双方难免会产生争论，从而影响谈判的结果

2．安排与布置谈判现场

在本企业所在地进行谈判时，本企业要承担谈判现场的安排与布置工作。为了能充分利用上述优点。企业在做此项工作时，须讲求科学和艺术，具体应注意以下六个方面。

（1）会议室横幅安排

企业应在投影仪屏幕的上方挂上"祝谈判取得圆满成功"内容的横幅，也可以挂在对方谈判代表座位对面的墙上，以提醒对方取得谈判的成功是谈判双方共同的首要目标。

（2）会议室布置

一般而言，谈判场景的总体色调应以暗色、暖色为主。这是因为明亮的色调容易使人情绪过于活跃，在谈判中易使双方产生急躁情绪。而采用暖色容易使双方建立信任感，冷色可以产生一种形成适宜心理氛围的距离感。因此，谈判场景的总体色调一般采用暗红色、褐色、暗黑色或赭石色。

（3）会议室谈判桌及座次安排

正式的谈判座次安排通常选用长方形谈判桌，谈判双方各占一边，双方对等。采用此种方式安排，通常谈判的首席代表居中而坐，己方的其他成员分坐在首席代表两边，双方的首席代表应该坐在平等而相对的座位上。

（4）会议室设备安排

企业应保证话筒、音响、投影仪、灯光、电源、计算机及空调等设备的工作正常。

（5）辅助文具安排

企业应为每位谈判代表准备至少两只已削好的铅笔、足够的纸张、计算器等文具。如果谈判过程中涉及画图，那么也要准备好画图使用工具。

（6）茶水饮品安排

谈判过程中的饮品可选择咖啡、茶水或者矿泉水。

> **要点提示**
>
> 当谈判规模较大、时间比较长时，企业最好能够为谈判双方安排三个房间：一间作为双方的主谈判室，另外两间作为各方的备用室或休息室。主谈判室作为双方进行谈判的主要场所，应当宽敞、舒适、明亮，并配备应有的设备和接待用品。备用室或休息室作为双方单独使用的房间，最好靠近主谈判室，也要配备应有的设备和接待用品，同时也可以适当配置一些娱乐设施。

第2节　采购过程中的谈判技巧

企业在询价时，须准备足够多的供应商资料，方便供应商报价。为了避免日后造成企业与供应商在品质认知上的差异，采购员在询价时应提供完善的资料。因为完整及正确的询价文件可帮助供应商提出准确、有效的报价。

2.1　询价的技巧

1. 询价前的准备工作

采购员在询价前，应做好如表14-4所示的准备工作，这样才能在询价过程中做到有的放矢，达到询价的目的。

表14-4　询价前的准备工作说明

准备项目	具体说明
计划整理	采购代理机构根据政府采购执行计划，结合采购员的急需程度和采购物品的规模，编制月度询价采购计划
组织询价小组	询价小组成员由采购企业的代表和相关专家共三人以上单数组成，其中专家人数不得少于成员总数的2/3，以随机方式确定。询价小组成员名单在成交结果确定前应当保密
编制询价文件	询价小组根据国家相关法规和采购项目特殊要求，在采购时限内，编制具体的询价文件
询价文件确认	询价文件在定稿前须经采购人确认
收集信息	采购员应根据采购物品或服务的特点，通过查阅供应商信息库和市场调查等途径进一步了解价格信息和其他市场动态
确定被询价的供应商名单	询价小组通过随机方式从符合相应资格条件的供应商名单中确定不少于三家的供应商，并向其发出询价通知书

2．编写询价文件

为了避免造成日后采购员与供应商各说各话，以及在品质认知上出现差异，询价时所应提供资料的准备就不能马虎，因为完整、正确的询价文件，可帮助供应商在最短的时间内提出正确、有效的报价。一份完整的询价文件至少应包括以下12个方面的内容。

（1）询价项目的品名与料号

询价项目的品名与料号是询价单上所应必需的最基本资料。所谓的品名及其所代表的料号，料号中一个位数的不同可能就是版本的不同，甚至可能变成另一个产品的料号。品名的书写应尽量保证能从其字面上看出产品的特性与种类。

（2）询价项目数量

通常供应商在报价时都需要知道采购方的需求量，这是因为采购量的多寡会影响到价格的计算。数量资讯的提供通常包括：年需求量、季需求量甚至月需求量；不同等级的需求数量；每一次下单的大概订购数量；产品生命周期的总需求量等。

（3）询价项目规格书

规格书是描述采购品品质的工具，应包括最新版本的工程图面、测试规格、材料规格、样品、色板等有助于供应商报价的一切资讯。工程图面必须是最新版本，若图面只能用于估价，则也应一并在询价时注明。

（4）品质要求

采购员很难单独使用一种方式便能完整表达出对产品或服务的品质要求，应该依照产品或服务的不同特性，综合使用数种方式来进行。

（5）品牌

一般而言，使用品牌的产品对采购而言是最轻松容易的，不仅能节省采购时间、降低采购成本，同时也能减少品质检验的手续，只需确认产品的标示即可。不过，品牌产品价格通常较高，购买数量不多时，使用品牌方式采购会比较有利。

（6）同级品

同级品是指具有能达到相同功能的产品，决定是否允许使用可替代的同级品报价也应在询价时予以注明。而同级品的确认使用，必须要得到使用部门的接受。

（7）商业标准

商业标准是指对于产品的尺寸、材料、化学成分、制造工艺等都有一个共通的完整描述。对于一般标准零件，如螺钉、螺帽、电子零组件，使用商业标准可以避免对品质的误解。

（8）材料与制造工艺规格

当对材料或制造工艺有特定的要求时，采购员须注明其适用的规格。

（9）性能或功能

对于规格较常用于采购高科技产品及供应商先期参与的情况中。供应商只被告知产品所需要达到的性能或功能，至于如何去制作方能达到要求的细节部分，则留给供应商来解决。

（10）市场等级

由于市场等级的划分界线无法很明确地被一般人所辨识，采购员通常会被要求具备鉴定所购产品属于何种等级的能力。

（11）样品

提供样品对供应商了解采购方的需求具有很大帮助，尤其是在颜色、规格与市场等级的要求上使用比较普遍。

（12）工作说明书

工作说明书适用于采购服务项目，如大楼清扫、废弃物处理、工程发包等。一份完整的工作说明书除了应该简单明了外，对于所应达到的工作品质也应尽量以量化的方式，来规范其结果评估。

2.2　议价的技巧

采购成本是采购精益管理的核心，采购人员应做好采购成本控制工作。通常询价之后可能有3～7个供应商报价，采购人员经过对报价进行分析与审查，就可以联系供应商开始议价谈判了。

1. 采购谈判还价技巧

（1）要有弹性

采购员在价格谈判过程中，还价要讲究弹性。不要一开始就给出最低价，这样做会使自己处于被动，从而使价格谈判毫无进行的余地。

（2）化零为整

采购员在还价时可以将价格集中，化零为整。此种报价方式的主要内容是换算成大单位的价格，加大计量单位，如：将"公斤"改为"吨"，"两"改为"公斤"；"月"改为"年"；"日"改为"月"；"小时"改为"天"；"秒"改为"小时"等。

（3）邀请上级

采购员应擅用上级主管的议价能力。通常供应商不会自动降价，采购员必须据理力争。但是，供应商的降价意愿与幅度，要视议价的对象而定。因此，如果采购员对议价的结果不太满意，可邀请上级主管来与供应商议价。

（4）压迫降价

压迫降价是在采购方占优势的情况下，以"胁迫"的方式要求供应商降低价格，并不征询供应商的意见。这通常是在卖方处于产品销路欠佳，或市场竞争十分激烈，以致发生经营亏损和利润微薄的情况下，为提高其获利能力而使用的手段。

2. 采购谈判让步技巧

在谈判过程中，采购员应掌握的让步技巧主要有以下五个。

（1）谨慎让步，要让对方意识到你的每一次让步都是艰难的，使对方充满期待，并且每次让步的幅度不能过大。

（2）尽量使对方在关键问题上先行让步，而己方则在对手的强烈要求下，在次要方面或者较小的问题上让步。

（3）不作无谓的让步，每次让步都需要对方用一定的条件交换。

（4）了解对方的真实状况，在对方急需的条件上坚守阵地。

（5）事前做好让步计划。所有的让步都应该是有序的，并将具有实际价值和没有实际价值的条件区别开来，在不同的阶段和条件下使用。

2.3　成交的技巧

成交是指谈判各方就所磋商的问题初步达成共识或意见、观点趋于一致。谈判成交的最佳时机是"心理上的适当瞬间"，它是指在某些瞬间谈判各方的思想观点、见解可以协调一致。在不同的谈判背景下，采购人员可以使用以下四种成交技巧。

1．均衡条件下的成交促成

均衡条件是指谈判双方势均力敌，双方的经济实力相当，双方谈判主谈人谈判能力呈均势状态。在谈判过程中，双方都要求格局稳定保持均势，希望达成两方大体满意的谈判协议，期望维持良好的合作状态，愿意维护良好的、长期的关系。

均衡条件下促成成交时，采购员应注意以下三个方面。

（1）清醒地认识并保持谈判双方的均势。

（2）努力为实现共同利益目标营造和谐气氛。

（3）提防谈判一方打破平衡，恶化谈判局势的企图。

2．优势条件下的成交促成

优势条件下的促成技巧主要有以下两个。

（1）主动营造积极的谈判气氛，行为举止尽量表现出豁达、大度。

（2）引导对方按自己设定的目标思维并采取行动，密切注意对方的策略选位谨防"反行动"。

3．劣势条件下的成交促成

在采购谈判过程中，采购员可以采用适当的技巧，控制谈判的方向和进程。劣势条件下谈判的说服技巧主要有以下12个。

（1）讨论先易后难。

（2）多向对方提出要求、传递信息、影响对方意见。

（3）强调一致、淡化差异。

（4）先谈好后谈坏。

（5）强调合同有利于对方的条件。

（6）待讨论赞成和反对意见后，再提出自己的意见。

（7）说服对方时，要精心设计开头和结尾，要给对方留下深刻的印象。

（8）结论要由己方明确提出，不要让对方下结论。

（9）多次重复某些信息和观点。

（10）多了解对方、以对方习惯的能够接受的方式去说服对方。

（11）先做铺垫，不要急于对方接受自己提出的要求。

（12）强调互惠互利、互相合作的可能性，激发对方在自身利益认同的基础上来接纳自己的意见。

4．注意观察谈判人员的成交信号

谈判成交的最佳时机是"心理上的适当瞬间"，在某些瞬间谈判各方的思想观点、见解可以协调一致。采购人员可以通过观察对方的肢体语言来判断是否已接近成交。谈判人员的成交信号如图14-1所示。

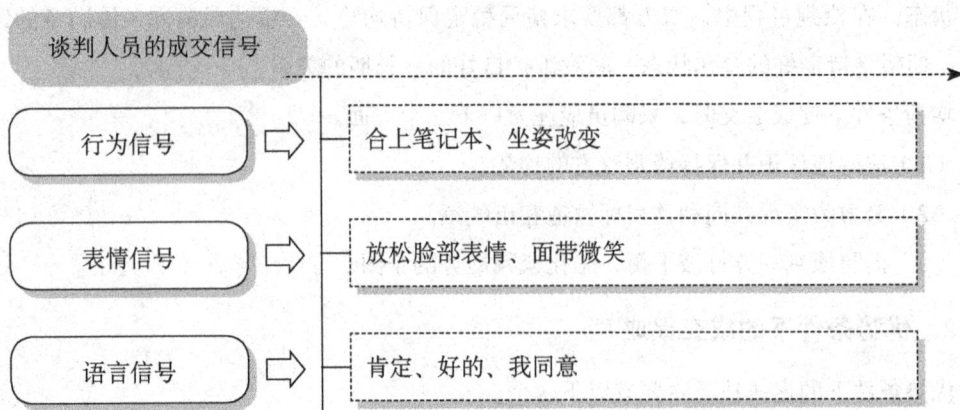

图14-1 谈判人员的成交信号

谈判人员的成交信号	
行为信号	合上笔记本、坐姿改变
表情信号	放松脸部表情、面带微笑
语言信号	肯定、好的、我同意

图14-1 谈判人员的成交信号

学 习 笔 记

通过学习本章内容，想必您已经掌握了不少学习心得，请仔细记录下来，方便继续巩固学习。如果您在学习中遇到了一些难点，也请如实写下来，方便今后重复学习，彻底解决这些学习难点。

同时，本章列举了大量的实战范本，方便您边学边用。以下所列栏目，请您认真填写，这有助于您进一步地思考，从而对本章知识有更好的掌握。

我的学习心得：

1. _____
2. _____
3. _____

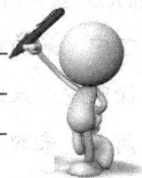

我的学习难点：

1. _____
2. _____
3. _____

我的运用计划：

1. _____
2. _____
3. _____

参 考 文 献

1. 郭继伟. 货仓·采购·生管物控管理实例与问答. 广州：广东经济出版社，2000.

2. 王槐林. 采购管理与库存控制. 北京：中国物资出版社，2004.

3. 胡松评. 企业采购与供应商管理七大实战技能. 北京：北京大学出版社，2003.

4. 傅利平. 进料检验与供应商管理. 深圳：海天出版社，2003.

5. 朱新民，林敏晖. 物流采购管理. 北京：机械工业出版社，2004.

6. 福友现代实用企管书系编委会. 企业管理制度精选. 厦门：厦门大学出版社，2001.

7. 谢勤龙，王成，崔伟. 企业采购业务运作精要. 北京：机械工业出版社，2002.

8. 徐哲一，武一川. 采购管理10堂课. 广州：广东经济出版社，2004.

9. 陈元. 生产计划与物料控制实战精解. 广州：广东经济出版社，2002.

10. 丁宁. 采购与供应商管理. 北京：北京交通大学出版社，2012.

11. 徐昭国. 采购主管一日通. 广州：广东经济出版社，2004.

12. 周云. 采购成本控制与供应商管理. 北京：机械工业出版社，2009.

13. 徐昭国. 采购主管一日通. 广州：广东经济出版社，2004.

14. 李胜强，李华. 物料采购365. 深圳：海天出版社，2004.

15. 张屹. 物料的配套供应. 北京：经济管理出版社，2005.

16. 翟光明，郭淑红，时锦秀. 采购与供应商管理操作实务. 北京：中国财富出版社，2011.

17. 汤晓华. 采购绩效提升特训营系列－如何靠采购赚钱. 北京：化学工业出版社，2012.

18. 柴一兵. 采购部成本控制与供应商管理手册. 长春：吉林科学技术出版社，2014.

《丰田精益管理：采购与供应商管理（图解版）》
编读互动信息卡

亲爱的读者：

感谢您购买本书。只要您通过以下三种方式之一成为普华公司的**会员**，即可免费获得普华每月新书信息快递，在线订购图书或向我们邮购图书时可获得免付图书邮寄费的优惠：①详细填写本卡并以**传真（复印有效）或**邮寄返回我们；②**登录普华公司官网注册成普华会员**；③关注微博：@普华文化（新浪微博）。会员单笔定购金额满300元，可免费获赠普华当月新书一本。

哪些因素促使您购买本书（可多选）

○本书摆放在书店显著位置 ○封面推荐 ○书名
○作者及出版社 ○封面设计及版式 ○媒体书评
○前言 ○内容 ○价格
○其他（   ）

您最近三个月购买的其他经济管理类图书有

1.《   》 2.《   》
3.《   》 4.《   》

您还希望我们提供的服务有

1. 作者讲座或培训 2. 附赠光盘
3. 新书信息 4. 其他（   ）

请附阁下资料，便于我们向您提供图书信息

姓 名   联系电话   职 务
电子邮箱   工作单位
地 址

地 址：北京市丰台区成寿寺路11号邮电出版大厦1108室 北京普华文化发展有限公司（100164）

传 真：010-81055644

读者热线：010-81055656

编辑邮箱：xuxiafei@puhuabook.cn

投稿邮箱：puhua111@126.com，或请登录普华官网"作者投稿专区"。

投稿热线：010-81055633

购书电话：010-81055656

媒体及活动联系电话：010-81055656   邮件地址：hanjuan@puhuabook.cn

普华官网：http://www.puhuabook.cn

博 客：http://blog.sina.com.cn/u/1812635437

新浪微博：@普华文化（关注微博，免费订阅普华每月新书信息速递）